ÎLE MAURICE ET RODRIGUES

L'auteur du guide Évasion île Maurice

Auteur de plusieurs guides de voyage pour les éditions Hachette, **Annie Crouzet** vous emmène à la découverte des îles Maurice et Rodrigues. Elle vous raconte l'écarlate des grappes de fleurs qui explosent en décembre dans le feuillage vert des grands flamboyants ; la fièvre du séga avec ses rythmes d'enfer ; les sorties en mer, les plages de sable blanc et les balades en pleine nature.

Guide evasion

Sommaire

L'île Maurice et Rodrigues en un coup d'œil

Une île d'origine volcanique au beau milieu de l'océan Indien, une nation arc-en-ciel forgée au fil des bouleversements historiques, un morne (colline, montagne en créole) classé au patrimoine mondial par l'Unesco, mais aussi des plages de rêve à ne plus savoir où donner du transat, des parcs nationaux restés 100 % nature… Maurice, c'est tout cela à la fois, une destination riche en sensations et plaisirs, qui n'a en rien usurpé son surnom de « paradis ».

Pour voir l'essentiel de Maurice, le jardin de Pamplemousses, l'Aventure du sucre, la maison Euréka, les dauphins de Tamarin, Blue Bay, comptez 8 jours de vacances et privilégiez l'été austral si vous êtes un adepte de plongée. Juste le temps de vous familiariser avec l'architecture coloniale, les paysages oniriques, les saveurs de la cuisine créole et d'avoir envie de revenir.

Envie d'un séjour sportif ? Tyroliennes à gogo, spots de kitesurf mondialement reconnus, parcours canyoning époustouflants, randonnées dans les Hauts ou ascensions des « montagnes de fées » de Maurice… Il y en a pour tous les goûts. Et la plage ne sera jamais loin après vos excursions.

Un séjour farniente pour se réchauffer au cœur de l'hiver, c'est possible : Maurice possède un chapelet de plages paradisiaques le long de ses 330 km de côtes. Au programme, du soleil, quelques mesures de séga et de rhum arrangé, plus des sorties pour découvrir temples hindous, demeures coloniales et jardins extraordinaires. Sans oublier les marchés colorés pour être dépaysé.

> À faire

Outre apprécier la beauté des paysages et le repos sur une plage comme « p'tit lézard », apprenez à réaliser un vindaye ou un cari lors de ***cooking classes*** (cours de cuisine) ; découvrez les secrets de la **fabrication du sucre** ou encore la ferveur qui se dégage d'une **marche sur le feu** devant un temple tamoul. Côté nature, partez en bateau à la rencontre des **dauphins et des cachalots ;** dans le lagon, à la découverte du **récif corallien.** Ou encore dans les **parcs nationaux et réserves,** laissez-vous surprendre par une crécerelle de Maurice ou un pigeon rose… L'île a plus d'une facette, à vous de choisir celle qui vous convient. Et au fil des marchés, des plages publiques, des fêtes, mêlez-vous à une population mauricienne, métissée et chaleureuse.

> Le blog Évasion

Faites un tour sur notre blog (www.guide-evasion.fr), écrivez-nous sur Facebook (GuideEvasion), vous y retrouverez l'actu des destinations, les conseils et les idées de découverte de nos experts du voyage.

- **Climat :** Maurice bénéficie d'un climat tropical, tempéré par les alizés. Idéal pour s'y rendre : avril-juin et septembre-novembre.
- **Formalités :** passeport en cours de validité pour les ressortissants de l'UE, les Suisses et les Canadiens.
- **Durée de vol :** 11 h sans escale depuis Paris (généralement vol de nuit).
- **Décalage horaire :** +3 h en heure d'hiver et +2 h en heure d'été par rapport à la France.
- **Chef-lieu :** Port Louis.
- **Devise :** la roupie mauricienne (Rs).
- **Santé :** aucun vaccin n'est exigé. Il est conseillé de se protéger contre les piqures de moustiques.
- **Budget :** sur les marchés, tout est moins cher qu'en France ; dans les hôtels, les prix des services sont équivalents.

Le morne Brabant

Les incontournables

La maison créole Euréka

Au sud de Port Louis, blottie au pied du mont Ory, cette splendide demeure coloniale du XIXe s. appartient toujours aux descendants de la famille Le Clézio. Elle s'est reconvertie en musée, laissant admirer ses meubles de la Compagnie des Indes. Son histoire ressemble à une version de *Dallas* sous les tropiques. Bruissant d'oiseaux et de cascades, le domaine (20 ha), qui se visite, est un enchantement.

> *p. 41*

Le jardin de Pamplemousses

Le fleuron botanique de l'île Maurice. Créé au XVIIIe s. par Pierre Poivre, qui n'a pas hésité à se transformer en « flibustier des épices », il regorge, sur plus de 37 ha, d'espèces glanées aux quatre coins du monde : camphriers de Chine, nénuphars géants d'Amazonie… Les visiteurs les plus chanceux auront droit à un tallipot en fleurs, événement rarissime (la dernière fois, c'était en 2008).

> *p. 45*

L'Aventure du sucre

Ancienne forge, « indigoterie », puis usine sucrière, Beau Plan a fermé ses portes en 1999. C'est aujourd'hui un écomusée diablement passionnant. Interactif, ludique… Toute l'histoire de l'île Maurice défile à travers le prisme de ce qu'on appelle aujourd'hui « l'industrie cannière ». À la sortie, dégustation en règle de rhums et sucres comme le « brun clair mou », une variété de sucre qu'on ne trouve qu'à Maurice.

> *p. 48*

Le morne Brabant

La « montagne » (556 m) est inscrite depuis 2008 au patrimoine mondial de l'humanité par l'Unesco, en tant que « paysage culturel ». En accueillant avant 1835 nombre d'esclaves « marrons » (en fuite), cette citadelle, truffée de cavernes, est devenue le symbole de la résistance à l'esclavage. Au sommet, accessible aux randonneurs, la vue grandiose embrasse tout le sud-est de l'île.

> *p. 69-71*

Le parc national des gorges de la Rivière Noire

Sur plus de 6 500 ha, le parc national des gorges de la Rivière Noire protège 163 espèces de plantes et 28 espèces d'oiseaux endémiques, certaines étant en danger. Le temps d'une balade, le visiteur qui traverse en voiture le parc comme le randonneur retrouvent l'île originelle, couverte de forêts épaisses. Avec paille-en-queue et macaques, une Maurice verte, inattendue, fascinante.

> *p. 74*

Les falaises de Gris Gris

À Souillac, dans le sud, elles offrent une facette insolite de Maurice, où l'île se fait bretonnante. Faute de barrière corallienne, les vagues, dans un battement incessant, viennent se fracasser sur les falaises volcaniques de Gris Gris. Un paysage de toute beauté, dramatique. Le nom garde ses mystères : est-il emprunté à une sorcière ? à un chat ? Chacun choisira sa version en se baladant sur les crêtes.

> *p. 85*

Le jardin de Pamplemousses

Blue Bay

Peu profond, entre 5 et 6 m grand maximum, le parc marin du lagon de Blue Bay offre une palette de bleus incroyable, pouvant virer jusqu'au bleu nuit. Il faut absolument découvrir ce fabuleux jardin de corail, où vivent (et souffrent parfois) 38 espèces, la température de l'eau devant se maintenir entre 25 °C et 29 °C. On partira à leur découverte à bord d'un bateau à fond de verre. Mieux encore : avec masque et tuba…

> *p. 88*

La plage de Belle Mare

Frangée de filaos, la plage publique de Belle Mare s'étire sur près de 1 500 m. Cette belle grève de sable fin est propice au farniente. Le week-end, elle s'anime car les Mauriciens aiment s'y retrouver. Cela fait partie du *mauritian way of life*. Ils y vont par cars entiers (il y a des bus spéciaux !). Sinon, on charge la voiture de victuailles. Ambiance bon enfant, colorée, familiale, bruyante… et pique-nique géant. Là est la vraie vie de Maurice.

> *p. 102*

Le Trou aux Cerfs

Si vous doutiez que Maurice soit une île volcanique, Curepipe vous en apporte la preuve. Son Trou aux Cerfs (à 605 m d'altitude) est en réalité un ancien cratère de volcan, l'un des vingt-six répertoriés sur l'île. D'une forme bien

La plage de Belle Mare

Grand Bassin

conservée, il mesure 300 m de diamètre et 85 m de profondeur. À pied, on peut en faire le tour. Par grand beau temps, la vue porte à des kilomètres à la ronde.
> *p. 110*

Grand Bassin

Au centre de l'île Maurice, Grand Bassin (appelé aussi « Ganga Talao ») est d'abord un lac de cratère, perché à 550 m d'altitude. Mais considéré comme une « résurgence » du Gange, il est, à ce titre, sacré pour la population indo-mauricienne, largement majoritaire dans l'île. Spectaculaire, le lieu, où vous accueillent les statues géantes de Shiva et Maa Durga, regorge de temples. Vous y observerez les rituels hindous…
> *p. 113*

Bois Chéri

Bois Chéri

Tout ce que vous avez toujours voulu savoir sur le thé, votre breuvage préféré ou non, vous le trouverez à Bois Chéri, en suivant la route du thé. En live. Les champs moutonnent, les cueilleuses s'affairent, l'usine ronronne, et une dégustation vous attend. Au restaurant, gastronomie rime même avec thé. Maurice est un petit producteur de thé : en 2014, cette culture couvrait 672 ha pour 7 607 t de feuilles récoltées.
> *p. 114*

Rodrigues, la réserve François-Leguat

C'est sans doute l'une des tentatives les plus étonnantes pour renverser le cours du temps. Les tortues, qui pullulaient trois ou quatre siècles plus tôt, avaient totalement disparu de Rodrigues. Aujourd'hui, 1 250 descendantes de spécimens d'Aldabra (Seychelles), voire de Madagascar, coulent des jours heureux dans cette réserve. Intriguées, elles viennent parfois à la rencontre des visiteurs.
> *p. 126*

Plongée dans le sud de l'île Maurice

Si vous aimez…

Les activités nautiques

La mer reste le principal pôle d'attraction de l'île, que ce soit à **Trou d'Eau Douce** *(p. 101)* ou à **Blue Bay** *(p. 88)*. Les grands hôtels incluent des prestations dans le prix de la chambre : planche à voile, plongée en apnée, dériveur, kayak de mer, voire kitesurf. Mais ski nautique, parachute ascensionnel et autres sports motorisés demeurent en principe payants. Les surfeurs de tout bord se retrouvent à **Tamarin** *(p. 66)*, au **morne Brabant** *(p. 69)* ou à **Rodrigues** *(p. 125)*.

La plongée

Les fonds sous-marins mauriciens méritent largement un coup de palme. Certains sites, comme la **fosse aux requins**, près de l'île Plate, ou l'**épave** du *Sirius* au large de Mahébourg *(p. 90)* sont à réserver aux plongeurs chevronnés. Un simple masque et un tuba dans la passe de **Belle Mare** *(p. 102)* peuvent procurer aussi beaucoup de plaisir.

L'architecture créole

Malgré l'utilisation du béton et de la tôle ondulée au détriment du bois, l'architecture créole est encore présente à l'île Maurice : cases populaires pleines de charme dans les villages, maisons bourgeoises romantiques sur les **hauts plateaux** *(p. 109)*, et grandes demeures de maître trônant au centre d'un domaine colonial, à l'instar de la **maison Euréka** *(p. 41)*, du **château Labourdonnais** *(p. 59)* ou **Saint-Aubin** *(p. 115)*. Les amateurs se régaleront.

La nature luxuriante

Les amoureux de la nature seront comblés par les parcs nationaux de Maurice, celui des **gorges de la Rivière Noire** *(p. 74)* ou celui de **Bras d'Eau** *(p. 103)*. Les jardins botaniques de **Pamplemousses** *(p. 45)* et de **Curepipe** *(p. 110)*, eux, offrent une vision très complète de la flore tropicale. Un séjour sur la côte permettra aussi de se familiariser avec de nombreuses plantes exotiques : flamboyant, hibiscus, allamanda, bougainvillée…

Les oiseaux exotiques

Le pigeon des mares, la crécerelle, le zozo banane, la goélette blanche… Gazouillis, piaillements… Si vous en pincez pour la gent à bec et à plumes, embarquez-vous pour **l'île aux Aigrettes** *(p. 88)* ou l'**île aux Cocos** *(p. 127)*, ou offrez-vous les services d'un guide qui jouera les éclaireurs dans la forêt du **parc national des gorges de la Rivière Noire** *(p. 74)*.

La randonnée

Le bonheur à la force du jarret… Émotions fortes garanties avec l'**ascension du Pouce** *(p. 42)*, de la **montagne du Lion** *(p. 98)*, ou du **morne Brabant** *(p. 70)*, avec un final un peu acrobatique. L'aventure vous attend aussi le long des sentiers des **gorges de la Rivière Noire** *(p. 74)*.

Bougainvillées

Les plages de rêve

En matière de plages, Maurice et Rodrigues ont de quoi satisfaire tous les désirs, qu'elles soient privées ou publiques. Avec ces dernières, le week-end, où (presque) Tout-Maurice s'y retrouve, c'est l'immersion (quasi) garantie. On trouve des plages infinies, rectilignes comme à **Belle Mare** *(p. 102)* et **Flic en Flac** *(p. 65)*. Et des plages pour Robinson, perdues sur un îlot comme l'**île Plate** *(p. 55)*, l'**île au Phare** *(p. 93)* ou l'**île aux Cocos** *(p. 127)*.

Les sensations fortes

L'île de Paul et Virginie offre maintes sensations fortes. La tyrolienne reste le « produit » phare. C'est à qui offrira, tant à Maurice qu'à Rodrigues *(p. 165)*, la tyrolienne la plus longue, la plus haute. Sueurs froides assurées aussi lors d'une marche avec les lions à **Casela** dans l'ouest *(p. 65)*.

Le golf sous les palmiers

Dans la tradition britannique, l'île Maurice compte à ce jour **huit parcours dix-huit trous**, dessinés par des stars comme Rodney Wright ou Bernhard Langer. En bordure de lagon, le golf de l'**île aux Cerfs** *(p. 101)* compte parmi les plus beaux au monde. Attention, les hôtels, qui sont pour la plupart propriétaires de ces golfs, donnent la priorité à leurs clients. Le **Gymkhana Club** à **Vacoas** *(p. 161)*, très *british*, est considéré comme le plus accessible.

Golf au pied du morne Brabant

Dauphins dans la baie de Tamarin

Les dauphins

Direction la **baie de Tamarin** *(p. 67)* dans l'ouest. Ici, ils offrent un spectacle inouï, à vous donner des frissons. Ils vous régalent d'un vrai ballet aquatique et cela malgré leur poids : jusqu'à 300 kg pour les souffleurs à gros nez *(bottlenose)*. Respectez le code de bonne conduite édicté pour ce *dolphin watching*.

Les traditions venues d'ailleurs

Entre nouvel an chinois et Aïd el-Fitr, marches sur le feu et pèlerinage à Sainte-Croix, le calendrier mauricien est empreint de spiritualité. Il reste néanmoins marqué par les grandes fêtes hindoues, comme Maha Shivaratree à **Grand Bassin** *(p. 113)*, qui rassemble pour Shiva jusqu'à 200 000 personnes. Restez discret, et l'on vous acceptera partout.

Le rhum, le thé et leurs secrets de fabrication

Entre juin et décembre, pendant la récolte de la canne à sucre, on peut suivre la distillation du rhum à **Chamarel** *(p. 73)*. À **Bois Chéri** *(p. 114)* vous sont livrés tous les secrets de la fabrication du thé. Vous verrez aussi fonctionner une usine, qui fabrique des gâteaux au manioc. Il s'agit de la biscuiterie Rault à Mahébourg *(p. 91)*.

Le shopping hors taxes

À défaut d'un artisanat exotique, Maurice est l'endroit rêvé pour renouveler sa garde-robe à moindre prix : dans les boutiques branchées de **Grand Baie** *(p. 55)*, les centres commerciaux du **Caudan** à Port Louis *(p. 36)* et des **hauts plateaux** *(p. 110)*, l'industrie textile mauricienne offre un rapport qualité-prix très intéressant. Mais attention aux contrefaçons !

L'histoire des colonies

Maurice s'est offert une batterie de nouveaux musées, ludiques et interactifs. L'**Aventure du sucre** *(p. 48)* retrace l'histoire de l'île à la lumière des tribulations du roi Sucre. Le **Blue Penny Museum** *(p. 37)* présente ses trésors philatéliques et nous fait chavirer avec le naufrage du *Saint-Géran*. Autre lieu chargé d'émotion : l'**Aapravasi Ghat** *(p. 38)* à Port-Louis, où débarquèrent les immigrants indiens.

Femme tamoule lors de Thaipoosam Cavadee

L'île Maurice, c'est aussi...

Du séga *tipik*

Depuis novembre 2014, le séga *tipik* mauricien, chant et danse ancestrale des anciens esclaves sur les plantations, est inscrit au patrimoine culturel de l'humanité par l'Unesco. Ironie de l'histoire : il a longtemps été considéré comme vulgaire avant que les touristes ne l'adoptent. Du séga *lontan* (d'antan) de Jean-Claude Gaspard au séga mâtiné de blues d'Éric Triton, il y a tout un monde, réuni le temps du festival international Kreol *(p. 185)*, qui enflamme l'île entière en décembre.

Le paradis du Spa

Aujourd'hui, pas d'hôtel sans son Spa, où l'on se rend en solo ou en couple, voire en famille. Si très longtemps, le « marché » a été dominé par des marques internationales (Guerlain, Clarins, etc.), Maurice a développé des lignes qui lui sont propres comme Seven Colours dans le groupe Veranda *(p. 209)*. Aujourd'hui, on propose des gommages, où les grains de riz concassés, la noix de coco, les sels marins et les épices servent d'exfoliants. Les huiles essentielles ont adopté tous les parfums des îles.

Une île « romance »

Merci, Bernardin de Saint-Pierre ! Maurice lui doit une belle romance, celle de Paul et Virginie, inspirée par le naufrage du *Saint-Géran* sur les récifs de l'île d'Ambre *(p. 58)*. Aujourd'hui, l'île a fait de l'amour et du voyage de noces, voire du mariage sous les tropiques, son fonds de commerce ➤ *encadré p. 140*. Il est même possible de privatiser une plage publique, le temps de la cérémonie.

Des sous-marins de poche

Très tendance, aujourd'hui ! Dès 1998, Blue Safari *(p. 142)*, créé dans le nord de Maurice par deux Français, lançait son premier sous-marin de poche. La société en a aujourd'hui deux, de cinq et dix places, qui descendent jusqu'à 35 m de fond. La plongée a même sa séquence *Titanic*, autour de l'épave du chalutier japonais *Star Hope*, coulé dans les années 1980. Si Jules Verne est votre auteur favori…

Des marchés étonnants

Maurice a ses marchés hauts en couleur, où l'on découvre des légumes et fruits inconnus sous des latitudes plus tempérées. L'arouille, racine qui a le goût des patates douces, le margoze, qui se rapproche de nos concombres en plus amer… Si le marché de Port Louis *(p. 31)* est le plus connu des touristes, ceux de Goodlands (mercredi et samedi, *p. 58*) ou de Centre de Flacq (mercredi et dimanche, *p. 102*) méritent le détour.

De la *street food*

Bien avant que la vague déferle en France, Maurice avait sa cuisine des rues. Les Mauritiens raffolent des *gajaks* (amuse-gueules, en-cas), dont on ne fait qu'une bouchée, comme les samoussas (petits beignets au poisson ou aux légumes), les gâteaux-piments, qui sont très peu pimentés, les gâteaux arouille… Plus consistantes sont les dholl puri *(p. 191)*, des galettes à base de farine de pois cassés, fourrées avec un cari.

Des marches sur le feu

À Maurice, les Tamouls ne se considèrent pas comme des Hindous, bien que leur dieu Muruga soit donné comme le fils, belliqueux, de Shiva. Précédées d'un jeûne purificateur, les cérémonies tamoules (surtout pour Thaipoosam Cavadee, entre mi-janvier et mi-février) sont spectaculaires, impressionnantes *(p. 188)*. Les pénitents, qui ont le corps hérissé d'aiguilles, se dirigent vers le temple, où ils traverseront un tapis de braises.

Farniente sur la plage de Mont Choisy

Plages et farniente

Sable fin et filaos ou sable fin et palmiers ? C'est le choix cornélien à Maurice ! Il pourrait résumer l'opposition entre plages publiques (filaos) et plages privées (palmiers). Cela dit, les plages sont du domaine public, l'État louant à bail certaines d'entre elles. Le locataire doit néanmoins autoriser le passage, entre la mer et le point atteint par la marée haute *(high water mark)*.

Port Louis, Caudan

La plage la plus urbaine se trouve dans **Port Louis** même, au Caudan. Il s'agit de la plage artificielle de sable blanc aménagée à l'hôtel Suffren. On s'y croirait : palmiers et paillotes au toit de chaume. Elle est réservée aux clients de l'hôtel.

> p. 130

Mont Choisy

Dans le nord, cette plage publique est la plus familliale. Elle s'arrondit voluptueusement en arc de cercle. Protégée par une épaisse forêt de filaos, c'est la plage préférée des familles mauriciennes le week-end. Divertissement local par excellence : la « banane » gonflable.

> p. 54

Flic en Flac

De toutes les plages publiques à Maurice, celle de **Flic en Flac,** dans l'ouest, est l'une des plus longues : elle s'étend sur près de 3 km. Déserte en semaine, c'est de la folie pendant le week-end ! Il suffit de traverser la route pour trouver un restaurant, un bar, une discothèque. Les *food trucks* sont aussi nombreux.

> p. 65

La Preneuse

Dans l'ouest, **La Preneuse** se cache à l'arrière de la route qui traverse l'agglomération formée par Tamarin et Grande Rivière Noire. Une tour Martello, construite par les Anglais dans les années 1830 et reconvertie en petit musée historique, veille sur elle.

> p. 68

Bel Ombre

C'est sans doute la plage la plus branchée de l'île. Le C Beach Club est situé à **Bel Ombre**, dans le « grand Sud », comme disent les Mauriciens. Une programmation hype et chic avec des DJ (même en journée le dimanche), un bar à cocktails, une plage de sable fin sous les palmiers avec ses *love nests* (nacelles).

> p. 151

Souillac

Au pied des **falaises de Gris Gris**, à quelques pas du centre-ville de Souillac, dans le sud, les vagues déchaînées harcèlent cette plage sauvage, accessible par un escalier. La baignade y est dangereuse, mais la séquence balade et pique-nique très agréable.

> p. 85

Rodrigues, Trou d'Argent

À **Rodrigues**, sur la côte est, **Trou d'Argent** n'a pas livré tous ses mystères. Nul n'a retrouvé le trésor qui serait caché au fond de la mer. On partage parfois avec les chèvres cette jolie petite plage, lovée dans une crique, enserrée entre deux falaises. Attention, le ressac peut vous malmener.

> p. 124

Rodrigues, Pâté Reynieux

La plus kitesurf, c'est à **Rodrigues** que vous la trouverez, du côté de **Pâté Reynieux**, entre Mourouk et Graviers. Un spot mondialement connu ! Les alizés, qui soufflent avec constance (on parle de 280 jours par an) dans le lagon turquoise, facilitent l'apprentissage, qui commence sur cette plage immense.

> p. 125

Kitesurf au Morne

Nos activités préférées

La pêche au gros

Maurice s'est fait une spécialité de cette pêche très sportive, très physique. C'est un combat qu'il faut livrer, parfois des heures durant, contre de gros poissons, requins, thons et surtout marlins. Au bout du fil, la prise se débat férocement avec une force incroyable. C'est Rodrigues qui détient encore le record du plus gros marlin bleu pêché au monde : 1 238 livres (561,5 kg). À Maurice même, LE centre de pêche reste Grande Rivière Noire *(p. 147)*.

Le kite et le paddle

Au Morne en particulier, Maurice est devenu un paradis tant pour le kitesurf, où l'on s'envoie en l'air aidé par une aile de traction, que pour le paddle ou SUP (pour Stand Up Paddle), où l'on pagaye debout sur une planche. Proposées par les mêmes clubs, ces deux activités sont complémentaires, le kite se pratiquant surtout durant l'hiver austral (juin-août), où les vents sont porteurs tandis que le paddle, lui, s'accommode moins des turbulences. En paddle, on prend très vite son plaisir ; c'est une façon agréable d'explorer lagon, rivières et mangroves.

Le quad

Il se loue dans les « chassés », vastes territoires de chasse, que les groupes sucriers ont reconvertis dans l'écotourisme. Cela a son côté Indiana Jones. En petits groupes, « l'expédition » quitte les champs de canne à sucre pour rejoindre la forêt et ses pistes boueuses. Une harde de cerfs détale à votre passage. En prime, une visite d'une maison de planteur, comme au domaine de Rambouillet *(p. 43)* ; ou un panorama somptueux (réserve Frédérica *p. 82* ou domaine de l'Étoile *p. 99*).

Le canyoning

On voit peu Maurice comme une destination canyoning. Et, pourtant, il y a des parcours époustouflants ! Comme celui des chutes de Tamarin, dans le centre de l'île : avec des chutes de 50 m, sensations fortes assurées. Il faut vous en remettre à des guides confirmés, que l'on peut contacter directement ou trouver au parc de Casela *(p. 65)* dans l'ouest ou à l'hôtel Shandrani *(p. 153)* dans le sud.

Les cours de cuisine

Tout le monde s'y met. Dans les palaces, le chef sort le grand jeu. Balade en sa compagnie au marché, à Port Louis ou ailleurs. Passage en cuisine ensuite, pour un thon rouge enrobé d'un caramel d'épices. Et diplôme à la sortie ! D'autres hôtels comme le Preskil *(p. 152)* ou La Belle Rodriguaise *(p. 166)* sont dans un registre plus modeste, mais savoureux. Zilwa Attitude Hôtel *(p. 142)* vous invite même chez l'habitant, où vous pouvez mettre la main à la pâte !

Le vélo

C'est à réserver aux petites routes, peu fréquentées ! Sous une brise marine, il est très agréable de circuler à vélo sur toute la côte sous le vent, notamment entre Pointe aux Piments et Trou aux Biches, le maillot de bain dans le sac à dos. Autre terrain propice à quelques coups de pédale : l'est, où l'asphalte serpente entre canne à sucre et cultures maraîchères. Un but idéal de promenade ? Le marché de Centre de Flacq *(p. 102)* !

Quad à la réserve Frédérica

3 idées de circuits

Circuit 1

8 jours pour voir l'essentiel de l'île Maurice

Jour 1 : arrivée à Maurice

➤ ***Arrivée à l'île Maurice. Rejoignez l'hôtel inclus dans votre séjour (souvent à 1h-1h30 de route de l'aéroport).***

Le « paradis », c'est l'un des surnoms de Maurice, ça se mérite ! Cool… On se détend : première balade à la plage, première « tête » dans le lagon.

Jour 2 : Grand Baie

➤ ***À 71 km N de l'aéroport SSR.***

Ce petit Saint-Trop' sous les tropiques ne manque pas de charme. Lèche-vitrine dans Sunset Boulevard, pause à la **plage de la Cuvette**… Allez-vous tâter du scooter sous-marin ? L'escale au Beach House *(p. 136)*, elle, s'impose. *Voir p. 55.*

Jour 3 : Pamplemousses

➤ ***À 15 km S de Grand Baie.***

Son jardin regorge de plantes du monde entier grâce à Pierre Poivre. L'**Aventure du sucre**, un écomusée, vous raconte l'histoire de l'île sans vous ennuyer une seconde à travers le prisme du sucre, qui a fait sa fortune. Prolongez au déjeuner l'enchantement de cette escale à Le Fangourin *(p. 134)*. *Voir p. 48.*

Jour 4 : Port Louis et Moka

➤ ***À 12 km S-O et à 23 km S-O de Pamplemousses.***

Direction **Port Louis**, la capitale. Pour ses senteurs, son « bazar » (marché) mérite le détour. Les *shopping addicts* fileront au Caudan. Tout le monde se retrouve au déjeuner à la **maison créole Euréka**, près de Moka. Séquence nostalgie dans cette ancienne plantation des Le Clézio. *Voir p. 31, 36-37 et 41.*

Jour 5 : Tamarin

➤ ***À 26 km S-O de Moka.***

Journée en mer. Dans la **baie de Tamarin**, les dauphins *spinners* font tout pour mériter leur surnom (« toupie »). Vous pouvez vous mettre à l'eau avec eux, mais respectez les consignes. En général, le pique-nique est prévu sur l'île aux Bénitiers. *Voir p. 67.*

Jour 6 : Chamarel et Grand Bassin

➤ ***À 17 km S et 35 km S-E de Tamarin.***

Pour la journée, ce sera une petite balade de santé dans les **Hauts** : les temples hindous qui se mirent dans les eaux du lac de **Grand Bassin**, les paille-en-queue qui volent en cercle au-dessus des **gorges de la Rivière Noire**, **Chamarel** et sa cascade… Une Maurice verte. *Voir p. 74-77 et 113.*

Jour 7 : le Grand Sud

➤ ***À 26 km S et 55 km S-O de Grand Bassin.***

On le dit encore « sauvage ». Entre le **morne Brabant** et **Souillac**, la petite route fait quelques infidélités à la plage, déserte en semaine. Programme de Robinson : baignade, pique-nique sur le sable ou déjeuner au Face à la mer à l'Embrasure *(p. 152)*. *Voir p. 81-85.*

Jour 8 : Blue Bay

➤ ***À 61 km E du morne Brabant.***

Pour la dernière journée, on se baladera (bateau de verre ou masque-tuba) dans ce jardin de corail, où un « cerveau de Neptune » affiche l'âge de Mathusalem. Sur la plage, la baraque de Marylin *(p. 153)* propose des en-cas appétissants. *Voir p. 88.*

8 jours
pour voir l'essentiel

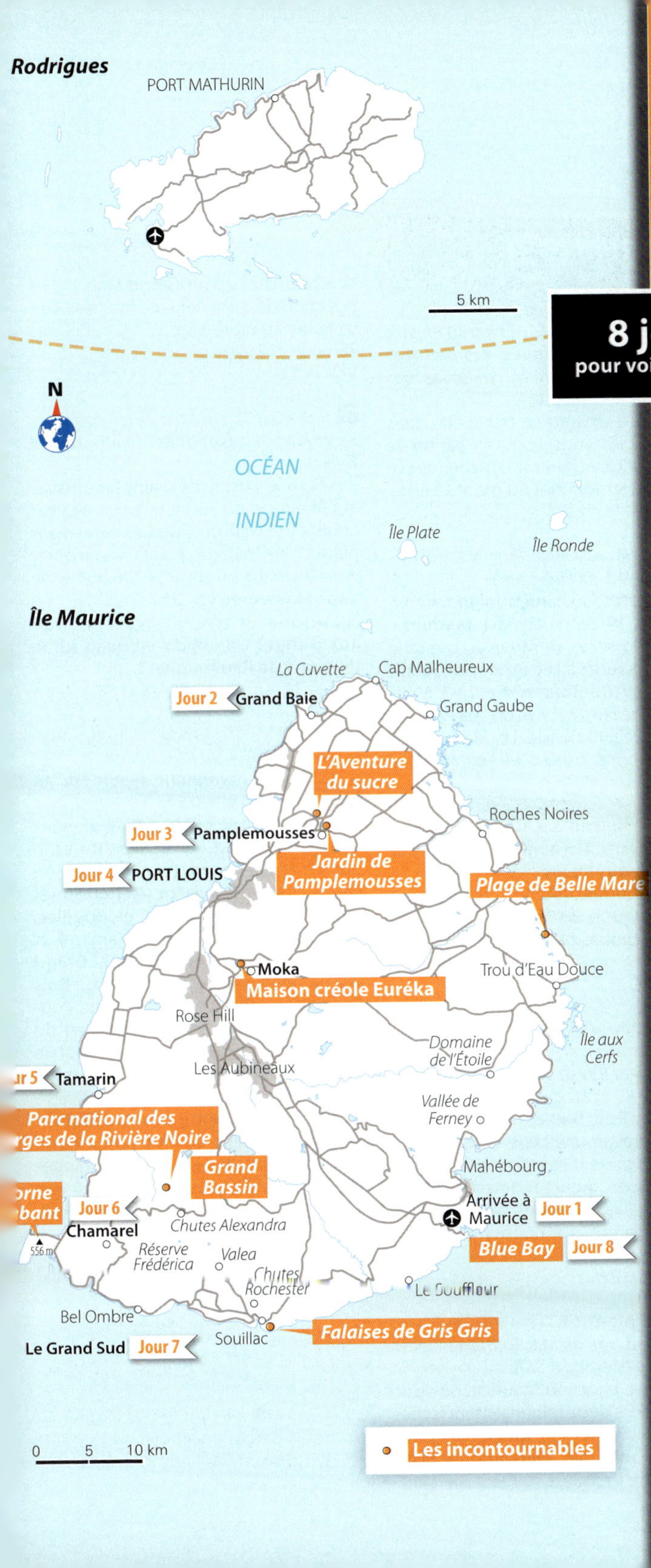

Circuit 2
Maurice et Rodrigues en 15 jours

Jour 1 : arrivée à Maurice et transfert pour Rodrigues

➤ ***Plus de 11 h de vol… Et 1 h 30 encore pour rejoindre Rodrigues. Vos bagages ont suivi, échappant à la limite des 15 kg pour les « locaux ».***

Petite sieste réparatrice, trempette dans le lagon… Si vous vous en sentez le courage, allez admirer le coucher de soleil sur l'île au sommet du **mont Limon.**

Voir p. 124.

Jour 2 : Rodrigues, Port Mathurin

➤ ***À 15 km N-E de l'aéroport.***

Surtout si c'est un samedi, allez faire un tour dans la capitale, **Port Mathurin.** Tout Rodrigues s'y retrouve au bazar (le marché). Goûtez à la tourte rodriguaise de Marylou (La Tourterie *p. 164*). Vous avez encore faim ? Sur Anse aux Anglais, on vous recommande Le Marlin Bleu *(p. 163)*, bonne cuisine et vue sur mer.

Voir p. 121.

Jour 3 : Rodrigues, l'île aux Cocos

➤ ***Départ Port Mathurin à 18 km E par mer de l'île aux Cocos***

C'est une journée Robinson type, sur cet îlot où nombre de sternes ont trouvé refuge : ti punch, baignade, sieste sur la plage immense. La vie rêvée, quoi.

Voir p. 127.

Jour 4 : Rodrigues, Port Sud-Est et Anse Quitor

➤ ***À 9 km S et 23 km S-O de Port Mathurin.***

La vue sur **Port Sud-Est** est sublime. Il faut aussi tester une table d'hôte : Chez Jeannette *(p. 165)*, peut-être ? On passera enfin un grand moment dans la **réserve François-Leguat**, au milieu des tortues géantes qui quémandent une caresse.

Voir p. 125-127.

Jour 5 : Maurice, Grand Baie

➤ ***À 560 km par air de Rodrigues, puis 71 km N de l'aéroport SSR.***

Maintenant, direction Maurice, où vous aurez réservé deux hébergements, chacun dans une région différente, pour vous épargner des allers-retours fastidieux. Votre première soirée à l'île Maurice, réservez-la pour **Grand Baie**, où les noctambules ont leur circuit qui finit toujours au night-club LET (Les Enfants Terribles *p. 139*).

Voir p. 55.

Jours 6 à 10 : le nord de Maurice

➤ ***96 km en rayonnant depuis Grand Baie.***

Par-delà le **jardin de Pamplemousses** et l'**Aventure du sucre**, le bazar de **Port Louis** et la **maison Euréka,** faites-vous plaisir. Une balade à vélo ou scooter pour fixer sur pixels la petite église de **Cap Malheureux ?** Une plongée en sous-marin *(p. 142)* au large de **Trou aux Biches ?** Un « raid » en quad sur le **domaine de Rambouillet ?**

Voir p. 31, 41, 43, 45-49, 54 et 58.

Jours 11 à 15 : l'ouest et le sud de Maurice

➤ ***355 km en rayonnant depuis Flic en Flac.***

Après **Tamarin** et ses dauphins, plongez dans le Grand Sud. Suivez la petite route qui se faufile entre mer, champs de canne à sucre et villages pittoresques entre le **morne Brabant** et **Souillac.** Grimpez dans les Hauts : **Chamarel** et ses **Terres des Sept Couleurs, Grand Bassin** et ses temples hindous, **Bois Chéri** et son thé vous y attendent. Pour les « extras », vous avez l'embarras du choix. L'**ascension du Morne**, pour la vue XXL au sommet ? Une rando dans le **parc national des gorges de la Rivière Noire ?** Réservez votre dernière journée pour le parc marin de **Blue Bay,** près de l'aéroport, qui plus est, avant de ranger palmes et tubas dans la valise.

Voir p. 67, 70-71, 73-76, 80-85, 88 et 113-115.

15 jours
pour tout voir

Circuit 3
10 jours hors des sentiers battus à l'île Maurice

Jour 1 : arrivée à Maurice

➤ ***Arrivée à Maurice.***

D'abord, choisissez un hébergement hors normes. Une cabane perchée dans un banian à l'est *(p. 156)* ? Du « glamping » dans le sud-est *(p. 155)* ? Ou une authentique maison coloniale *(p. 143)* ? Arrivé, direction la plage la plus proche pour faire causette avec un pêcheur.

Voir p. 58, 99 et 102.

Jour 2 : Centre de Flacq

➤ ***À 46 km N de l'aéroport SSR.***

Et si vous louiez un vélo ? Les petites **routes de l'est** sont paisibles. En quelques coups de pédale, on est au marché de **Centre de Flacq** (le mercredi et dimanche), un vrai **marché** mauricien avec tout un univers de fruits et de légumes aux noms cocasses. Arrêtez-vous pour déjeuner chez Ti Georges *(p. 102)* à Argy avant de faire une petite sieste sur la plage de **Belle Mare** et de pousser jusqu'à **Trou d'Eau Douce**.

Voir p. 101-102.

Jour 3 : Pamplemousses et son jardin

➤ ***À 24 km N-O de Centre de Flacq.***

Vous découvrirez l'**Aventure du sucre** avec les yeux (et les bras) d'un coupeur de canne. Une introduction très musclée, pour comprendre l'histoire et l'économie de l'île dans l'écomusée voisin. La journée se finira en beauté au jardin de Pamplemousses.

Voir p. 45-48.

Jour 4 : Grand Baie et ses environs

➤ ***À 15 km N de Pamplemousses.***

Il est mille façons d'explorer le **lagon** cristallin. Au volant d'un subscooter par 3 m de fond ou en sous-marin *(p. 142)* ; en kayak de mer ou en paddle jusqu'à l'île d'Ambre. Vous croiserez peut-être quelques tortues marines et vous découvrirez un étonnant écosystème, celui des mangroves.

Voir p. 55 et 58.

Jour 5 : le Pouce et Port Louis

➤ ***À 27 km S-O et 12 km S-O de Pamplemousses.***

C'est du sommet du **Pouce** (812 m) que vous admirerez la rade de Port Louis. En s'organisant (bus, taxi), il est possible depuis Saint-Pierre, au sud, de rejoindre à pied la capitale, l'itinéraire aboutissant au niveau du **Champ de Mars** (hippodrome), où c'est la folie un jour de courses.

Voir p. 39 et 42.

Jour 6 : Tamarin

➤ ***À 33 km S-O de Port Louis.***

Le monde et les dauphins de Tamarin appartiennent à ceux qui se lèvent tôt. Avant la grande foule, arrangez-vous pour être sur place vers 7 h-8 h. Le soleil n'a pas encore réchauffé l'eau, mais ce tête-à-tête privilégié vaut tous les efforts ! Vous prendrez ensuite le large pour aller au-devant des cachalots voire des baleines à bosse qui, durant l'hiver austral, passent en haute mer.

Voir p. 65-67.

Jour 7 : le parc national des gorges de la Rivière Noire

➤ ***À 32 km S-E de Tamarin pour Le Pétrin.***

Plus de 65 km² de pure nature, sauvage… C'est encore le royaume du pigeon rose, des macaques, ainsi que des ébéniers mythiques. La rando peut être relax ou physique.

Voir p. 74-77.

Jour 8 : les îles au large de Mahébourg

➤ ***À 38 km E du Pétrin.***

Une manière de découvrir la petite ou la grande histoire de Maurice tout en jouant les Robinson.

Voir p. 92-93.

Jours 9 et10 : Mahébourg et Blue Bay

➤ ***À 7 km S de Mahébourg.***

Mine de rien, il se passe toujours quelque chose à **Mahébourg**, où l'on fait la « foire » (marché) le lundi. La ville a aussi ses régates, où s'affrontent des pirogues à voile. Vous irez aussi à **Blue Bay**, pour vous emplir les yeux de tous les bleus de la terre dans ce parc marin.

Voir p. 88 et 90-91.

10 jours
hors des sentiers battus

Visiter l'île Maurice et Rodrigues

Nous avons découpé l'île Maurice et Rodrigues en 7 grandes zones :

Port Louis et ses environs

Port Louis n'est pas une capitale comme les autres. La ville, trépidante en journée, se vide quand les bureaux ferment, beaucoup d'employés ou cadres regagnant les Hauts. Le voyageur cherche dans sa mémoire une image qui pourrait la résumer. Port Louis est une énigme. La ville a l'effronterie du Caudan, où le piéton fait du lèche-vitrine, la nostalgie d'une maison créole de la rue Saint-Georges, ou encore la folie du Champ de Mars un jour de course hippique. Alors le touriste renonce souvent à la comprendre. Il part vite visiter la maison Euréka, un bijou de demeure coloniale chargée d'histoires de famille. Là, la magie est immédiate. Tout comme à Pamplemousses, jardin tropical où l'on s'attarde volontiers, nez au vent, tous les sens en éveil.

PRATIQUE

Cartes et plans : carte de Port Louis et ses environs ci-contre · plan de Port Louis p. 32-33 · plan du jardin des Pamplemousses p. 47.
Manger, dormir, s'amuser… : p. 130.
La meilleure saison : toute l'année.
Se déplacer :

- **Comment** ? Même en **voiture**, il ne faut pas prévoir moins de 1 h à 1 h 30 pour traverser l'île, du nord au sud. Évitez de toute manière d'entrer en voiture dans la capitale : ses embouteillages sont légendaires, week-end excepté, où la ville est comme morte. Le mieux est de se garer au Caudan. Si vous utilisez le **bus**, sachez que Port Louis possède deux gares routières, l'une au sud, Victoria Square ***(plan p. 32-33 / A2)***, pour toutes les destinations sud, l'autre au nord, Immigration Square ***(plan p. 32-33 / B1)***, pour les destinations au nord. Mais cette règle souffre une ou deux exceptions.
- Port Louis (visite 1) est à 24 km S-O de Grand Baie (La côte sous le vent/ visite 4) par l'A4 (pas très fluide) et à 49 km N-O de Mahébourg (De Souillac à Mahébourg/visite 9) en grande partie par l'autoroute M1. Mais il vaut mieux calculer en temps qu'en distance.

VISITES 1 à 3

Port Louis et ses environs

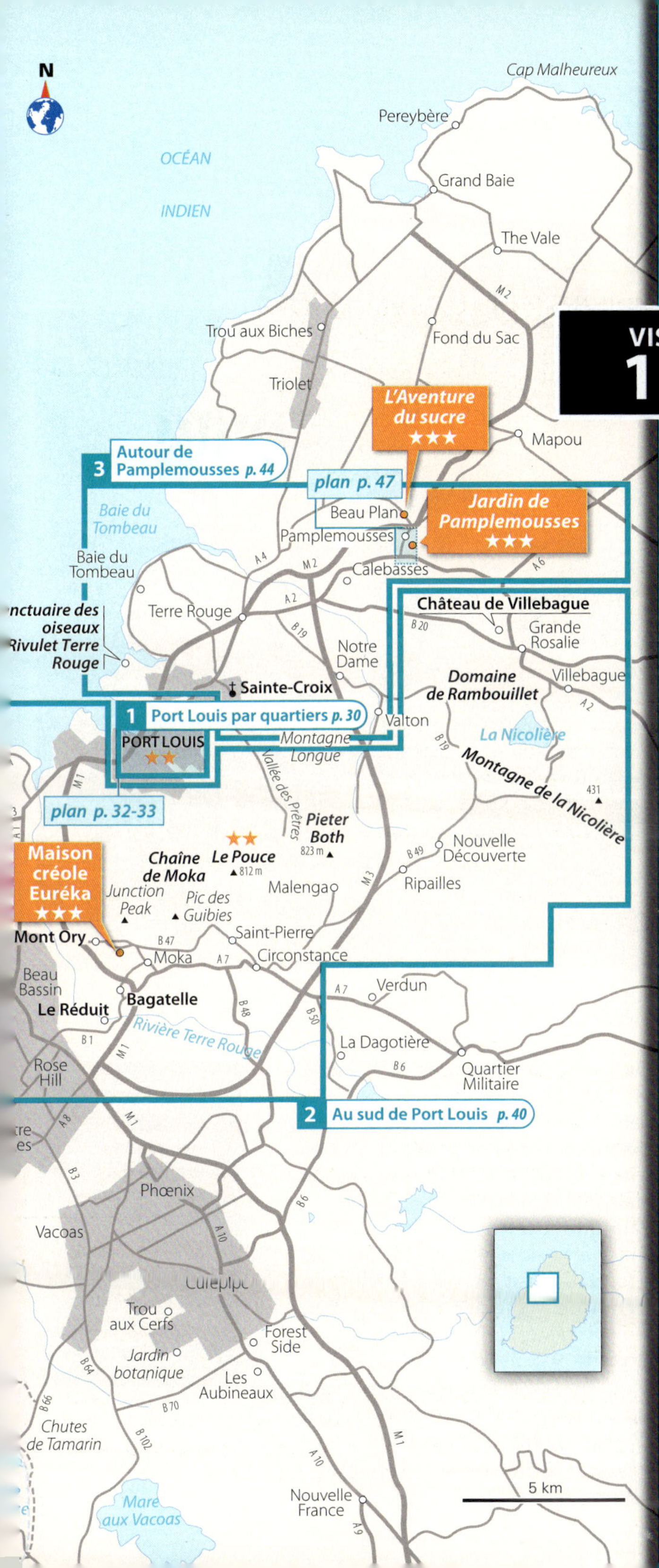

1 Port Louis par quartiers

Port Louis

Une capitale (120 000 habitants en 2011) qui se vide dès 17 h…
C'est l'image hallucinante qu'offre Port Louis, où se côtoient bazars à l'orientale et centres commerciaux, costumes trois pièces et saris, vieilles maisons coloniales et gratte-ciel. Nichée dans une cuvette de 10 km^2, entre la mer et la chaîne de Moka, la ville, dont le véritable fondateur fut au XVIIIe s. le Français Bertrand François Mahé de La Bourdonnais, est tout en contrastes. Entre les buildings de sa « City » (le quartier des affaires) et les demeures en bois de la rue Saint-Georges, il y a quelques mètres et tout un monde. Mais le site qui emporte l'émotion est sans aucun doute l'Aapravasi Ghat, où tant d'immigrés ont débarqué.

- **Point de départ :** place d'Armes.
- **Se déplacer :** à pied. En taxi ou en voiture pour la Citadelle.
- **Plan :** p. 32-33.
- **Carnet d'adresses :** p. 130.
- **À ne pas manquer :** le Blue Penny museum.

➤ Autour du marché*

Plan p. 32-33 / A1 - Depuis le parking du Caudan : accès à la place d'Armes par deux souterrains sous Trunk Rd (l'autoroute).

Ici, devant la place officiellement rebaptisée place Bissoondoyal, mais que tout le monde continue à appeler **place d'Armes,** le premier contact avec la ville vous désarçonne : le marché (ou le « bazar ») est juste au pied de la « City », le quartier d'affaires, où les gratte-ciel se découpent sur la chaîne de Moka.

La place d'Armes*

Plan p. 32-33 / B2.

Les flâneurs apprécient l'ombrage des palmiers royaux de la majestueuse place d'Armes.

À l'entrée, la **statue de Mahé de La Bourdonnais** regarde la mer et domine, impavide, une autoroute souvent encombrée. Nommé gouverneur général des Isles de France (Maurice) et Bourbon (La Réunion), notre Malouin débarque ici en juin 1735. Il y a tout au plus un campement (résidences secondaires en bord de mer) d'une cinquantaine de cases couvertes de feuilles de lataniers, bien que ce soit le chef-lieu de l'île, choisi par la Compagnie des Indes. En peu de temps, il en fait un port sûr et digne de ce nom, rebaptisé Port Louis, semble-t-il en l'honneur de Louis XV.

PLANTES MÉDICINALES

Sur le marché de Port Louis, les « tisaniers », vendeurs de plantes médicinales, ne sont plus que deux. Mais les vertus de plus de 75 plantes n'ont plus de secrets pour Jay Mootoosamy. « Une partie de mes recettes vient du livre de mon arrière-grand-père ; il date de 1882 », explique ce très médiatique herboriste, qui a pignon sur Internet. Au top des demandes : aphrodisiaques et remèdes pour maigrir.

➤ **Maison Mootoosamy & Fils,** *Stand 244, marché de Port Louis ☎ 57.27.82.45 (GSM) et 424.31.40. www.jaytisanes.com.*

RAFRAÎCHISSEMENT

Au **marché,** vous pouvez déguster votre premier **alooda** (ou alouda), boisson glacée à base de lait épaissi par du tapioca, vanille, amande. Les Mauriciens raffolent de ce milk-shake local.

➤ **Marché central *(plan p. 32-33 / B1-2),*** *17 Rs/0,43 € à 20 Rs/0,51 € selon la taille du verre.*

Le marché central*

Plan p. 32-33 / B1-2 - Entre Trunk Rd et Queen St., de part et d'autre de la rue Farquhar, au N de la place d'Armes, sur votre g. en tournant le dos à la mer. Ouv. avr.-sept. : lun.-sam. 5 h 30-17 h 30, dim. et j.f. 5 h 30-11 h 30. Oct.-mars : lun.-sam. 5 h-17 h 30, dim. et j.f. 5 h-11 h 30. Le sam., le marché déborde dans les ruelles avoisinantes. Poste de police à l'entrée principale dans Queen St.

Après sa rénovation, achevée en 2004, le marché central (ou Grand Bazar) s'est métamorphosé en « bazar cinq étoiles » ! Seule la porte d'entrée principale, dans Queen St., a conservé son cachet originel (1845). À l'intérieur, le XXIe s. s'est imposé. Fini les allées exiguës : tapis roulants (en panne parfois) et ascenseurs permettent d'accéder à l'étage ou à la mezzanine, où l'on trouve surtout de l'artisanat mais aussi un hard discounter, PrideMark. Chaque étal dispose maintenant de l'électricité et d'un point d'eau. Malgré ces changements, le Grand Bazar reste néanmoins un lieu haut en couleur, odeurs et cris. Les pyramides de litchis, d'ananas, de bananes, les tas de christophines, de « pommes d'amour » (tomates) ou de feuilles de « brèdes songe » *(p. 190)* composent des tableaux rutilants.

Dans la partie réservée aux poissons, côté rue Farquhar, l'odeur âcre des ourites (poulpes) séchées prend à la gorge.

Port Louis par quartiers

GRAND BAIE
SAINTE-CROIX
TROU FANFARON
CHINA TOWN
Citadelle (Fort Adélaïde)
Vers la citadelle p. 38
Cathédrale St-Louis
Cathédrale St-James
Champ de Mars
Mariamen St.
Noor E Islam Mosquée St.
Louis Xavier St.
Maharatta St.
Serang
St- Francois Xavier St.
G. Ambroisine St.
L. l'Oiseau St.
Abbé Déroulède St.
Sir A. R. Mohammed St.
Sir Edgar Laurent
Etienne
Pellereau
Queen St.
Sun-Yat-Sen
R. Seeneevassen St.
Calcutta
Madras
Magon St.
I. B. Soobadar
M. A. Rashid St.
Maulana Khustar St.
East St.
Ghoon St.
Emmanuel
Dr J. Rivière St.
Anquetil St.
Rémy Ollier St.
Sir Virgile Naz St.
La Paix
Arsenal St.
Epidariste St.
Jummah Mosque St.
Sir S. Ramgoolam St.
Dauphine
Dioré St.
Hatch St.
Geoffroy
Church
Mgr Suffren
Gonin
Pope Hennessy St.
Eugène Laurent St.
Destaing St.
Corneille St.
Sébastopol St.
Shakespeare St.
China St.
Inkerman St.
Frère Félix de Valois St.
Saint Denis
S. Bissoondoyal St.
200 m
C
D
1
2
3
N

Épicerie à Port Louis

La mosquée Jummah*

Plan p. 32-33 / B-C1 - Entrée dans Royal St. ☎ 242.80.25. Ouv. t.l.j. sf ven. matin, 9h30-11h30, 14h-15h30. Entrée libre. Tenue décente (jambes et épaules couvertes) exigée.

La plus ancienne mosquée de l'île (construite à partir de 1852) ouvre ses magnifiques portes ciselées, en bois, sur un patio frais, entouré de fines colonnades. Les non-musulmans n'ont pas le droit d'aller au-delà de la cour.

Le quartier chinois*

China Town

Plan p. 32-33 / C1.

Passé Jummah Mosque St., on entre dans le quartier chinois, aux boutiques clinquantes, enseignes rouge et or. Il a conservé quelques anciennes maisons de riches commerçants, avec leurs galeries couvertes à l'étage.

Fouineur, vous pousserez jusqu'à la Sun-Yat-Sen St. (***plan p. 32-33 / C1** après Emmanuel Anquetil St. sur la dr.)* pour découvrir une **pharmacie chinoise traditionnelle** *(Carnet d'adresses p. 132).*

➤ Le quartier créole**

Plan p. 32-33 / A-B2.

Au sud de la **place d'Armes**, dans ce quartier datant de l'époque coloniale (XVIIIe et XIXe s.), les bâtiments publics sont en pierre, matériau difficile à travailler, et les maisons particulières en bois, celui-ci n'emmagasinant pas la chaleur. Dévorée par le feu, saccagée par les cyclones à maintes reprises, la capitale a néanmoins gardé quelques-unes de ses belles maisons créoles du XVIIIe s. et du XIXe s., notamment rue Saint-Georges.

Le palais du Gouvernement

Government House

***Plan p. 32-33 / B2** - Angle Intendance St. et Royal St. Ne se visite pas.*

Hier résidence d'hiver du gouverneur, aujourd'hui siège du Parlement mauricien, c'est le plus ancien bâtiment de l'île. Maussade, la reine Victoria statufiée campe dans le jardin, rappelant, si besoin était, que Maurice fut une colonie anglaise de 1810 à 1968. Construit sous Mahé de La Bourdonnais, l'édifice ne comportait qu'un étage au départ, tout en bois et pierre de taille. Le général Decaen, le dernier gouverneur français, en fit ajouter un second en

ADIEU DODO

Feu le **dronte** *(Raphus cucullatus)*, appelé aussi « dodo » (du néerlandais *dodoors*, paresseux), était un gros oiseau clair qui avait le poids d'un dindon (20 kg). Ses ailes atrophiées le rendaient incapable de voler, ce qui en fit une proie facile pour les premiers colons de l'île, qui l'exterminèrent. Le dernier dodo serait mort en 1681. Aujourd'hui, il ne reste de lui que quelques fragments osseux, et il n'est connu que par des dessins anciens. Emblème de l'île Maurice, il fait partie des quelque 24 espèces d'oiseaux, spécifiques aux Mascareignes, éteintes à cause de l'homme.

1807-1808 dans la ville rebaptisée « Port Napoléon ». La cour d'honneur, plantée de flamboyants, a tout entendu : *La Marche des rois*, *La Marseillaise*, le *God Save the Queen*. On peut toujours rêver aux fêtes somptueuses qu'y donnèrent la belle Mme Poivre, courtisée par Bernardin de Saint-Pierre et Lady Gomm, la femme du gouverneur. Imaginez les salons illuminés, les voiliers qui dansaient dans la baie…

Le musée d'Histoire naturelle*

Natural History Museum

Plan p. 32-33 / B2 *- Au fond de la place d'Armes, partir à dr. (en tournant le dos à la mer), devant le palais du Gouvernement, emprunter Chaussée St. L'entrée du musée est côté jardin de la Compagnie. Chaussée St.*
☎ 211.77.94 ou 211.64.15, www.mauritiusmuseums.com.
Ouv. lun.-ven. 9 h-16 h, sam. 9 h-12 h, f. mer., dim. et j.f. Entrée gratuite.

Sur Chaussée St., construite sur un marécage par le vicomte de Souillac, gouverneur de l'île (1779-1787), vous repérez à votre gauche les arcades du Natural History Museum. La grande attraction de ce musée, récemment rénové, reste la galerie du dodo ➤ *encadré p. 34*, où un squelette reconstitué de cet oiseau aujourd'hui disparu figure en bonne place. Sur Maurice, fouilles et recherches se poursuivent pour approfondir les connaissances que l'on a de ce volatile, devenu l'emblème de l'île. En 2005, on a même découvert un « charnier » de dodos à Mare-aux-Songes, près de Mahébourg.

Le jardin de la Compagnie*

Plan p. 32-33 / B2 *- Poudrière St.*
En accès libre.

À côté du musée, on peut lézarder sur les bancs du jardin de la Compagnie à l'ombre des multipliants (banians). Allées tracées au cordeau, petit kiosque, statues d'Adrien d'Épinay (1794-1839), qui a fondé en 1832 le premier journal de l'île, *Le Cernéen*, ou de Ti Frère (1900-1992), le plus célèbre des ségatiers *(p. 184)*… Halte rafraîchissante en journée, la nuit transforme l'ancien potager de la Compagnie des Indes en lieu mal famé.

St George St.*

La rue Saint-Georges*

Plan p. 32-33 / A-B2 *- Reprendre Chaussée St., que prolonge Barracks St. ; tourner à g. dans St George St.*

La rue Saint-Georges, qui héberge l'**ambassade de France** et le siège du quotidien *Le Mauricien*, est l'une des rues les plus anciennes de Port Louis. En 1820, sur un kilomètre, elle comptait une quinzaine de demeures. Aujourd'hui, à l'ombre des gratte-ciel, les manguiers s'épanouissent dans les jardins, et les bougainvillées escaladent les pergolas. Mais la pression immobilière rend très précaire la survie d'une poignée de maisons créoles. L'une d'elles, au 4, au tout début de la rue, s'est reconvertie en restaurant, Lambic *(Carnet d'adresses p. 130)*. Elle date du début du XIXe s.

Old Council St.**

La rue du Vieux-Conseil

Plan p. 32-33 / B2.

Ce passage piétonnier pavé, préservé du béton, vous immerge dans le Port Louis d'autrefois. Au XVIIIe s., la rue a accueilli les réunions du Conseil supérieur de l'île de France. Pierre Poivre et Charles Baudelaire ont hanté ces lieux. Amusé, on découvrira, accrochées aux lampadaires, quelques

NOSTALGIE

Le **Café du Vieux-Conseil**, tout près du musée de la Photographie, est un endroit hors du temps. Même les hommes d'affaires apprécient sa cour ombragée.
➤ Café du Vieux-Conseil ***(plan p. 32-33 / B2)****, Old Council St.*
☎ 211.03.93. Ouv. lun.-ven. 8 h 30-16 h.

belles sentences, surréalistes, de l'écrivain mauricien Malcolm de Chazal : « Les vallées sont le soutien-gorge du vent. »

Le musée de la Photographie*

Plan p. 32-33 / B2 - Old Council St.
☎ 238.57.37 ou 211.17.05, musee-photo.voyaz.com. Ouv. lun.-ven. 10 h-15 h. Entrée payante : 300 Rs/7,50 €.

Il possède la plus **importante collection de daguerréotypes**, de photos et de films de tout l'océan Indien : Port Louis 1857, place d'Armes, Curepipe 1850… Avec en réserve, quelque 9 000 cartes postales, 200 000 tirages photographiques, une grande partie de la mémoire de l'île est dans ce musée, qui n'en finit pas de repartir courageusement de zéro, entre toit éventré par une grue et cyclone.

Le théâtre municipal

Plan p. 32-33 / B2 - Jules Koenig St., en face de la rue du Vieux-Conseil. www.operamauritius.com.

Fermé depuis 2008, le plus vieux théâtre de l'hémisphère Sud attend toujours sa rénovation. Construit à l'italienne par Pierre Poujade, il fut inauguré le 11 juin 1822, dans une chaleur étouffante, à la lueur de lampes à l'huile de coco. Au départ, les non-Blancs n'avaient pas accès aux loges, ni au parterre ! Après l'abolition de l'esclavage, les hommes de couleur furent autorisés à emprunter l'entrée principale. La bonne société en fait l'un de ses rendez-vous favoris. Dans la première moitié du XXe s., les riches de Beau Bassin, dans les Hauts, prennent le train de nuit de 18 h 30 pour écouter le ténor Max Moutia ou un débutant à la voix haut perchée, Claude Piéplu. Certains louent même une maison pour la saison lyrique, de juin à septembre.

L'HOMME DES BOIS

Avec sa tignasse blanche et sa barbe envahissante, Pem – **Philippe Edwin Marie** pour l'état-civil – est une figure familière du **centre Caudan**. Sous vos yeux, sur le pavé, ce sculpteur nature travaille des bois morts qu'il a ramassés en se promenant. Teck, acajou, eucalyptus, goyave… tout est bon. Il dit « écouter » le bois avant de commencer à l'attaquer et de le « ressusciter ». Sous le ciseau, il fait naître des personnages tous plus éloquents les uns que les autres. Le Caudan a son coin des artistes.

➤ Le front de mer**

Plan p. 32-33 / A1 - Parking du Caudan. Entre mer et Trunk Rd (autoroute). Parking payant : les 4 premières heures sont à 30 Rs/0,76 €.

Depuis les années 1980, l'autoroute sépare le front de mer du centre-ville. Monumentale erreur d'urbanisme… Sur 9 hectares, la construction du **centre Caudan** a marqué la volonté des autorités de rouvrir la capitale sur la mer. Inauguré en 1996, ce centre commercial se veut la vitrine rutilante de la réussite économique de l'île. Au-delà de l'esplanade Bissoondoyal, plus au N, vous découvrirez un site chargé d'émotion, inscrit au patrimoine de l'humanité : l'**Aapravasi Ghat**, où tant d'immigrés ont débarqué. Pour Maurice, c'est l'équivalent, modeste, d'Ellis Island aux États-Unis.

Le Caudan*

Plan p. 32-33 / A1-2 - ☎ 211.65.60 ou 211.95.00, www.caudan.com. Boutiques ouv. lun.-sam. 9 h 30-18 h, dim. et j.f. 9 h 30-12 h 30. Animations régulières : battles *de hip-hop, miniconcerts, coin des artistes, Dragon Boat Festival en mai ou juin, etc.*

Boutiques luxueuses, cinémas, restaurants, hôtels et casino *(Carnet d'adresses p. 131)* ont été aménagés là où autrefois se dressaient poudrière, batteries, observatoire météorologique et astronomique, entrepôts coloniaux et une trémie à sel. Le nom, Caudan, est d'ailleurs celui d'un saunier français, Jean-Dominique-Michel

Le Caudan

de Caudan, né en Languedoc et arrivé à Maurice en 1726.

Le Caudan et ses 170 magasins englobent quelques vieux murs de pierres sombres, qui suintent la nostalgie : le Blue Penny Museum.

Le Blue Penny Museum***

Plan p. 32-33 / A1-2 - Caudan Waterfront ☎ 210.92.04, www.bluepennymuseum.com. Ouv. lun.-sam. 10h-17h. F. dim. et j.f. Entrée payante : 245 Rs/6,20 € ; enf. -7 ans : gratuit ; 7-17 ans : 120 Rs/3 € ; tarif famille. Visite audioguidée. Expositions temporaires (en accès libre). Boutique.

Le centre commercial s'est offert un supplément d'âme en 2001 avec l'ouverture de ce Blue Penny Museum. Son fondateur, la Mauritius Commercial Bank, a décidé d'ouvrir ses collections patrimoniales, où figurent les célèbres « Post Office », les premiers timbres-poste mauriciens (1847). Le Blue Penny Museum s'est d'ailleurs installé dans l'ancien siège de la New Mauritius Dock Company (1913).

Attention, les timbres ne sont visibles que 10 min par heure, cela afin d'assurer leur conservation. Ils figurent parmi les timbres les plus chers du monde, bien que leur valeur faciale soit dérisoire (1 penny pour le vermillon, 2 pence pour le bleu indigo). Ces deux joyaux ont été rachetés en 1993 par un consortium de seize firmes mauriciennes pour la modique somme de 2,2 millions de dollars.

Ce qui fait leur rareté ? Ils portent la mention « Post Office », qui fut remplacée, huit mois plus tard, par « Post Paid ». Il s'agirait de « l'erreur la plus colossale et la plus célèbre de toute la philatélie ». Leur graveur, Joseph Osmond Barnard, n'aurait pas osé retirer les premières séries du marché. Ces timbres ont notamment affranchi toutes les invitations lancées par Lady Gomm, la frétillante épouse du gouverneur, pour son bal du 30 septembre 1847.

Usant avec maestria de toutes les nouvelles technologies, le musée comporte bien d'autres trésors. Il nous plonge dans **l'histoire de Port Louis**. Il a aussi sa séquence *Titanic*, une salle où est évoqué, sur fond de ressac, **le naufrage du *Saint-Géran*.** La sculpture en marbre de Prosper d'Épinay représentant Paul et Virginie y figure en bonne place (il s'agit de l'original).

UNE PETITE SOIF ?

Un petit kiosque, près du Blue Penny Museum, vend du **jus de canne à sucre**, du fangourin, nature, parfumé au gingembre ou au citron, à partir de 100 Rs/2,60 €. Faites le plein de vitamines !
➤ **Siro Piké** ***(plan p. 32-33 / A1-2),*** *☎ 57.95.11.38 (GSM).*

Port Louis Waterfront

***Plan p. 32-33 / B2** - Au N et à l'E du Caudan, entre la mer et Trunk Rd.*

Hérissé de canons pointés sur la mer, Port Louis Waterfront (« front de mer ») offre de beaux points de vue sur le port, avec cargos et porte-conteneurs en toile de fond. À pied, la balade ne manque pas de charme ni d'escales. Sur le chemin, deux musées de poche peuvent intéresser les curieux.

Le Musée postal*

***Plan p. 32-33 / B1** - Place du Quai ☎ 213.48.12, www.mauritiuspost.mu. Ouv. lun.-ven. 9 h 30-16 h 30, sam. 9 h 30-15 h 30. Entrée payante : 150 Rs/3,80 €, +60 ans et 8-17 ans 90 Rs/2,30 € ; tarif famille.*

Ce petit musée a bien changé. Il affiche ses ambitions : raconter l'histoire de la poste à Maurice, avec ses premiers facteurs qui étaient des esclaves, ses trente-trois bureaux installés dans les gares (fin XIXe s.). Évidemment, les philatélistes trouveront des timbres de collection en vente.

Le musée du Moulin

Le Windmill Museum

***Plan p. 32-33 / B1** - ☎ 211.74.65. Waterfront. Ouv. lun.-ven., 10 h-12 h, 13 h-15 h. F. w.-e. et j.f. Accès libre.*

Ce musée est hébergé dans un moulin à vent, construit en 1736 pour alimenter en farine Port Louis. Il possède – particularité rarissime – un toit pivotant.

L'Aapravasi Ghat**

***Plan p. 32-33 / B1** - Continuer vers le N, le long de Trunk Rd. 1, Quay St. ☎ 217.77.70. Ouv. lun.-ven., 9 h-16 h. F. dim. et j.f. Accès libre.*

POUCE !

Vos bambins traînent les pieds ? Dirigez-vous vers le petit **jardin d'enfants**, près du Windmill Museum. Toboggans et autres jeux à disposition. De quoi regonfler le moral des troupes.

Accès payant : 15 Rs/0,38 € pour 1 h.

Le site, inscrit en 2006 au patrimoine mondial de l'humanité par l'Unesco, a enfin son centre d'interprétation digne de son histoire, avec ce qu'il faut de reconstitutions et de technologie pour intéresser tous les publics. Ici débarquèrent, à partir de 1849, plus de 450 000 « engagés » *(indentured)* sous contrat, recrutés en Inde, Chine, Afrique de l'Est ou Madagascar *(p. 171)*, pour venir travailler sur les plantations de sucre.

Sur place, il reste l'escalier, en pierres noires, que tous ont grimpé, souvent sans espoir de retour. Et quelques murs encore debout : ceux des cases, où ces immigrants (*aapravasi* en hindi) devaient rester 48 h à leur arrivée. Mais une grande partie de l'Immigration Depot, construit en 1849, a disparu dans les années 1980… sous l'autoroute. Près de 70 % de la population mauricienne actuelle sont les descendants de ces « engagés ».

➤ Vers la citadelle*

***Plan p. 32-33 / A1** - Du parking du Caudan, reprendre l'autoroute dir. S pour retourner vers le centre au premier rond-point ; repasser par la place d'Armes et partir sur la g. pour grimper à dr. dans Sir William-Newton St.*

Cette partie orientale de la capitale compte encore quelques hauts lieux historiques. La cathédrale Saint-Louis, où est enterrée la première épouse de La Bourdonnais ; le Champ de Mars, où flotta pour la première fois le drapeau mauricien le 12 mars 1968 et où l'on célèbre la fête de l'Indépendance.

La cathédrale Saint-Louis*

***Plan p. 32-33 / C2** - Entre Jules Koenig St., Lislet-Geoffroy St., Mgr Gonin St. et George-Guibert St. Diocèse ☎ 208.43.96. Messes avec chorale le dim. à 8 h et 9 h 30.*

Si l'extérieur de la cathédrale, en pierres grises, est austère, la messe du dimanche matin, avec musique live, attire la foule. L'édifice actuel, doté

Vue sur le Champ de Mars

d'une **charpente métallique**, date de 1933. En face de Saint-Louis, la **Cour suprême** a toujours ses juges en perruque.

Le Champ de Mars*

Plan p. 32-33 / C-D3 - Contourner la cathédrale Saint-Louis, remonter Pope-Hennessy St. ☎ 212.22.12, www.mauritiusturfclub.com. Entrée gratuite sur la « plaine » où l'on est debout; payante dans les tribunes (175 Rs/4,50 €), gratuite pour les dames.

Le Champ de Mars est un terrain de manœuvres militaires devenu un hippodrome. Depuis 1812, date de la première course, le claquement des sabots et la clameur de la foule font régulièrement vibrer le Champ de Mars et ses zougadères (« qui ont la passion du jeu »). Tradition très *british* relevée à la sauce créole, les **courses de chevaux** se déroulent entre fin mars et début décembre sur trente-cinq journées (2015), en galop plat et sur de courtes distances (entre 1 000 et 2 300 m). En moyenne, elles attirent 20 000 personnes par semaine. Dans l'enceinte, la bonne société a ses loges, où circulent les *drinks*. Le grand prix du Maiden, le 1er dimanche de septembre, constitue un des temps forts de la saison. Les paris sont pris par l'intermédiaire de Tote (l'équivalent privé de notre PMU) ou de *bookmakers* qui fixent librement les cotes. Certaines mises peuvent atteindre le million de roupies, la mise minimale étant de 10 Rs/0,26 €. L'industrie des courses brasse 5,5 milliards de roupies bon an mal an.

La Citadelle (Fort Adélaïde)*

Plan p. 32-33 / C2 - ☎ 242.22.50. Ouv. lun.-ven. 9 h-16 h, sam. 9 h-12 h. F. dim. et j.f. Accès libre.

Dominant le Champ de Mars de sa masse sombre, la **Citadelle** (baptisée « fort Adélaïde » en l'honneur de l'épouse du souverain britannique William IV, par ailleurs tante de la reine Victoria) a été édifiée par les Anglais entre 1834 et 1840. La crainte d'un soulèvement des colons hostiles à l'abolition de l'esclavage n'est pas étrangère à sa construction. Elle pouvait accueillir une garnison d'une centaine de soldats.

PRENDRE DE LA HAUTEUR

Des **remparts de la citadelle**, on jouit d'une vue magnifique sur toute la **rade de Port Louis**. Mais la ville semble ne savoir que faire de ce monument historique. Une poignée de boutiques dans l'enceinte, lors de notre dernière visite (2015), avaient de la peine à survivre. Ponctuellement, il accueille spectacles et manifestations, tel le festival Kreol.

2 Au sud de Port Louis

La maison créole Euréka

À quelques kilomètres du Caudan et des embarras de Port Louis, on retrouve l'atmosphère de la « vieille Maurice » avec ses maisons coloniales au bois qui chante. Parmi elles, Euréka ou le château de la Villebague, l'une des plus anciennes demeures de l'île (1759) avec le château du Réduit, devenue résidence des chefs d'État mauriciens. Mais on peut aussi aller se promener sur les « toits » de l'île : le Pouce (812 m !) est l'une des montagnes les plus accessibles qui soient pour le randonneur très moyen. Du sommet, on a une vue incroyable sur Port Louis.

- **Point de départ :** Port Louis.
- **Se déplacer :** en voiture, en bus, en taxi.
- **Carte :** p. 29.
- **Carnet d'adresses :** p. 133.
- **À ne pas manquer :** la maison créole Euréka.

➤ La maison créole Euréka***

Carte p. 29 - Moka. À 11 km S de Port Louis. Prendre la M1, dir. S (Curepipe, Mahébourg) ; sortir à Mount Ory ou Moka. Bus n° 103 Port Louis - St.-Pierre, arrêt Mount-Ory ou Jonction Le Clézio Av./Bois Chéri Rd. ☎ 433.84.77/433.25.84, www.maisoneureka.com. Ouv. t.l.j. 9 h-17 h (17 h 30 en été), dim. et j.f. 9 h-15 h 30. Accès payant : 300 Rs/7,60 €, billet incluant maison, parc, cascades ; enf. -12 ans : gratuit. Vis. guidées pour la maison. Le domaine avec ses cascades se visite en liberté. Euréka accueille régulièrement petits concerts, soirées littéraires, etc.

Être au plus près du pouvoir, installé au Réduit *(ci-contre)*.... C'est ce qui incita sans doute M. Carr, britannique, à faire construire Euréka en 1836.

Depuis 1863, Euréka est liée intimement à l'histoire de la famille Le Clézio, qui s'en rend acquéreur à cette date. Cette famille, originaire de Lorient, est toute-puissante à Maurice : Eugène Le Clézio fut le créateur en 1833 du *Mauricien*, qui est aujourd'hui un quotidien du soir ; Fernand Le Clézio fonda Flacq United Estates Limited (FUEL), une grande compagnie sucrière, en 1947. Euréka a aussi accueilli deux futurs rois d'Angleterre, George V en 1901 et George VI en 1926.

Cette vieille **demeure coloniale** blottie au pied du **mont Ory**, transformée en musée, a conservé son piano Pleyel dans le salon de musique, ses tables en palissandre et ses bureaux en tamarin. Les parquets craquent, les portes (109 !) ne claquent plus, le gong qui appelait les serviteurs s'est tu.

Dans le **jardin**, le parfum du jasmin est toujours aussi suave. Bruissant d'oiseaux, le domaine, lui, ménage sur 20 ha de longues promenades à l'ombre des badamiers, des bibassiers, des eucalyptus, des aloès et d'ébéniers vieux comme Mathusalem (l'un d'eux a 900 ans). C'est simple, il regorge de plantes endémiques : bois de pomme, bois de fer, etc. Descendez jusqu'à la **rivière Moka** et ses cascades, dont les bassins ont été creusés par les esclaves de Pierre Poivre : aujourd'hui, Euréka englobe en effet une partie de **Bagatelle**, domaine qui a appartenu à l'intendant de Louis XV.

> **BAIGNADE**
>
> Il est conseillé d'apporter son maillot de bain si l'on a l'intention de visiter le **domaine d'Euréka**. La baignade est possible dans les bassins naturels au pied des cascades.

Vous avez des chances d'y croiser Jacques de Maroussem, l'actuel propriétaire-gérant, ou son fils Guillaume, créateur du jardin bio. Le premier n'est jamais avare de confidences, souvent drôles, sur l'histoire de la famille Le Clézio, dont il est une « pièce rapportée ». Décomplexé, Jacques de Maroussem cite volontiers Jean-Marie G. Le Clézio, ce qui ne manque pas de sel, la famille n'ayant pas particulièrement apprécié que le Prix Nobel de littérature (2008) décrive dans *Le Chercheur d'or* ou *Voyage à Rodrigues* le grand-père Léon, perdu dans ses rêves, « dépouillé par ses proches ».

➤ Le « château » du Réduit

Carte p. 29 - Moka. Sur l'autoroute, prendre dir. S et sortir une bretelle plus loin à Bagatelle ; traverser l'autoroute pour prendre au 2e rond-point, la 1re sortie à g., State House Av. ☎ 454.30.21. Jardins ouv. 2 j. autour de la Journée internationale des monuments et sites, en avr.

En 1749, le gouverneur et successeur de Mahé de La Bourdonnais, Pierre Félix Barthélémy David, décida de s'installer à l'intérieur de l'île, en vue de se protéger d'une attaque ennemie (anglaise) : c'est ce qu'on appelle

SE FAIRE MOUSSER

Dans **Bagatelle Mall**, l'un de ces centres commerciaux dont les Mauriciens sont friands, impossible de rater la seule brasserie artisanale de l'île : la **Flying Dodo**, fondée par un Mauricien, Oscar Olsen. Si le cœur vous en dit, outre un demi, vous pouvez vous offrir le « Spa beer », baignoire remplie moitié eau, moitié bière.
Pour se faire mousser…
Durée : 1 h. 5 000 Rs/127 €.
➤ **Le Réduit** ☎ *468.88.10, www.flyingdodo.com.*

aujourd'hui le « château » du Réduit. Si vous vous trouvez à Maurice lors des journées portes ouvertes de ce petit « Versailles des tropiques », ne ratez pas l'occasion. Non loin du centre commercial Bagatelle et de l'université s'élève cette belle maison « coloniale », construite entre deux gorges. Depuis l'accession de Maurice au statut de république (1992), le locataire en est le chef de l'État (Mme Ameenah Gurib-Fakim depuis juin 2015). Seuls les jardins, qui sont magnifiques, se visitent. Ils possèdent leur temple de l'Amour.

➤ La chaîne de Moka*

***Carte p. 29** - Depuis Euréka, continuer sur la B47, dir. Saint-Pierre. Env. 9 km entre Euréka et Malenga.*

Une petite route longe la chaîne de Moka et ses sommets aux silhouettes oniriques : le pic des Guibies, le Pouce, le Grand Pic, le Pieter Both, qui inspirèrent à Malcolm de Chazal (1902-1981) ses plus belles pages.

Pour vous promener sur « les toits » de Maurice, équipez-vous de bonnes chaussures : le sol, pentu, est parfois glissant.

L'ascension du Pouce**

***Carte p. 29** - À 15 km S de Port Louis (M1, sortie Mount Ory/Moka, B47). Sur la B47, dir. Saint-Pierre ; après la mosquée (à g.) et un virage à angle droit, commence à g. un chemin goudronné. Bus n° 103 depuis Port Louis. Panneau explicatif à l'entrée. Au-delà de la rivière Moka, au bout du chemin, un sentier balisé mène au sommet. Dénivelé : 410 m. Compter 2 h 30 à 3 h A/R. Conseil : bien s'équiper pour la randonnée.*

L'ascension du **Pouce** (812 m) est une **excursion facile** à la portée d'un randonneur moyen. Aujourd'hui, il existe même un **sentier balisé**, qui relie Saint-Pierre à Port Louis, via le Pouce *(6 km au total, aller simple)* ; il comporte une quinzaine de panneaux. Du premier plateau herbeux et venteux *(après 1 h de marche)*, ce qu'on appelle l'**Esplanade**, perchée à 620 m d'altitude, la **vue** sur Maurice et Port Louis est époustouflante. On peut s'en contenter ou bien poursuivre cette grimpette au milieu des agaves : il vous reste moins de 1 km et 200 m de dénivelé à avaler. Les boulbouls, qui ont mérité leur surnom de « rossignols persans », vous tiennent compagnie.

Un autre **belvédère** attend les plus courageux. La seule réelle difficulté que vous rencontrerez, ce sera au moment de donner l'assaut final… par l'arête. À peine 30 m dans une tranchée bordée de buissons. Attention, sujets au vertige s'abstenir !

L'ascension du Pieter Both

***Carte p. 29** - À 21 km S-E de Port Louis (M1, sortie Mount Ory/Moka, B47, A7 et B49). Après avoir dépassé Saint-Pierre, tourner à g. sur l'A7 dir. Quartier Militaire et très vite encore à g. dir. Malenga. Attention, contrairement à celle du Pouce (ci-dessus), cette ascension nécessite du matériel et l'assistance d'un guide. À réserver à des grimpeurs expérimentés. Pour les guides, voir Carnet d'adresses p. 133.*

La silhouette du **Pieter Both** (823 m) intrigue : imaginez un bilboquet dont la boule semble tenir par l'opération du Saint-Esprit.

Le sentier, où l'on se fraie au départ un passage dans un maquis dense,

Le Pouce et Port Louis

démarre à l'entrée de **Malenga** (il y a une Pieter Both Rd). Le final en à-pic est éprouvant.

➤ La Nicolière et environs★

Carte p. 29 - À 30 km S-E de Port Louis (M1 sortie Mount Ory/Moka, B47, A7, B49) ou 19 km N-E via Grande Rosalie (A2 et B20). Sur la B49, laisser à g. Malenga, dépasser Nouvelle Découverte.

La route se faufile au milieu des champs de chouchous et de salades. La forêt succède aux potagers. Vous traversez la **montagne de La Nicolière** (431 m), qui ménage de jolis points de vue sur le lac du barrage construit en 1929, doté aujourd'hui d'une minicentrale hydroélectrique. Avec 5,3 millions de m^3, il constitue l'un des cinq principaux réservoirs de l'île.

Le domaine de Rambouillet

Carte p. 29 - Chemin d'Epinay (entre B20 et A2 près du château de la Villebague), Villebague. Arrivé sur l'A2, venant de La Nicolière, tourner à g. dir. Grande Rosalie ☎ 57.29.37.37 (GSM), jean-daniel@terrocean.mu. Quad : durée 1 h 30 à 1 h 45, 3 000 Rs/76,50 €/machine. Randonnée guidée : durée 2 h, 1 800 Rs/45 €/pers.

C'est l'un de ces chassés (domaines de chasse) reconvertis dans le tourisme. Sur 317 ha, entre forêts et panoramas, il offre balades en quad ou rando guidées pour surprendre cerfs (il y en a plus d'un millier) et sangliers. L'option quad permet de visiter le **château de la Villebague**, dont le domaine abrita la première sucrerie de l'île en 1743. Un temps, ce château a accueilli le Tout-Paris, Brigitte Bardot en tête, invité par le play-boy Arnaud de Rosnay.

3 Autour de Pamplemousses

Le jardin de Pamplemousses

À un tour de roue de Port Louis, par l'autoroute M2, on est vite à Pamplemousses. Il se dit que ce village doit son nom aux agrumes introduits dans l'île par les Hollandais. Et cela avant qu'il fasse son entrée dans l'histoire littéraire par la grande porte avec Bernardin de Saint-Pierre et son roman à l'eau de rose *Paul et Virginie*. Aujourd'hui, le nom de Pamplemousses est associé à l'un des plus beaux jardins tropicaux, qui doit beaucoup à Pierre Poivre. Il est lié aussi à l'Aventure du sucre, écomusée des plus passionnants.

- **Point de départ :** Port Louis.
- **Se déplacer :** en voiture ou en bus, départ terminal N de Port Louis.
- **Carte :** p. 29.
- **Plan du jardin de Pamplemousses :** p. 47.
- **Carnet d'adresses :** p. 133.
- **À ne pas manquer :** le jardin de Pamplemousses et l'Aventure du sucre.

➤ Le sanctuaire des oiseaux Rivulet Terre Rouge★

***Carte p. 29** - À 3 km env. de la place d'Armes. Prendre la M2, dir. Grand Baie. Fléchage sur la g. Rivulet Terre Rouge Estuary Bird Sanctuary (RTREBS) ☎ 217.28.86/7; http://npcs.govmu.org/English. Visitor's Centre ouv. lun.-ven. 7 h-15 h 15, sam. 7 h-10 h 45. Accès libre. S'informer des horaires de marée basse pour la balade au bord de l'eau.*

Quasiment en pleine zone industrielle, vous tombez sur ce « sanctuaire », qui accueille entre octobre et mars nombre d'oiseaux migrateurs, le pic se situant en décembre. Guignettes *(common sandpiper)*, pluviers *(grey plover)*, bécasseaux, chevaliers trouvent refuge dans ce no man's land qui couvre 26 ha de part et d'autre du ruisseau de Terre Rouge, qui rejoint la mer. Une cabane d'observation, dotée d'un télescope, a été construite sur le site.

➤ Sainte-Croix, l'église du père Laval★

***Carte p. 29** - À 4 km N-E de la place d'Armes (A1 qui prolonge Royal St.), fléchage sur la dr. Bus n° 70 Port Louis - Père Laval Church dép. gare routière dans le N de Port Louis.*

Dans la banlieue N de Port Louis, Sainte-Croix est un peu le Lourdes de l'océan Indien, avec son commerce de médailles et de crucifix. On y vient pour se recueillir sur le tombeau du père Jacques-Désiré Laval, le « saint » national, en suivant un parcours immuable. Le père Laval (1803-1864) fut d'abord médecin avant de devenir le curé d'une petite paroisse de Normandie. Comme missionnaire, il débarque sur l'île Maurice en 1841. Entièrement dévoué à une population à peine libérée de l'esclavage, prêchant en créole, il évangélise autant qu'il soigne, faisant oublier la misère et la ségrégation. Dans la cathédrale Saint-Louis, sa « messe des Noirs », où les anciens esclaves, affranchis, s'assoient dans les places réservées aux Blancs, fait scandale.

SUR LA ROUTE DE SAINTE-CROIX

À pied, en bus ou en voiture, chaque année, dès le 8 septembre au coucher du soleil, une foule bigarrée converge vers **Sainte-Croix** pour honorer le père Laval. On fête l'anniversaire de sa mort, le 9 septembre 1864. Des tentes surgissent au bord de la route, entre Port Louis et Sainte-Croix, pour accueillir les pèlerins, offrir boissons et repos. Musique, lumières, *Ave, Pater*… Le 9, des messes sont célébrées toutes les deux heures. Certains passent la nuit sur place, dans une ambiance à la fois joyeuse et recueillie.

L'**église**, reconstruite en 1968 après le passage du cyclone Carol, est de facture très moderne.

Tout à côté, un **minicentre** *(☎ 242.21.29; ouv. 9 h-12 h, 13 h-16 h, f. 15 h le sam.; dim. et j.f. 10 h-12 h, 13 h-15 h; entrée gratuite)* est consacré à l'histoire de ce saint homme, béatifié en 1979, mais pas encore canonisé. On en apprend bien peu.

Le **caveau** *(ouv. 6 h-18 h)* est la dernière étape. Flambant neuf (2014), dessiné par l'architecte mauricienne Sylvie de Leusse, il peut accueillir 250 personnes contre une centaine pour l'ancien. Les fidèles piétinent pour caresser la pierre sur laquelle repose le sarcophage enfermant sa dépouille. Sarcophage surmonté d'un gisant en plâtre sous une cloche de verre.

➤ Le jardin de Pamplemousses★★★

***Plan p. 47** - À 12 km N-E de Port Louis par la M2. Parking à g. dans un grand virage à la sortie de l'autoroute (et non devant la grille principale). Bus n° 22 de la gare N de Port Louis, ou n° 71 Port Louis - Poudre d'Or; arrêts sur la route principale A2 ☎ 243.94.01. Ouv. t.l.j. 8 h 30-17 h 30. Accès payant (200 Rs/5 €);*

enf. -12 ans : gratuit.Conseils : prendre un guide, pour découvrir les senteurs cachées du quatre-épices ou les « crocs » du palmier-crocodile (50 Rs/1,25 € par pers.) ; se munir d'une lotion anti-moustiques.

Sur 37,5 ha, le **jardin botanique Sir Seewoosagur Ramgoolam** reste, malgré les cyclones, l'un des plus beaux du monde, offrant senteurs inconnues, sifflements hauts et clairs des martins (un oiseau aux pattes et au bec jaunes, grand dévoreur de sauterelles) et trilles des boulbouls aux moustaches rouges. C'est Mahé de La Bourdonnais qui acheta le terrain en 1736, situé à Mon Plaisir, mais celui-ci fut revendu deux ans plus tard à la Compagnie des Indes. Le domaine fut repris en 1767 par l'intendant Pierre Poivre, qui tenta d'y acclimater muscadiers et girofliers. Jean Nicolas Céré poursuivit son œuvre en créant des lacs ornementaux et des allées bordées de palmiers.

Le jardin a connu beaucoup d'expériences : plantations de manioc importé du Brésil ou d'eucalyptus, introduction de nouvelles variétés de canne à sucre. Aujourd'hui, il réunit plus de 600 espèces de plantes.

L'entrée se fait côté **parking**. La première avenue à gauche (Shrimati Indira Gandhi Ave.) vous emmène jusqu'au **château Mon Plaisir**, imposante demeure coloniale bâtie par les Anglais en 1823, dont la visite est réservée pour l'instant aux hôtes de marque. Prenez le temps en chemin de jeter un coup d'œil au **moulin à sucre**, que l'on a reconstitué. Il était autrefois actionné par deux bœufs pour broyer la canne.

Devant Mon Plaisir, sur la droite, se trouve le **mausolée de Seewoosagur Ramgoolam** (1900-1985), que tous les Mauriciens considèrent comme le « père de la nation » *(p. 172)*.

De Mon Plaisir, l'avenue Sir John Pope Hennessy file droit comme une flèche

FLEURS FATALES

Le **tallipot** est l'une des quatre-vingts espèces de palmiers du jardin de Pamplemousses. Doté d'énormes feuilles en éventail, ce palmier ne fleurit qu'une fois dans son existence, entre 40 et 60 ans, puis agonise. Les millions de petites fleurs, de couleur vert pâle, qui le chapeautent alors offrent un spectacle extraordinaire pendant trois petits mois.

Mon Plaisir, dans le jardin de Pamplemousses

Le jardin de Pamplemousses

sur le **bassin aux lotus**. Il s'agit du *Nelumbo nucifera* aux fleurs blanches ou jaunes, le lotus sacré des hindous.

L'**étang des nénuphars** est tout proche : on procède chaque matin à sa toilette. Les touristes mitraillent les *Victoria amazonica* (nénuphars géants d'Amérique du Sud), aux feuilles d'environ 2 m de diamètre à bords relevés, dont les fleurs vivent quarante-huit heures. Blanches à l'éclosion, elles rosissent et se fanent. Autres stars du jardin : les fameux **tallipots**, à l'angle des avenues Cossigny et Telfair. On guette la floraison du prochain palmier ➤ encadré p. 46: l'événement est rarissime (tous les cinq ans environ). L'avenue Poivre, elle, a ses palmiers royaux, droits comme des *i*, majestueux. Une vraie colonnade... Tout au bout, vous apercevez l'imposante grille en fer forgé peinte en blanc. Primée à la première Exposition universelle de Londres en 1851, elle fut offerte à l'île Maurice par Liénard, ardent naturaliste.

Si vous voulez revenir rapidement à votre point de départ, empruntez l'avenue Paul-et-Virginie, qui a conservé quelques beaux mahoganis (acajous), mais perdu le **monument** dédié aux deux amoureux, transféré dans le jardin de l'église de Pamplemousses *(ci-dessous)*.

Tout au bout de l'avenue bordée de noyers de l'Inde et de palmiers-bambous, vous trouverez deux **bancs** en pierre qui se font face *(près de Queen Mother Av.)*, près de l'endroit où sont censés être enterrés les deux tourtereaux. Laissez à main gauche le parc aux cerfs (17 en 2015). Le **parc à tortues** de terre voisin accueille une vingtaine de tortues, principalement d'Aldabra, une île des Seychelles; certaines pèsent 250 kg. Elles restent groupées en tas, ressemblant à s'y méprendre à des pierres. Vous longez maintenant le **Grand Bassin**, piqueté d'îlots inaccessibles. Ce lac héberge des anguilles et des tilapias (petits poissons). Dernière curiosité botanique vers l'angle des avenues Rochon et Mon Plaisir: un énorme *Ficus religiosa*, un **figuier sacré;** il aurait été planté par Pierre Poivre.

La statue de Paul et Virginie

➤ Le village de Pamplemousses*

Carte p. 29 - En sortant du parking, tourner à g. vers l'avenue Mapou. Aller jusqu'à la grille principale et tourner à dr. dans Poivre St. L'église est à dr., le cimetière à g.

Les incurables romantiques rendront une petite visite à l'**église Saint-François d'Assise** *(ouv. t.l.j. 6h-18h)*. En pierres grises, c'est le plus vieux bâtiment religieux de l'île (1756). D'après le roman de Bernardin de Saint-Pierre, qui a séjourné à la cure de Pamplemousses, Paul et Virginie s'y retrouvaient à la messe. Juste en face, dans le **vieux cimetière**, repose pour l'éternité Émelina de Carcenac, morte en mer à 39 ans: c'est la belle « dame créole » du poème de Charles Baudelaire. Adrien d'Épinay, le fondateur du premier journal de l'île, y a aussi sa dernière demeure, tout comme Jean Nicolas Céré, l'un des créateurs du jardin de Pamplemousses.

➤ L'Aventure du sucre***

Carte p. 29 - Beau Plan, Pamplemousses. À 12 km N-E de Port Louis par l'autoroute; sortie à g. et suivre fléchage. ☎ 243.79.00, www.aventuredusucre.com. Ouv. t.l.j. 9h-17h. F. 24-26 déc., 31 déc., 1er-2 janv. Entrée payante avec dégustation incluse de sucres et rhums: 375 Rs/9,40 €; enf. 6-13 ans et étudiants jusqu'à 18 ans: 175 Rs/4,40 €; enf. -6 ans: gratuit

FABRICATION DU SUCRE

Les cannes doivent être pressées pour que le jus soit extrait. C'est le **broyage**. Un pied de canne peut fournir jusqu'à 20 l de jus, dont on va tirer 2 kg de sucre. On procède ensuite à la **clarification du jus** par addition de lait de chaux, qui précipite les boues au fond des décanteurs. Troisième phase : l'**évaporation** (jusqu'à 80 % du liquide). Enfin arrive ce que l'on appelle improprement la **cuisson** (il s'agit de cristallisation) dans des appareils baptisés « vides ».

(à l'accueil, demandez pour eux le livret Quiz, 10 Rs, où deux mascottes, Raj le martin et Florise la mangouste, leur servent de guides). Application gratuite avec son smartphone (wi-fi). Expositions temporaires.

Il s'agit d'un musée ludique, interactif, installé dans une ancienne usine sucrière qui a fermé ses portes en 1999. Dans ce qui ressemble fort à une cathédrale industrielle, toute l'histoire de Maurice défile, à l'ombre de l'ancienne cheminée en pierres taillées datant de 1895. La mise en scène est particulièrement réussie. Films et clips vidéo s'enchaînent, d'énormes classeurs se laissent feuilleter pour qui veut en savoir davantage. L'immersion est totale.

L'Aventure en mode classique

On chemine le long d'énormes moulins de broyage, on entre dans les « vides » où se faisait la « cuisson », le petit train des cannes siffle une dernière fois. À la sortie, on n'ignore plus rien des petits secrets de la fabrication du sucre, ni du « temps margoze », celui de l'esclavage. Et il est difficile d'oublier que La Bourdonnais fut aussi un négrier.

Votre billet inclut une dégustation au Village Boutik du musée. Sont proposées douze variétés de sucre roux et neuf variétés de rhum ! À ne pas rater ➤ *encadré ci-contre.*

L'Aventure en mode coupeur de canne

Le mer. à partir de 10 h 30 ; 460 Rs/11,60 € en sus de la visite. Sur réservation.

Vous glisser quelques instants dans la peau d'un coupeur de canne… C'est l'expérience, insolite, dans laquelle vous plonge l'Aventure du sucre. C'est Jean-Alain, l'un des anciens « laboureurs » de la plantation, qui se charge de votre initiation dans un champ proche de l'écomusée. Panga (coupe-coupe en mauricien) en main, vous allez d'abord enlever les feuilles, ce dont se chargeaient les femmes, avant de procéder d'un coup sec à la section de la tige. Sous un soleil de plomb, rares sont ceux qui prolongent l'exercice au-delà de deux ou trois pieds. Payé au rendement (145 Rs/3,70 € la tonne), le coupeur professionnel, lui, doit abattre cinq à six tonnes par jour.

La séance se termine dans le **pavillon du Rhum** (au Village Boutik). On aura mérité son fangourin (jus de canne) de sa production et le cocktail maison, réalisé dans la foulée (feuilles de menthe, citron, jus de canne, sucre muscovado et rhum).

À CHACUN SON SUCRE

Déguster des sucres ? Et une douzaine de sucres bruns, non raffinés… Drôle d'idée ! C'est ce que propose l'**Aventure du sucre** à la sortie. Avec étonnement, on s'aperçoit qu'ils ont chacun leur caractère et une utilisation bien spécifique. Le **muscovado brun,** par exemple, doit être réservé pour les cakes à fruits ou les sauces aigres-douces. Le **demerara,** au goût prononcé de caramel, fait merveille avec les muffins ou les cookies...

La région nord

Des kilomètres de sable à perte de vue, des plages bordées de filaos et quelques rochers noirs… La côte nord concentre une partie de l'activité touristique de l'île avec son petit Saint-Trop' des tropiques : Grand Baie. Sur le rivage s'égrènent palaces, villas somptueuses ou campements (résidences secondaires en bord de mer) plus modestes. Ici, chacun trouvera hébergement à la mesure de ses moyens et plaisirs aquatiques en tout genre. On peut tâter de la marche sous l'eau, du kayak, du paddle, du parachute ascensionnel, de la plongée en sous-marin… Les plongeurs expérimentés peuvent même approcher les squales du « bassin aux requins », un site confidentiel. Les romantiques se lanceront sur les traces de Paul et Virginie entre l'île d'Ambre et Poudre d'Or.

PRATIQUE

Cartes et plans : carte de la région nord ci-contre · La côte sous le vent p. 53 · L'extrême Nord p. 57.

Manger, dormir, s'amuser… : p. 135.

La meilleure saison : pour la plage, c'est l'été austral (décembre-avril), lorsque la température de l'eau est tropicale.

Se déplacer :

- **Comment ?** Voiture louée, scooter, vélo, bus, bateau. Si on utilise le bus, il faut jongler entre les compagnies. Et c'est compliqué ! Exemples ? Sachez qu'il existe une ligne express Port Louis - Grand Baie, la 215 (TBS ou Triolet bus service), qui emprunte l'autoroute M2 (38 Rs soit moins de 1 €). La ligne 82 (compagnie TBS), qui vient aussi de Port Louis via Triolet peut avoir trois terminus différents : Saint-Antoine (c'est bon pour Goodlands), Saint-François ou Cap Malheureux. Elle dessert la côte de Trou aux Biches à Cap Malheureux. Autre ligne bien utile : la 228, faisant la navette entre Grande Pointe aux Piments, via Grand Baie, et Saint-Antoine.
- De Port Louis (visite 1) à Moulin à Poudre (La côte sous le vent/visite 4) : 11 km.
- De Pamplemousses (visite 3) à Moulin à Poudre (La côte sous le vent/visite 4) : 6 km.
- De Grand Baie (La côte sous le vent/visite 4) à Cap Malheureux (L'extrême nord/visite 5) : 7 km.

VISITES
4 et 5

La région nord

4 La côte sous le vent

L'entrée du temple Maheswarnath

Sable blanc et rochers noirs, cette côte nord-ouest, abritée du vent, ne manque pas d'attraits. Entre Le Goulet et Grand Baie, l'aménagement touristique s'est poursuivi tambour battant depuis les années 2000. La baie du Tombeau, où l'amiral Pieter Both et son escadre firent naufrage en 1615, abrite désormais une marina de style méditerranéen. Sur la Pointe aux Canonniers, la route se faufile entre deux murs, qui protègent hôtels de luxe et résidences huppées. Ouf ! il reste quelques belles plages, ouvertes à tous les regards, où Maurice joue la carte postale.

- **Point de départ :** Moulin à Poudre.
- **Se déplacer :** en voiture, en bus ou en bateau. Pour de petites distances et explorer la côte, louez un vélo ou un scooter, mais prudence ! (p. 138).
- **Carte :** ci-contre.
- **Carnet d'adresses :** p. 135.
- **À ne pas manquer :** Trou aux Biches, l'anse de Mont Choisy, Grand Baie.

➤ Vers Pointe aux Piments

Entre les champs de canne à sucre, les hôtels de luxe ont supplanté les fours à chaux et les distilleries. Ruisselants de marbre, ils ont tous comme un air de famille : grand hall, piscine prolongée par la mer… Toute la côte nord-ouest fourmille d'anciens ouvrages de défense, enfouis sous la végétation, dont la toponymie garde la mémoire.

Le parc marin de Balaclava★

***Carte ci-dessous** - À 4 km N-O de Moulin à Poudre. Quitter l'A4 pour partir à g. sur la B41 dir. Balaclava. Accessible en plongée en apnée depuis la plage publique de Balaclava ou celle de Pointe aux Piments. En croisière depuis Grand Baie (Carnet d'adresses p. 141). Visitor's Centre en projet.*

Totalement méconnu, et pour cause, rien ne le signalant, s'étendant sur 485 ha entre la Baie aux Tortues et

La côte sous le vent

Grande Pointe aux Piments, ce parc marin est pourtant plus grand que celui de Blue Bay, dans le sud. On y recense 118 espèces de coraux et 289 espèces de poissons. D'une profondeur moyenne de 1,80 m, le lagon se prête bien à la plongée en apnée pour admirer « dominos » (poissons noirs et blancs) et sergents-majors rayés à queue en ciseaux. Prudence toutefois : la circulation des bateaux à moteur n'y est pas interdite.

L'Aquarium de Pointe aux Piments★

***Carte p. 53** - Costal Rd, Pointe aux Piments. À 8 km N-O de Moulin à Poudre via Balaclava et Pointe aux Piments (par B41, B35, B38). Le bus n° 228 relie Pointe aux Piments à Grand Baie par la côte ☎ 261.45.61, www.mauritiusaquarium.com. Ouv. lun.-sam. 9 h 30-17 h, dim. et j.f. 10 h-16 h. Accès payant : 300 Rs/7,50 € ; enf. 150 Rs/3,80 € ; tarif famille.*

« Tout est de l'île Maurice », souligne le directeur de cet aquarium, Jean-Paul Bouquet. Et pour cause : ce passionné de plongée a lui-même collecté tous les « sujets » qui frétillent dans ses bassins, quatre au total, dont un de 20 000 m³. On peut contempler à son aise « laffes », murènes, anguilles, tortues marines… à ne pas manquer : le repas des poissons et squales, à 11 h et 15 h tous les jours !

➤ Vers Grand Baie★★

Entre Pointe aux Piments et Grand Baie, une route littorale, appelée Coastal Road ou Royal Road, permet de relier tous les sites balnéaires.

Trou aux Biches★★

***Carte p. 53** - À 11 km N de Moulin à Poudre via la côte (B41, B35, B38). Bus n° 228 depuis Pointe aux Piments.*

Plus qu'un village, c'est une succession de grands hôtels, de bungalows et de villas privées aux noms de Piedanlo, Week-end, etc. Ils sont installés à l'ombre des filaos, le long d'une immense plage de lagon (il y a toujours un chemin de sable qui mène à la plage publique). Ce qui vous donne envie, selon une formule locale savoureuse, de « faire comme p'tit lézard ».

Le temple Maheswarnath

***Carte p. 53** - Triolet. À 8 km N de Moulin à Poudre, via Triolet (A4). Depuis Trou aux Biches, à hauteur du poste de police et de la plage publique, tourner à dr. dans Trou aux Biches Rd. Arrivé sur l'A4, tourner à g. et encore à g. Parking.*
Ouv. t.l.j. 5 h 45-17 h 55. Entrée libre.
Se déchausser avant d'entrer.

Au nord de Triolet, le temple Maheswarnath, construit vers 1891, est le plus ancien du pays et l'un des plus grands. Vapeurs d'encens et fleurs d'hibiscus, on peut y observer, le cas échéant, le rituel hindou, repérer les différentes divinités représentées par des statuettes polychromes : Ganesh à la tête d'éléphant, qui est le dieu des voyageurs, le taureau Nandi, etc. Le temple est principalement dédié à Shiva (dit aussi Maheswarnath). Dieu à la fois de la création et de la destruction, il est représenté par le shiva linga, symbole phallique.

L'anse de Mont Choisy★★

***Carte p. 53** - À 15 km N de Moulin à Poudre via la côte (B41, B35, B38) et 11 km via Triolet (A4, B13). Bus nos 228 et 20 C (depuis Trou aux Biches).*

En arc de cercle, l'**anse de Mont Choisy** (on écrit aussi *Mon Choisy*) abrite une superbe **plage** blonde, publique, de 2 à 3 km de long, protégée par une forêt épaisse de filaos (ou *Casuarinas*). C'est l'une des plages préférées des Mauriciens, joggeurs, baigneurs, foot-

PLAGE DE RÊVE

L'anse de Mont Choisy n'a rien à envier aux plages privées. On peut y louer parasols, transats et profiter de douchettes et toilettes. Le week-end, de nombreux *food trucks* et vendeurs d'ananas ou de dholl puri *(p. 192)* attendent les insouciants.

balleurs en herbe, rêveurs ou familles. Le dimanche, on s'y retrouve pour le pique-nique. Ambiance joyeuse au milieu des vendeurs ambulants ➤ *encadré p. 54*. Des bateaux à fond de verre proposent des sorties en mer.

À l'entrée, un monument est consacré à deux aventuriers de l'air, Maurice Samat et Paul-Louis Lemerle, qui ont effectué le 10 septembre 1933 le premier vol entre La Réunion et l'île Maurice.

Grand Baie**

Carte p. 53 - À 20 km N-E de Moulin à Poudre via la côte (B41, B35, B38, B13) et 13 km N-E via Triolet (A4). Bus nos 228 et 20 C (depuis Trou aux Biches).

Blottie au fond d'une immense rade turquoise où dansent de nombreux voiliers, Grand Baie est « la » **station balnéaire** de l'île. Un rien tapageuse, un brin m'as-tu-vu avec ses **boutiques luxueuses** et ses restaurants qui débordent sur les trottoirs. Saint-Trop' sous les tropiques… En quelques décennies, ce petit village de pêcheurs s'est métamorphosé, et son plan d'urbanisme, assez anarchique, s'en ressent. Grand Baie n'en est pas désagréable pour autant, mais la station se prête surtout au shopping ou au farniente. Néanmoins, il y a toujours un petit **marché aux poissons** au retour des pêcheurs vers 16 h *(vers le centre nautique)*.

➤ L'île Plate**

Carte p. 53 - À 12 km N et 1 h 15 env. de Grand Baie par catamaran. Accès via certains opérateurs (Carnet d'adresses p. 143).

Jusque dans la première moitié du XXe s., l'île Plate (263 ha) fut une station de quarantaine. Au moindre soupçon de choléra ou de variole, les bateaux transportant ou non des *coolies* « engagés » *(p. 181)* se voyaient imposer une réclusion dans cette île perdue.

Sur place, vous trouverez les ruines d'une demi-douzaine de bâtiments, en pierres noires, volcaniques. On reconnaît difficilement l'hôpital, le dispensaire. Dans *La Quarantaine*, roman fiévreux et initiatique de Jean-Marie G. Le Clézio, tous les passagers de l'*Ava* sont parqués sur cet îlot. Aujourd'hui, on peut y passer une journée paradisiaque, loin de tout. Et se prendre pour Robinson, langouste en prime, en partageant l'île avec un petit nombre de scinques (lézards).

PLAGE DISCRÈTE

Au N de Grand Baie, entre les hôtels Veranda et Royal Palm, vous avez une jolie petite plage, publique, discrète, où se mêlent sable doré et rochers noirs. **La Cuvette**, c'est son nom, est néanmoins très fréquentée le week-end.

➤ Excursion vers l'îlot Gabriel*

Carte p. 53 - À 12 km N et 1 h 15 env. de Grand Baie par catamaran. Accès via certains opérateurs (Carnet d'adresses p. 137).

Il y a parfois du rififi sur le minuscule îlot Gabriel (42 ha), très proche de l'île Plate ! Qui a le droit d'accoster ou pas ? Quelquefois, une vingtaine de catamarans stationnent à la queue leu leu, crachant à plein tube des flots de séga. Mais l'eau est si claire, le sable si blanc… On oublie tout.

➤ Pereybère*

Carte p. 53 - À 23 km N-E de Moulin à Poudre via la côte (B41, B35, B38 et B13) et 16 km N-E via Triolet (A4, B13). Bus nos 20C, 82 et 228.

Le village a joué la carte d'un tourisme plus populaire. Les grands hôtels font place à de nombreux campements (résidences secondaires en bord de mer) et locations en tout genre dans une ambiance bon enfant. À défaut d'être paisible (surtout le week-end), la plage publique est assez folklorique et idéale pour la baignade.

5 L'extrême Nord

Notre-Dame-Auxiliatrice

Loin de l'agitation de Grand Baie, la route musarde au bord de la mer ou bien s'aventure dans les champs de canne à sucre, dominés par d'imposantes « pyramides créoles » de blocs basaltiques, arrachés pour faire place nette. À quoi s'occuper ? Attendre le retour des pêcheurs. Flâner sur les marchés comme celui de Goodlands. Mettre le cap sur l'île d'Ambre, qui n'est qu'à 400 m de l'île mère et où l'on peut croiser en chemin de rares tortues marines. Ou s'offrir un petit shoot de nostalgie sur la plantation de Labourdonnais.

- **Point de départ :** Cap Malheureux.
- **Se déplacer :** en voiture, à vélo ou scooter, et en bus.
- **Carte :** ci-contre.
- **Carnet d'adresses :** p. 142.
- **À ne pas manquer :** le château de Labourdonnais à Mapou.

➤ Vers Cap Malheureux★★

Cap Malheureux… Le site est pourtant idyllique. D'où lui vient ce nom fâcheux ? Des nombreux naufrages qu'il aurait enregistrés par le passé ? Du débarquement sur le site des troupes anglaises en 1810, qui sonna le glas de « l'isle de France » ? Allez savoir… Au large se profile le **Coin de Mire**. Cet îlot, sur lequel on ne peut pas accoster, a l'allure caractéristique de ces cales que l'on posait pour ajuster la visée d'un canon.

Cap Malheureux★★

Carte ci-dessous *- À 2 km du cap Malheureux par la côte (B13).*
Bus n° 95 Pamplemousses - St-Antoine.

Après le cap du même nom, le petit village de Cap Malheureux, avec ses quelques pêcheurs et sa plage publique, intéressera tous les

L'extrême Nord

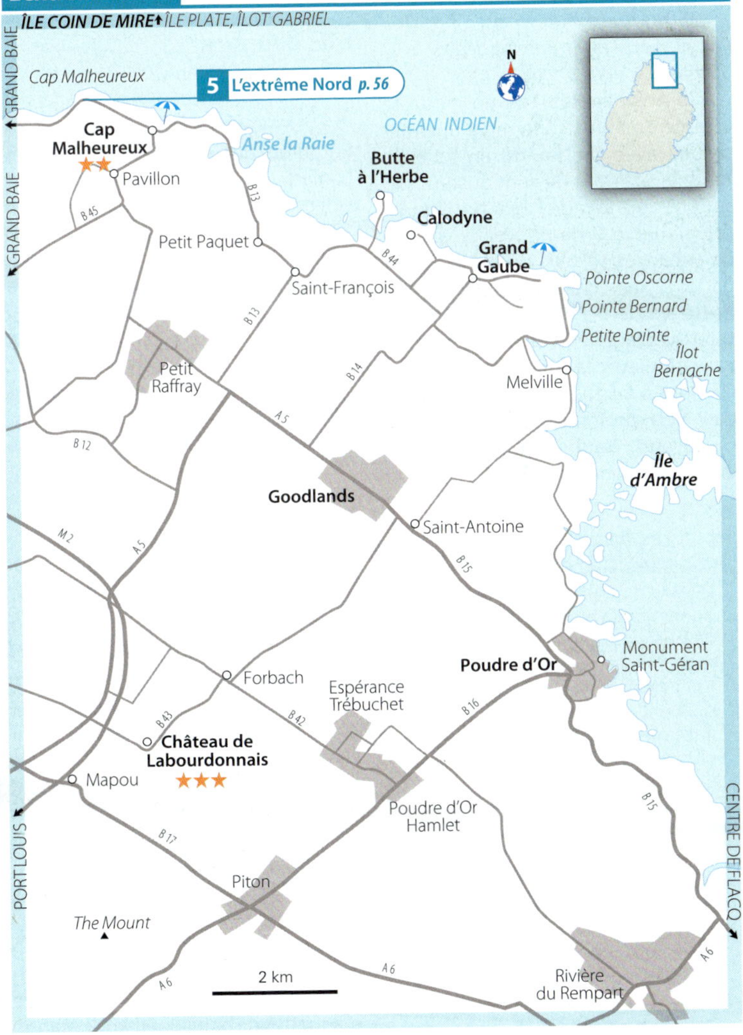

amateurs de photos. Faisant face à l'océan, **Notre-Dame-Auxiliatrice**, une église au toit rouge flanquée d'un flamboyant, est sur tous les catalogues de tourisme. Lors des offices *(mar. 17h30, ven. 11h30, sam. 18h, dim. 9h30)*, une petite foule se presse dans l'édifice dépouillé où volettent des oiseaux et où ronfle un ventilateur. La carte postale s'anime!

➤ Grand Gaube*

Carte p. 57 *- À 10 km S-E du cap Malheureux par la route côtière (B13 et B44). Bus n° 95 Pamplemousses - St-Antoine depuis depuis le cap Malheureux.*

Après **Anse La Raie**, où un modeste **temple de Shiva** contemple une mer d'huile avec l'île Ronde en toile de fond, le paysage devient austère. On se sent déjà loin de l'agitation touristique, même si de nouveaux villages de vacances sortent du sable. Sur la gauche, des chemins partent vers **Butte à l'Herbe** ou **Calodyne**. Ce littoral sauvage et venté annonce la transition avec la côte au vent.

Quelques boutiques, une plage en eau peu profonde, voici le village de **Grand Gaube**. Majoritairement créole, il n'a rien d'autre à offrir que son authenticité et sa tranquillité… et c'est déjà beaucoup! On peut aller flâner dans le pittoresque **quartier Saint-Michel** *(route à g. après le stade en allant vers le centre)* pour visiter l'église Saint-Michel avec son chemin de croix revisité par le peintre mauricien Vaco.

Quant aux derniers charpentiers de marine ➤ *encadré ci-dessous*, qui ont fait la réputation de Grand Gaube, ils se sont reconvertis dans la fibre de verre, à une ou deux exceptions près.

PIROGUES TRADITIONNELLES

Dans la région de Grand Gaube, on déniche encore un fabricant de **barques de pêche** selon des règles ancestrales, **Karl Victor**.
La charpente de l'embarcation provient d'un « bois pays » imputrescible, le jaquier, qui est de plus en plus difficile à trouver.
La pirogue de base, longue d'environ 5,50 m, n'est pas pontée; son profil est effilé et peu profond; un trou dans un banc de nage permet la fixation du mât. De plus en plus souvent, le tableau arrière est aménagé pour recevoir un moteur hors-bord.
Excursion en pirogue traditionnelle : voir Carnet d'adresses p. 144.

L'île d'Ambre*

Carte p. 57 *- À 400 m de l'île Maurice. Accessible par bateau, kayak, paddle depuis Grand Gaube.*

Entourée de mangrove, l'île est un confetti (147 ha). Elle fut le théâtre du célèbre naufrage du *Saint-Géran* en 1744, qui inspira son *Paul et Virginie* à Bernardin de Saint-Pierre. Si bien qu'on décida, pour éviter le retour d'une telle tragédie, d'y planter quelques cocotiers et de faire venir une poignée de colons sur l'îlot.

Aujourd'hui, l'île est inhabitée. Mais on peut croiser dans ses parages quelques rares tortues marines.

➤ Goodlands

Carte p. 57 *- À 11 km S-E env. du cap Malheureux, via St-François, Réunion Maurel (B13 et A5). Bus n° 20C, 82 depuis Cap Malheureux.*

Goodlands et son **marché** aux fruits et légumes, qui se tient le mercredi et le samedi, c'est un monde plein de couleurs, de sourires et de mots chantants! Il y a foule sous le toit en tôle ondulée. Des Mauriciens quasiment en exclusivité. On s'interpelle d'un « *ki manyer?* » (ça va?). On navigue entre margozes (des légumes-condiments aux formes plutôt torturées), bringelles (aubergines), chouchous (christophines) et autres calebasses.

Autres intérêts de cette grosse bourgade: l'atelier de fabrication de maquettes de bateaux **Historic Marine**

SUR LE POUCE

N'hésitez pas, pour quelques roupies, à déguster sur le **marché de Goodlands** des gâteaux-piments, qui ne sont pas vraiment pimentés. Recette typiquement mauricienne… À base de pois cassés (dholls) écrasés ou mixés, ces beignets peuvent être parfumés au cumin ou à la coriandre. On peut les emporter aussi pour l'apéritif, mais ils se dégustent de préférence chauds !

(p.144), où certaines commandes spéciales peuvent demander dix-huit mois de travail. Et deux ou trois magasins d'usines en prêt-à-porter.

➤ Le château de Labourdonnais★★★

***Carte p. 57** - Mapou. À 16 km S du cap Malheureux via St-François, Réunion Maurel (B13, A5, B42 et B43) ☎ 266.95.33, http://chateaulabourdonnais.com. **Visite du château :** ouv. t.l.j. 9 h-17 h. Accès payant : 375 Rs/9,50 € ; +60 ans 300 Rs/7,60 € ; enf. 6-12 ans 200 Rs/5 € ; étudiants 225 Rs/5,70 €. La visite du château comporte une dégustation : rhum, pâte de fruits et jus de fruits. **Visite du jardin uniquement :** 75 Rs/1,90 €, avec dégustation 175 Rs/4,40 €.*

C'est une belle histoire et quasiment une résurrection. Le « château » (1859) de la famille Wiehe – d'origine danoise – gardait ses volets obstinément clos. Chahuté par les cyclones, il vient d'être entièrement restauré, des parquets à la toiture, retrouvant même sa varangue d'origine. Un travail de titan ou de fourmi, qui a mobilisé nombre d'artisans, de charpentiers, ébénistes, ferronniers, tapissiers tant européens que mauriciens. Budget global estimé : 2 600 000 $ (2 300 000 €) ! Le verger de manguiers se visite également.

> Lire aussi le coup de cœur de l'auteur : Le château de Labourdonnais (p. 61).

➤ Poudre d'Or★

***Plan p. 57** - À 15 km S-E du cap Malheureux via St-François, Réunion Maurel, Goodlands (B13, A5, B15). Le bus nécessite un changement à St-Antoine : 20C/26 ou 20C/53 ou 82/53.*

Poudre d'Or a la nonchalance des villages oubliés. Les trains ne s'y arrêtent plus et l'on cherche en vain des chercheurs d'or qui n'ont sans doute jamais existé. Les romantiques pousseront jusqu'à Poudre d'Or pour se recueillir sur les lieux du naufrage du *Saint-Géran (p. 58)*.

Tout au fond du village, au bord d'une mangrove, un petit monument, élevé en 1944, en garde le souvenir *(fléchage)*. Difficile d'imaginer cette tragédie dans la paix du soir, quand les lauriers-roses exhalent une odeur poivrée et que s'élèvent les fumées des premiers barbecues.

UN BEST-SELLER

Paru en 1787, *Paul et Virginie* est aujourd'hui relégué au purgatoire des livres oubliés. Cette histoire d'amour chaste qui finit mal, Virginie mourant dans le naufrage du *Saint-Géran*, a fait couler pourtant des torrents de larmes. L'épave du bateau a été repérée en 1966.

La varangue du château de Labourdonnais

Coup de cœur de l'auteur

Le château de Labourdonnais

Une histoire de famille

Dans le nord-est de l'île, Labourdonnais, le château et son domaine, appartiennent à la même famille depuis plus cent cinquante ans. Et les grandes réunions familiales s'y déroulent toujours à l'ombre de ces gigantesques « **intendances** », ficus aux troncs torsadés *(Ficus microcarpa)*, qui veillent sur toutes les maisons coloniales à Maurice. C'est l'épaisseur de cette histoire que ressent le visiteur dans ce château devenu musée, où les meubles… parlent !

Un travail de fourmi

Malmené par les cyclones, les termites et le temps, le château a bénéficié d'une restauration dans les règles de l'art, qui s'est étalée sur plus de trois ans. Le toit en bardeaux a été refait. À nouveau, la **varangue** – mot qui dériverait de véranda – ceinture sur deux étages tout le bâtiment, d'inspiration néoclassique italienne : on l'avait condamnée en partie pour ajouter quelques pièces. Emblématique de l'**architecture créole**, la varangue protège la maison du soleil, de la pluie, procure fraîcheur et sert de pièce à vivre.

Le panoramique de Zuber

C'est Christian Wiehe (1807-1878), né à Maurice d'un père danois, qui a fait construire ce « château » (1856-1859). La propriété s'appelait déjà Labourdonnais, et il venait d'en racheter les parts à sa belle-famille. Au rez-de-chaussée, la salle à manger, de style victorien, donne une idée du train de vie de cette famille de planteurs. En palissandre, la table, venue d'Angleterre, peut accueillir vingt-cinq couverts. On s'y asseyait sous un papier peint panoramique de Zuber, commandé à la manufacture alsacienne, un de ces « paysages à chasse » rarissimes, dont la restauration a mobilisé cinq personnes, la plupart venues de France, pendant deux mois.

Les meubles parlent

Eh oui ! On leur a donné la parole. Ils nous racontent les femmes en crinoline, les distractions dans cette bonne société (les soirées musicales, les jeux, etc.). Ils taisent pourtant une chose : à 300 m de l'usine se trouve une sucrerie que l'on dit « modèle ». Labourdonnais était en effet aussi un complexe agro-industriel, au moins six mois par an pendant la coupe de la canne, tout autant qu'une maison d'agrément.

Rhum et mangues

Labourdonnais reste un domaine sucrier, avec 500 ha réservés encore à la canne à sucre. Si la cheminée, qui domine le paysage, s'est éteinte dès 1960, le domaine produit néanmoins son rhum. Aujourd'hui, c'est aussi, diversification oblige, la plus grande exploitation fruitière du pays. Ses vergers (50 ha), dont on ne visite qu'une partie, ont la **plus belle collection au monde de manguiers**. Cette collection, entamée avec Christian Wiehe, passionné d'horticulture, comporte quelque 55 variétés. On trouve aussi pruniers de Cythère, sapotiers, jamalacs…

PRATIQUE

Accès : *situé à Mapou, le château est facilement accessible tant de Port Louis (visite 1) que de Grand Baie (visite 4).*
Horaires : *ouv. t.l.j. 9 h-17 h.*
Budget : *adultes : 375 Rs/9,50 €. Tarif réduit : seniors, enfants, étudiants.*

La région ouest

L'ouest était, jusqu'à présent, la destination favorite des inconditionnels du « lagon-bronzette », des accros de surf ou de plongée, des mordus de la pêche au marlin. C'était déjà beaucoup. Désormais, il faut compter aussi parmi ses amoureux les adeptes du tourisme vert. Quelque 60 km de sentiers s'ouvrent sous les pas des randonneurs au parc national des gorges de la Rivière Noire, où la marche tient encore de l'aventure. Ce nouveau Far West s'explore à pied, à cheval, en 4x4, en quad, en buggy, en Segway, à VTT… ou d'arbre en arbre dans les parcs de loisirs, qui surfent sur cette vague verte. Il a même ses tables d'hôte, authentiquement mauriciennes. Revers de la médaille : paradoxalement, cet Ouest-là se fait rattraper par une urbanisation galopante.

PRATIQUE

Cartes et plans : carte de la région ci contre · plan du parc national des gorges de la Rivière Noire p. 75.

Manger, dormir, s'amuser… : p. 145.

La meilleure saison : pour tout ce qui est balnéaire, l'été austral. Pour les randonnées, l'hiver austral, plus sec et moins chaud.

Se déplacer :

- **Comment ?** Étant donné l'éparpillement du réseau de bus entre de multiples compagnies, il est impossible de planifier des déplacements importants par ce seul moyen. Voiture louée et taxi demeurent la règle. Si vous venez du nord, ou si vous vous y rendez (Pamplemousses, Grand Baie), pensez à utiliser la nouvelle autoroute M3, qui court-circuite Port Louis et ses embouteillages (en travaux jusqu'à fin 2015).
- Du morne Brabant (Le littoral/visite 6) à Grande Case Noyale (Escapades dans les Hauts/visite 7) : 9 km.
- De Poudre d'Or (L'extrême nord/visite 5) à Flic en Flac (Le littoral/visite 6) : 60 km.
- De Port Louis (visite 1) à Flic en Flac (Le littoral/visite 6) : 32 km.

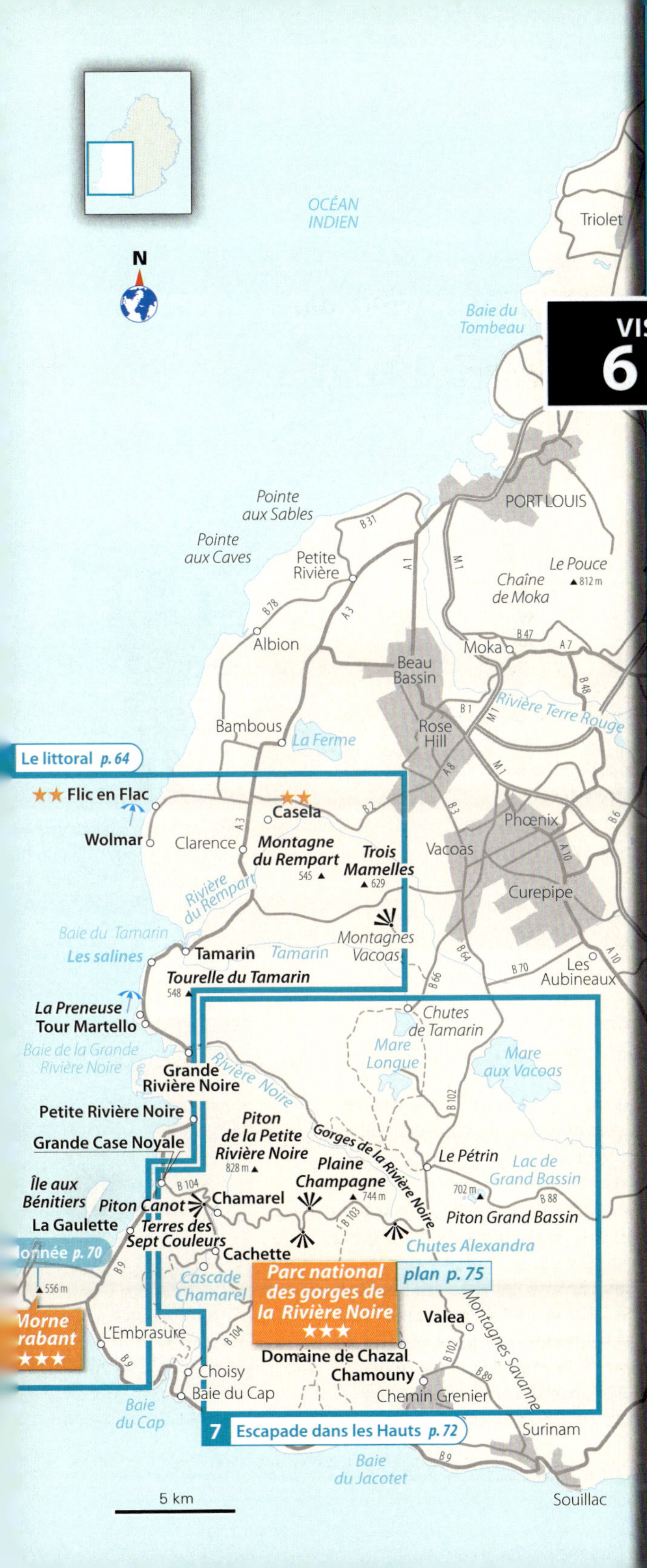

VISITES **6** et **7**

La région ouest

6 Le littoral

Plage de Tamarin

Quant on vient de Port Louis au nord ou de Quatre-Bornes à l'est, l'arrivée sur la côte ouest à hauteur de Flic en Flac se fait par une longue ligne droite, qui coupe les champs de canne à sucre à perte de vue. Entre les inflorescences soyeuses de la canne, on aperçoit, tout au fond, le lagon. Vert sur bleu : le tableau est magnifique. L'amateur de bronzette trouvera ici des plages splendides, tapageuses comme celle de Flic en Flac, discrètes à l'instar de La Preneuse. Plus sportif, on se mesurera aux rouleaux de Tamarin ou de la presqu'île du morne Brabant. Au large vous attendent les dauphins tandis que Casela, à l'intérieur des terres, se propose de vous immerger dans « un monde d'aventures ».

- **Point de départ :** Flic en Flac.
- **Se déplacer :** en voiture, en taxi, en bus et en bateau.
- **Carte :** p. 63.
- **Plan du parc national des gorges de la Rivière Noire :** p. 75.
- **Carnet d'adresses :** p. 145.
- **À ne pas manquer :** le morne Brabant.

➤ Autour de Flic en Flac★

Flic en Flac, dont le nom viendrait du bruit de succion fait par chaussures et bottes quand elles s'enfonçaient dans les anciens marais, est une station balnéaire fort animée, surtout le week-end. Elle a vu naître à ses portes un parc d'aventures, **Casela**, qui fait aujourd'hui un tabac, y compris chez les Mauriciens.

Flic en Flac★★

Carte p. 63 - À 32 km S-O de Port Louis.

Le hameau de pêcheurs d'autrefois est devenu une grosse **station balnéaire**, où les campements (résidences secondaires), les morcellements (lotissements) et les résidences de vacances prolifèrent. Malgré un développement anarchique, Flic en Flac garde ses atouts : une **immense plage** bordée de filaos quasiment déserte en semaine, des fonds sablonneux propices à la baignade, une ambiance bon enfant faite d'indolence et de joie de vivre. Les hôtels de luxe sont regroupés à **Wolmar**.

Casela★★

Carte p. 63 - Royal Rd, Cascavelle. À env. 7 km E de Flic en Flac (B34 et A3). Arrivé à l'A3, tourner à dr., dir. Tamarin. Ensuite, l'entrée est sur la g. Bus n° 69 ☎ 401.65.00 et 452.28.28. www.caselapark.com. Ouv. t.l.j. 9 h-17 h. Entrée payante : 700 Rs/17,90 € ; enf. 3-12 ans : 450 Rs/11,50 €. Inclut accès au parc, safari, volière, miniferme, toboggan, etc. Activités payantes en sus : quad, Segway, marche avec les lions, tyroliennes, films en 4D, etc. Restaurants sur place. Aire de jeux.

Casela, un monde d'aventures ! C'est désormais le concept de ce **parc**, l'un des plus populaires, sinon le plus populaire à Maurice. Au pied de la **montagne du Rempart** (545 m), il a accueilli 300 000 visiteurs en 2014. À chacun son royaume (*kingdom*) : Nature Kingdom, Safari Kingdom, Mountain Kingdom et, en gestation, River Kingdom. Les familles plébiscitent la pêche aux tilapias (un

OPÉRATION MAUBYDICK

Pendant l'hiver austral, des **baleines à bosse** se croisent au large de la côte ouest de Maurice. Les cachalots, eux, sont des résidents permanents dans les eaux mauriciennes. Huit balises Argos ont été implantées sur ces cétacés, afin de suivre leurs mouvements. C'est l'**opération Maubydick**, qui doit se poursuivre jusqu'en 2018. Ce projet est porté par une association mauricienne, **M2CO** (Marine Megafauna Conservation Organisation). Certains cachalots parcourent 2 000 km en 28 jours !

incontournable depuis l'ouverture du parc), la miniferme où l'on peut donner le biberon à une petite chèvre, le safari-photo au milieu des zèbres, autruches, impalas et cerfs de Java, même si cette expédition est un peu surfaite pour qui connaît les parcs européens. Deux rhinocéros blancs et un hippopotame nain ont rejoint (2015) les girafes dans cette « réserve africaine ». Les baroudeurs, eux, se font des frayeurs sur un pont népalais ou en faisant quelques pas avec les lions. En effet, Casela est non seulement un jardin de 14 ha, mais aussi un domaine de 400 ha, en vallons, collines et torrents, le tout appartenant au groupe sucrier Médine, qui s'est diversifié dans le tourisme.

Cinéma 4D

À l'entrée, on s'émerveille de ce cinéma en réalité augmentée, où l'on « plonge » dans le film. Votre siège encaisse les secousses d'une moto tandis que votre visage reçoit une minigiclée d'eau au passage, sur l'écran, dans une flaque. 120 Rs/3,15 € pour deux films très courts.

La volière

Désormais, vous vous retrouvez carrément dans la volière, au milieu d'un petit monde éclatant de couleurs qui caquette, roucoule, piaille : cacatoès,

Lionne dans le parc Casela

inséparables, perruches, aras, etc. Au total, qu'ils soient en captivité ou en semi-captivité, le parc compte dans les 1 500 espèces d'oiseaux, y compris le fameux pigeon rose. Visite de la volière incluse dans le prix de l'entrée.

La marche avec les lions

Réveillez le félin qui est en vous ! Tel est l'argument massue pour vous décider à sauter le pas. Le parc abrite une vingtaine de lions et une poignée de guépards (2015).

En petit groupe, vous êtes invité à suivre dans la forêt deux lionnes en liberté mais qui restent sous le contrôle de leur dresseur préféré *(rés. impérative ; durée : 45 min ; 3 500 Rs/90 €)*. À moins que vous ne préfériez un petit moment de tendresse avec les lionceaux : on appelle ça de « l'inter-action » *(durée : 15 min ; 300 Rs/7,90 €)*.

Mountain kingdom

Ça, c'est pour les amateurs de sensations fortes, avec l'une des plus longues **tyroliennes** de Maurice (400 m), une via ferrata, le canyon swing (une variante du saut à l'élastique) et un parcours **canyoning** époustouflant *(3 000 Rs/76,50 € pique-nique inclus pour ce dernier)*.

➤ De Tamarin au morne Brabant*

Sur l'A3 vers le sud, d'autres sommets découpent leurs silhouettes étranges, comme les **Trois Mamelles** (629 m). La route finit par rejoindre la mer à Tamarin. Entre cette bourgade et Grande Rivière Noire, projets immobiliers et centres commerciaux prolifèrent. Ouf ! la petite plage de **La Preneuse** garde tout son charme.

Tamarin*

***Carte p. 63** - À 13 km S de Flic en Flac par l'A3. Bus nos 69 ou 57 et 5, changement à Clarence.*

À l'arrière de son église, Tamarin vit au ralenti le long de sa vaste baie ouverte sur un estuaire profond bordé de mangrove (zone marécageuse recouverte de palétuviers). Les rouleaux de la **plage publique**, vaste et sauvage, fascinent les mordus de surf : ils rêvent tous de se mesurer, durant l'hiver austral, à ses vagues de plus de 2 m de haut.

La **baie de Tamarin** accueille aussi des **dauphins**, grands dauphins (souffleurs) et dauphins à long bec *(spinners)* ➤ *encadré ci-contre.* De bonne heure, ils se laissent approcher mais prennent le large en fin de matinée. Leurs galipettes représentaient déjà un spectacle fabuleux. Aujourd'hui, nager avec eux est possible en respectant quelques règles.

DAUPHINS HARCELÉS

Pour toute la côte ouest, la **MMCS** (Mauritius Marine Conservation Society) estime leur nombre à 70 pour les « souffleurs » *(bottlenose)* et autour de 400 pour les dauphins à long bec *(spinner)*. En 2009, cette ONG dénonçait une baisse inquiétante des cétacés visibles. La faute, pour elle, au « harcèlement » des touristes : dans la même matinée, on a compté jusqu'à 81 bateaux sur le site ! Optez pour des opérateurs qui affichent et adoptent le code de bonne conduite préconisée : ne pas approcher à plus de 50 m et moteur au point mort lors de l'observation.
➤ **MMCS,** *www.mmcs-ngo.org.*

La route du sel

Carte p. 63 - ☎ 483.87.64, montcalme@intnet.mu. Ouv. lun.-sam. 8 h 30-17 h. F. dim. et j.f. Accès payant : 200 Rs/5,25 € ; enf. 4-12 ans 100 Rs/2,60 €. Vis. guidée. Petite boutique.

Depuis deux siècles, le village a ses **salines**, véritable damier, où les saunières, en bottes, chapeau de paille et gants de caoutchouc, s'affairent le râteau à la main. Une partie de ces salines de l'Ouest, qui produisent quelque 4 000 t de sel par an, assez pour la consommation locale, se visite désormais.

Sachez que la visite se passe alors que les saunières, une trentaine sur le site, terminent leur journée de travail, qui démarre vers 4 h du matin.

Dauphins près du morne Brabant

Salines de Tamarin

La grande saison, c'est entre septembre et décembre, période pendant laquelle près de 20 t de sel sont récoltées par jour (6 à 9 t en hiver). L'eau de mer est pompée, puis envoyée dans des bassins peu profonds pour se transformer par évaporation en saumure. Il y a une petite production de fleur de sel, le nec plus ultra en la matière.

Vers Grande Rivière Noire**

Carte p. 63 - À 18 km S de Flic en Flac par l'A3. Bus nos 69 ou 57 et 5, changement à Clarence.

L'itinéraire continue au pied de la **Tourelle du Tamarin** (548 m). Toute cette portion de côte est réputée pour la **pêche au marlin** *(p. 178)*.

La tour Martello*

Carte p. 63 - Chemin de La Preneuse, Rivière Noire. À 16 km S de Flic en Flac par l'A3 ☎ 471.01.78. Ouv. mar.-sam. 9 h 30-17 h, dim. et j.f. 9 h 30-13 h. F. 30 min avant. Entrée payante, sf le dernier sam. du mois : 80 Rs/2,10 € en sem., 60 Rs/1,60 € le w.-e. ; enf. : 30 Rs/0,80 €. Vis. guidée chaque demi-heure.

Entre deux parties de pêche ou deux randonnées, prenez le temps de visiter en bordure de mer l'ancienne tour Martello, transformée en **musée**. Surtout que la **plage de La Preneuse**, belle comme un cœur, est juste derrière !

CHEZ MOUSTACHE

Une jolie petite sélection de vins au verre *(comptez 200-250 Rs/ 5,25-6,50 €)*, des tapas maison, brochettes de crevettes, terrines de poulet… Si l'on a envie d'une pause apéritive sympa, c'est l'adresse idéale.

➤ **Moustache Bistro**, *Royal Rd, La Mivoie, Tamarin (sur la g. à la sortie de Tamarin, en venant du N.) ☎ 483.77.28. Ouv. mar.-sam., à partir de 17 h.*

Au sommet, la vue sur le **morne Brabant** est magnifique. On se surprend à fantasmer sur la vie de ces soldats, une vingtaine tout au plus, attendant l'arrivée d'un ennemi, les Français en l'occurrence, qui n'est jamais venu! Cette tour fait partie d'un ensemble défensif (cinq édifices en tout et pour tout sur l'île) construit par les Anglais entre 1832 et 1834.

Au sud de Petite Rivière Noire*

Carte p. 63.

On longe une côte encore sauvage, mais où les villages de pêcheurs, comme celui de **La Gaulette,** se transforment à la vitesse d'un TGV. En face s'étale l'**île aux Bénitiers,** du nom d'un énorme coquillage bivalve dont la coquille renversée peut servir de bénitier: c'est un joli but d'excursion *(Carnet d'adresses p. 148)*. En arrivant sur la **presqu'île du morne Brabant,** le territoire des hôtels de luxe, à touche-touche, est soigneusement délimité. Il faut montrer patte blanche pour franchir les grilles de ces palaces. Il reste encore quelques trouées, où se recroquevillent les plages publiques: on y pratique **surf** (au **One Eye,** meilleur *spot* de l'île) et **planche à voile**.

> Le Morne***

Carte p. 63 *- À 35 km S de Flic en Flac par l'A3 et la B9. Bus n°s 69 ou 57 et 5, changement à Clarence. Randonnée exclusivement accompagnée avec Yanature (Carnet d'adresses p. 148). Enf. à partir de 12 ans.*

Sentinelle fièrement dressée au milieu d'un lagon enchanteur, le site est certainement l'un des plus spectaculaires de l'île. Refuge de nombreux esclaves fugitifs, c'est aussi un haut lieu de l'histoire mauricienne. À ce titre, elle est inscrite comme « paysage culturel » au patrimoine mondial par l'Unesco. C'est aussi l'une des plus belles randonnées que l'on puisse faire sur les hauteurs de Maurice.

> Lire aussi la randonnée : Le Morne (p. 70-71).

Tourelle du Tamarin

Randonnée

Le Morne

Inscrit comme « paysage culturel » au patrimoine mondial par l'Unesco, le morne Brabant, ou le Morne, est l'une des plus belles randonnées que l'on puisse faire sur les « toits » de Maurice. Panorama et ascension à… couper le souffle.

DÉPART ET ARRIVÉE : départ sur la petite route qui ceinture la péninsule du Morne *(portail fermé)*, arrivée près du sommet, à la croix.

ACCÈS : privé ; avec accompagnateur agréé *(p. 148)*.

DURÉE : 3 h à 4 h A/R pour un randonneur moyen.

BALISAGE : aucun.

DÉNIVELÉ : 500 m environ.

DIFFICULTÉ : facile (jusqu'à 250 m) et difficile (la toute dernière partie).

ENFANTS : admis à partir de 12 ans. La rando familiale s'arrête quand commence la grimpette dans la faille.

EN SAVOIR PLUS : www.lemorneheritage.org.

❶ Le rendez-vous est donné à 6 h ou 7 h suivant la saison, devant l'hôtel Le Paradis au **Morne**. Ensuite, on rejoint en petit groupe, sous la houlette de Yan ou d'Henri (les deux guides de Yanature), le point de départ de cette randonnée, qui se déroule sur un **domaine privé.** Un portail *(fermé)* en verrouille donc l'accès. Cela démarre… doucement : on attaque le Morne par la face sud, à l'opposé de la falaise. Au départ, le sentier ressemble à un vrai boulevard et progresse en lacets dans les bois, où poussent ébéniers et tecomas aux fleurs jaunes.

❷ Vous mettez probablement vos pas dans ceux des esclaves fugitifs, qui ont trouvé refuge dans cette **citadelle naturelle** jusqu'au XIXe siècle. Une sombre légende évoque un suicide collectif de ces « marrons », qui se seraient jetés dans le vide à l'arrivée de soldats venus pourtant leur annoncer l'abolition de l'esclavage (1835). Si l'on a retrouvé des traces d'occupation humaine dans trois grottes, aucune découverte n'est venue étayer la réalité de cette tragédie. Mais pour les Mauriciens, et les créoles en particulier, le Morne est un symbole de souffrance, de résistance.

❸ À mi-parcours, l'horizon se dégage : la végétation se tasse au sol. Avec un peu de chance, vous passerez près d'un plant de *Trochetia boutoniana* en pleine floraison *(juin-octobre)*. Ses fleurs écarlates, en forme de clochettes, dégagent un léger parfum de vanille. C'est sur le Morne, alors qu'on la croyait disparue, qu'on a redécouvert en 1973 cette fleur « boucle d'oreille », devenue l'emblème de la République mauricienne. Le sentier débouche sur une **plate-forme**, à 250 m d'altitude environ, où la vue est déjà magnifique. Là, vous avez mangé votre pain blanc.

❹ Droit devant. Le sentier s'attaque maintenant à cette **montagne de basalte,** se faufile dans une faille, devient un escalier avec des marches sur lesquelles il faut se hisser. Des cordes ont même été installées pour vous aider dans votre progression. Le final se révèle éprouvant ! On n'a d'yeux que pour la croix en fer, érigée en mémoire des esclaves marrons, qui doit être notre terminus (500 m d'altitude environ). Ce n'est pas le « vrai » sommet, inaccessible au-delà d'un précipice. Mais la **vue à 360°** qui s'offre à vous vous ôte tout regret. Maurice est à vos pieds.

7 Escapades dans les Hauts

Les Terres des Sept Couleurs

Maurice, le pays derrière la plage… Au fil des lacets, depuis Grande Case Noyale, on entre dans le monde humide et luxuriant de la « montagne » mauricienne, qui culmine à 828 m. C'est une Maurice authentiquement verte que vous abordez, avec sa forêt relique, ses macaques et ses oiseaux endémiques. L'écotourisme s'y développe : tables d'hôtes, « écolodges », sentiers balisés et rando… Les groupes sucriers n'ont pas tardé à exploiter le filon. Dans leurs anciens chassés (domaines de chasse), c'est à qui proposera la plus longue tyrolienne. La baignade au pied d'une cascade fait partie de ce retour à la nature savamment orchestré.

- **Point de départ :** côte ouest, Grande Case Noyale.
- **Se déplacer :** en voiture, en taxi ou en bus.
- **Carte :** p. 63.
- **Plan du parc national des gorges de la Rivière Noire :** p. 75.
- **Carnet d'adresses :** p. 149.
- **À ne pas manquer :** le parc national des gorges de la Rivière Noire.

LA FÊTE SAINTE-ANNE

Le dernier dimanche de juillet, à Chamarel, c'est la « **Fet Sint Ann** ». Messe le matin en plein air devant la **chapelle Sainte-Anne,** groupes musicaux l'après-midi. Entre les deux, « karizako » (du singe, âme sensible s'abstenir) et cochon marron (sanglier) en cari ou rôti.

➤ Autour de Chamarel**

***Carte p. 63** - À Grande Case Noyale, prendre la B104 vers Chamarel.*

Quand on vient de la côte, changement à vue : vous entrez dans le domaine des ravenalas (arbres du voyageur) et des vacoas *(Pandanus)*. Escarpée et sinueuse, la route offre de beaux points de vue *(arrêts aménagés)*.

Chamarel*

***Carte p. 63** - À 4 km E de Grande Case Noyale par la B104.*

Dominé par le **piton de la Petite Rivière Noire** (828 m), le village, perché à 300 m d'altitude, doit son nom à une famille noble, originaire du Forez (France). Connu pour son café ➤ *encadré ci-dessous,* Chamarel a désormais son rhum.

La rhumerie**

***Carte p. 63** - Royal Rd. À 300 m du village, dir. Plaine Champagne (fléchage à partir de l'église Sainte-Anne) ☎ 483.49.80, www.rhumeriede chamarel.com. Ouv. lun.-sam. 9 h 30-17 h 30, j.f. inclus. Accès payant : 350 Rs/9 €, vis. guidée incluant une dégustation ; enf. -12 ans 175 Rs/4,50 € (sans dégustation). Boutique. Restaurant L'Alchimiste (Carnet d'adresses p. 150).*

Au milieu des ananas Victoria et des cannes à sucre (70 ha), c'est le **temple du rhum agricole,** à la fois distillerie, plantation et « domaine éco-conscient ».

Moins de quatre heures après leur coupe, les cannes arrivent dans les moulins de la rhumerie pour être broyées. Rien ne se perd : la bagasse

La rhumerie de Chamarel

(les résidus) se transforme en énergie, les cendres sont réutilisées comme engrais et la vapeur d'eau récupérée… pour l'arrosage des jardins.

Les Terres des Sept Couleurs*

***Carte p. 63** - Cachette. À 5 km S-E de Grande Case Noyale par la B104, dir. Baie du Cap ☎ 483.42.98. Ouv. t.l.j. 8 h 30-17 h. Entrée payante : 200 Rs/5,20 € ; enf. 5-12 ans 100 Rs/2,60 €. Snack, boutique (café de Chamarel).*

Au hameau de **Cachette,** la piste de latérite s'enfonce à droite dans une région vallonnée pour rejoindre la **cascade Chamarel,** chute d'eau d'une centaine de mètres qui tranche une falaise ocre et noir *(fléchée à g.)*.
Trois kilomètres plus loin, c'est l'autre attraction du parc : l'érosion a mis à nu des monticules de cendres volcaniques, donnant à la terre de subtiles nuances variant de l'ocre au violet en passant par le rose et le gris ardoise. Ce sont les **Terres des Sept Couleurs**.

FORT DE CAFÉ

D'une production de 10 000 t par an, le café de **Chamarel** fut longtemps le seul café cultivé (16 ha), torréfié et commercialisé à Maurice. Il a le goût unique de l'arabica. Si les caféiers sont proches des **Terres des Sept Couleurs,** la torréfaction, elle, se déroule à **Grande Case Noyale**.
➤ *http://cafedechamarel.com.*

BELLE VUE

Pour une vue XXL sur tout le sud-ouest de l'île, faites l'ascension du **piton Canot**.

➤ *Départ à La Crête, en dessous du restaurant Le Chamarel (Carnet d'adresses p. 150), près du poste forestier. Compter 2 h env. A/R. Attention : descente ardue.*

Curious Corner*

Carte p. 63 *- À 5 km S-E de Grande Case Noyale par la B104. Juste en face de l'entrée des Terres des Sept Couleurs ☎483.42.00, www.curiouscornerofchamarel.com. Ouv. t.l.j. 9 h 30-17 h. Entrée payante : 275 Rs/7,10 €; enf. 150 Rs/3,80 €. Café dans le jardin.*

Un concept renversant ! C'est un palais où l'illusion est reine. Dans un labyrinthe de miroirs, on cherche, enjoué puis inquiet, la sortie. On entre dans un ascenseur, où le plancher… fait défaut. Bref, on s'amuse comme des petits fous, même adultes, surtout adultes. Il y a 36 attractions au total.

➤ Le parc national des gorges de la Rivière Noire***

Black River Gorges National Park

Plan ci-contre.

Le parc peut se visiter en voiture, par la route reliant **Chamarel** au **Pétrin**, ou à pied, dans le cadre de superbes **randonnées** sur sentiers balisés.

Vers Plaine Champagne**

Carte p. 63 *- Dans Chamarel, prendre à g. la B103, dir. Le Pétrin, Grand Bassin.*

Fini les cultures, on entre ici dans une sorte de no man's land, où la nature règne sans partage (ce qui est rare à Maurice). Environ 7 km après la bifurcation dans Chamarel, un point de vue à g. *(à 100 m de la route, parking)* offre un fantastique panorama sur les **gorges de la Rivière Noire**. Vision impressionnante que celle de cette vallée profonde et sauvage, recouverte des dernières forêts primaires de l'île *(p. 179)* et survolée par des paille-en-queue. Parfois, des macaques jouent les funambules sur

Les gorges de la Rivière Noire

Le parc national des gorges de la Rivière Noire

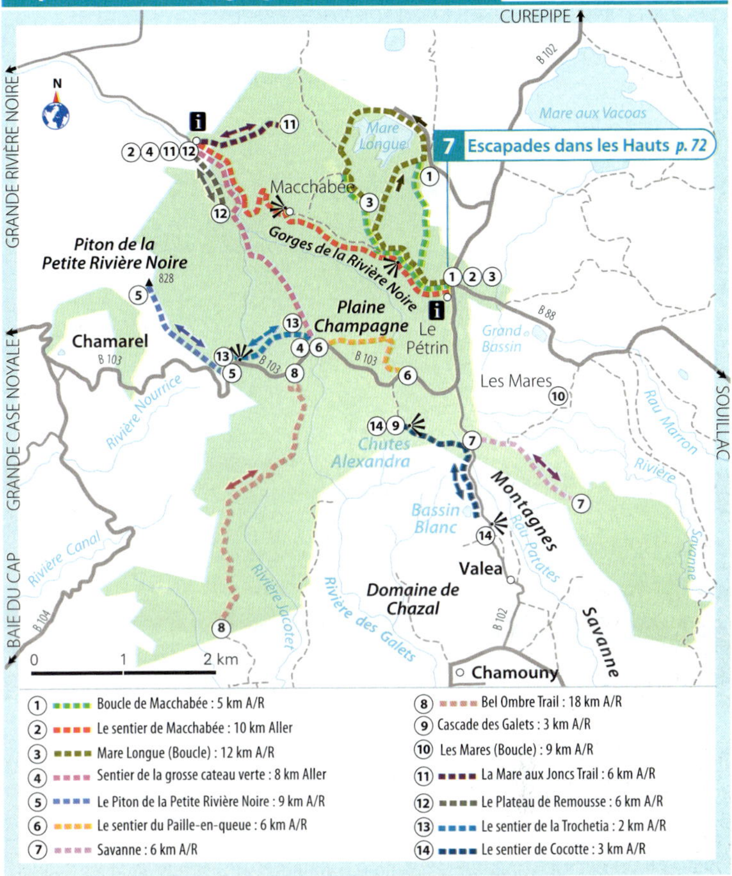

la rambarde du belvédère. Attention, ils peuvent attaquer si leurs petits sont à proximité.

3 km plus loin, une route à droite vous dirige vers les **chutes Alexandra** *(aire de pique-nique)*.

Du parking aménagé, un petit circuit pédestre tranquille et balisé *(1 km A/R)* livre un superbe **point de vue** sur la mer.

Le parc

Plan ci-dessus - Centre d'information du Pétrin : *☎ 54.71.11.28 (GSM), http://npcs.govmu.org/english. Ouv. lun.-ven. 8h-15h, w.-e. et j. f. 8h-17h.* ***Visitor's Centre de Rivière Noire :*** *à 13 km N de Grande Case Noyale, accès par la route de la côte, à hauteur de Grande Rivière Noire ci-contre). Mêmes horaires. Plan des randonnées affiché. Carte de ces randonnées en vente (10 Rs/0,30 €) ; réédition en cours (2015).*

Créé en 1994, le premier parc national de Maurice couvre 6 574 ha et ne représente que 3,5 % de la superficie de l'île. Dans ses parties les plus hautes (Macchabée, Bel Ombre, etc.), la forêt primaire subsiste, mais en lambeaux, avec plus de 150 variétés de plantes endémiques, dont beaucoup sont en voie d'extinction, comme le bois d'ébène. Ces espèces sont concurrencées par des espèces introduites, qui colonisent et étouffent tout, comme

le goyavier de Chine *(Psidium cattleianum)* originaire, comme son nom ne l'indique pas, du Brésil.

Dans le parc, une politique d'élevage en captivité d'oiseaux endémiques, en grand danger d'extinction, et leur réintroduction ultérieure dans leur milieu naturel, a porté ses fruits. C'est le cas pour trois espèces. Rarissime était devenue la grosse cateau verte *(Echo parakeet, Psittacula eques)*, un petit perroquet. Aujourd'hui, on en compterait entre 550 et 650 individus. La population des fameuses crécerelles de Maurice *(Mauritius kestrel, Falco punctatus)* était tombée à 4 individus pour toute l'île en 1975 : leur nombre est estimé à 350 en 2014. Le pigeon des mares, dit aussi « pigeon rose » *(Pink pigeon, Nesoenas mayeri)* revient aussi de loin. Fréquentant surtout les zones humides, il est passé de 20 individus en 1975 à 400 en 2014.

Randonnées dans le parc

Plan p. 75 - Balisage des sentiers renouvelé en 2015.

Tout au long des 60 km de sentiers, le parc offre des randonnées ardues, aventureuses, faciles parfois, superbes toujours, dans une forêt tropicale touffue, pour lesquelles mieux vaut prévoir de bonnes chaussures et se mettre en marche de bonne heure le matin. Au départ du **centre d'information du Pétrin**, vous pouvez suivre le **Macchabée Forest Trail** *(8 à 9 km A/R jusqu'au point de vue)*. Cheminant sur les crêtes, le chemin, large comme un boulevard, ultrabalisé, ménage des vues sur les gorges.

➤ Vers Chamouny*

Carte p. 63 - À 26 km S-E de Grande Case Noyale (B104, B103 et B102).
À l'intersection, laisser à g. la dir. Le Pétrin pour prendre à dr. la dir. Chamouny, Chemin Grenier.

Le lac de cratère Bassin Blanc

Par une belle route, cet itinéraire, en lacets, se faufile entre les montagnes **Savanne** (704 m) et **Mont Cocotte** (771 m) pour redescendre sur la mer, côté sud. Les domaines de loisirs se succèdent : Valea, Chazal.

Bassin Blanc*

***Carte p. 63** - À 19 km S-E de Grande Case Noyale (B104, B103, B102). Sur la dr., aucune indication, mais aire pour se garer (ce qui est rare).*

Maurice la volcanique... Perché à 491 m d'altitude, c'est un **lac de cratère** qui se laisse admirer, une fois qu'on a grimpé sur le remblai. On dit ce lac insondable.

Valea*

***Carte p. 63** - Mare Anguilles. À 20 km S-E de Grande Case Noyale (B104, B103, B102). Fléchage sur la g. ☎ 52.51.86.66 (GSM), www.lavalleedescouleurs.com. Ouv. t.l.j. 9 h-17 h. Entrée payante : 300 Rs/7,70 € ; enf. 5-12 ans -50 %. Activités payantes : 5 tyroliennes, quad, pédalo, pêche, step jet, trekking accompagné ; à partir de 600 Rs/15,30 €. Petit musée géologique. Restaurant.*

Plus fort que Chamarel *(p. 73)* ! Valea revendique vingt-trois couleurs, officiellement. L'endroit (800 ha) est de toute beauté : enfilade de **cascades** en bas desquelles on peut se baigner, végétation exubérante, beaux points de vue. On peut s'y balader à pied ou en quad jusqu'à l'aire des vingt-trois couleurs, qui ont été disposées en bandes, sur une butte à laquelle on a donné la forme de l'île Maurice. Comme à Chamarel, ce phénomène de coloration est d'origine volcanique ; il trahit la présence de manganèse, d'oxydes de fer et d'aluminium dans les cendres du proche volcan Bassin Blanc.

L'activité « tyroliennes » *(1 975 Rs/50,40 €)* peut pimenter l'escale, Valea détenant à ce jour la plus longue **tyrolienne** de l'océan Indien. Et de loin. La société a mis en place en 2015 une tyrolienne de 1 500 m (975 Rs/24,80 €) !

Domaine de Chazal*

***Carte p. 63** - Chazal. Entrée à 24 km S-E de Grand Case Noyale (B104, B103, B102), avant d'arriver au centre de Chamouny, sur la dr. dans un virage à angle droit. Fléchage ☎ 622.72.34 et 54.22.31.17 (GSM), www.chazalecotourismmauritius.com. Activités payantes : randonnées, tyroliennes, rivertrek, déj. compris ou non (à partir de 1 035 Rs/26,40 € pour la randonnée sans déj. ; enf. 4-17 ans 805 Rs/20,50 €). Réservation conseillée.*

Le groupe sucrier Saint-Félix s'est lui aussi lancé dans l'écotourisme. L'atout majeur de ce domaine ? Il s'agit d'un parcours aérien, émietté entre six tyroliennes, la plus longue faisant 300 m. Survol de la cime des arbres, des champs de canne, de la **rivière des Galets**. Sensations fortes assurées et baignade dans une cascade en prime.

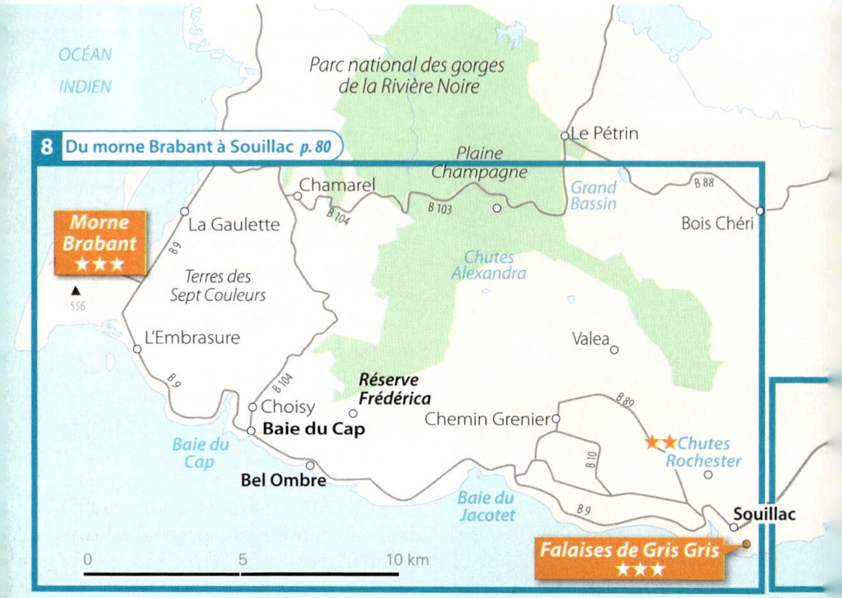

La côte sud

Falaises offertes aux embruns ou criques protégées, les plus beaux paysages de l'île Maurice se trouvent dans le sud. Un Sud qui peine à se préserver. Du morne Brabant à Souillac, le petit ruban d'asphalte se fraye un chemin entre mer et montagne, et se faufile entre plages et champs de canne à sucre. Ici, d'ailleurs, se sont écrites les plus belles pages de la saga du sucre, à Bel Ombre notamment, mais aussi à Souillac. Changement de décor justement après cette petite ville pittoresque. De nombreuses rivières qui se jettent dans la mer, telles que le Bain des Négresses ou la Rivière des Anguilles, ont créé des brèches dans le récif, les coraux n'appréciant pas l'eau douce. Sur plus de 20 km, le spectacle est grandiose. Les vagues cinglent les falaises noires tandis que, sur le plateau, la canne à sucre s'étale, à nouveau à son aise. La visite finit en apothéose, aux portes de Mahébourg, avec le parc marin de Blue Bay. À vos masque et tuba !

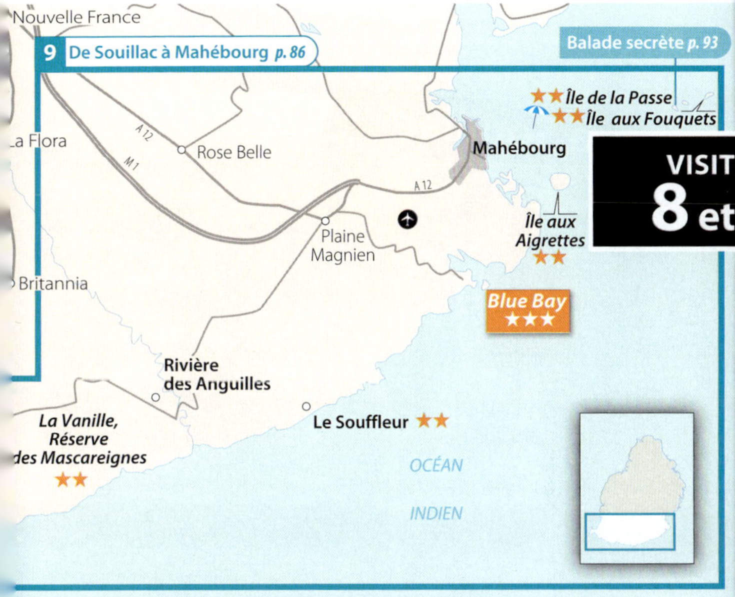

VISITES 8 et 9

La côte sud

PRATIQUE

Cartes et plans : carte de la région ci-dessus · Du morne Brabant à Souillac p. 81 · De Souillac à Mahébourg p. 87.
Manger, dormir, s'amuser… : p. 151.
La meilleure saison : l'été austral pour tout ce qui est balnéaire ; mais la côte sud est plus arrosée que la côte ouest.
Se déplacer :

- **Comment ?** Bus, voiture de location ou taxi. Trois lignes de bus suivent la côte sud : la 8 Souillac - Baie du Cap, la 133 Curepipe - Souillac-Baie du Cap-Choisy et la 10 Mahébourg - Souillac - Rivière des Galets. Le bus est encore jouable entre Port Louis et morne Brabant (changement possible à Tamarin) ou Souillac (changement à Curepipe). Attention ! Les distances sont trompeuses : il faut compter en moyenne entre 1 h et 1 h 30 pour traverser l'île du nord au sud, même avec l'autoroute M1.
- De Chamouny (Escapades dans les Hauts/visite 7) au morne Brabant (Du morne Brabant à Souillac/visite 8) : 28 km.
- De Chamouny (Escapades dans les Hauts/visite 7) à Souillac (De Souillac à Mahébourg/visite 9) : 9 km par l'intérieur.
- De Port Louis (visite 1) au morne Brabant (Du morne Brabant à Souillac/visite 8) : 55 km.
- De Port Louis (visite 1) à Souillac (De Souillac à Mahébourg/visite 9) : 53 km (en partie par l'autoroute).

8 Du morne Brabant à Souillac

Les chutes Rochester

Dans cet itinéraire rouge latérite, vert canne à sucre et bleu lagon, le Sud, longtemps présenté comme « sauvage », s'est laissé apprivoiser, sinon domestiquer. Malmenés par l'ouverture des marchés, les groupes sucriers comme Bel Ombre ou Saint-Félix ont misé ici à la fois sur l'hôtellerie de luxe pieds dans l'eau et sur l'écotourisme. Alors, la petite route pittoresque qui longeait autrefois la plage est bordée d'un chapelet d'hôtels. Le Sud conserve, néanmoins, un charme prenant. La nostalgie est toujours ce qu'elle était à Souillac, qui fut longtemps le port du sucre avant que le train ne concurrence les bateaux. Souillac, c'est aussi Gris Gris et ses falaises que balayent les vents et les embruns. Dantesque, parfois.

- **Point de départ :** le morne Brabant.
- **Se déplacer :** en voiture, en bus ou en taxi.
- **Carte :** ci-contre.
- **Carnet d'adresses :** p. 151.
- **À ne pas manquer :** les paysages de Gris Gris.

➤ La côte jusqu'à Souillac*

Carte ci-dessous.

Quand on vient du morne Brabant, la route, à fleur d'eau, longe la **plage de la Prairie**, puis atteint la baie du Cap, entaille découpée sur un relief austère et gardée par l'éperon de basalte du **rocher de Macondé**. Des escaliers permettent de grimper à son sommet.

Baie du Cap*

Carte ci-dessous - À 10 km de l'entrée de la péninsule du Morne par la B9. Bus n° 120 Le Morne - Baie du Cap.

Le village de Baie du Cap s'étire dans une ligne droite au bord de la mer : il a conservé ses cases en tôle, ses pêcheurs qui vendent leurs prises du jour, les poules qui picorent sur la plage près d'une chèvre attachée.

Bel Ombre*

Carte ci-dessous - À 15 km du morne Brabant (B9). Bus n° 8 et 133 Baie du Cap - Bel Ombre.

Avant l'arrivée à Bel Ombre, en bord de mer, se dresse le **mémorial du** ***Trevessa,*** un bateau qui fit naufrage en juin 1923 dans les eaux australiennes, à 1 600 km de Maurice. Après vingt-cinq jours de voyage dans un canot, seize membres de l'équipage réussirent à regagner la terre ferme à cet endroit. Ils furent accueillis au **domaine de Bel Ombre**, dont Charles Telfair avait repris la concession en 1816, la trouvant dans un piteux état ➤ *encadré p. 84.*

ARRÊT À L'USINE

L'ancienne sucrerie de Bel Ombre s'est transformée en minicentre commercial, la **Place du Moulin**. Jean-François Adam, l'architecte chargé du projet, a conservé les arches en pierre, les turbines de l'ancienne usine. Insolite ! Vous trouverez sur place une épicerie-alimentation, le **Marché du Moulin** (on y vend même de la glace pour les pique-niques), qui fait office aussi de café.

➤ **Marché du Moulin,** *Bel Ombre, sur la B9 à dr. ☎ 622.14.46. Ouv. lun.-ven., 7 h 30-17 h, w.-e. et j.f. 8 h 30-13 h.*

Du morne Brabant à Souillac

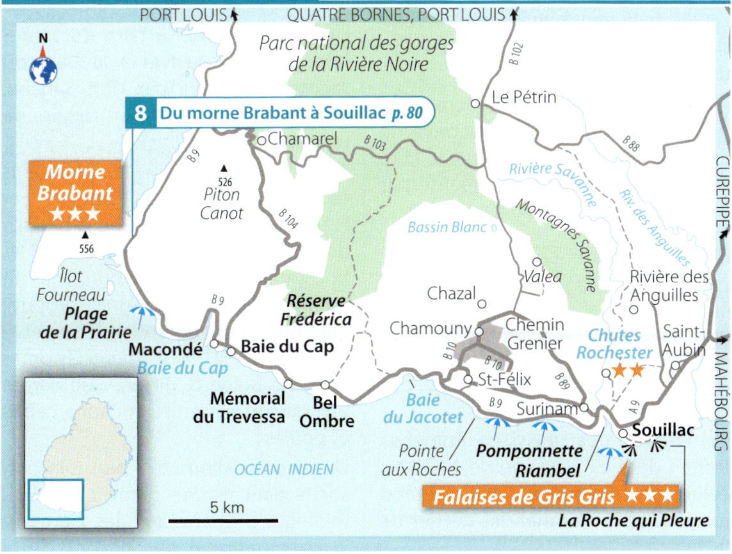

UN BAR À RHUM

Difficile de faire mieux : le **Rum Shed** offre 180 marques de rhum, de 36 pays. Installé à l'intérieur de l'**hôtel Shanti**, il est néanmoins accessible aux non-résidents. À vous de composer votre boisson favorite : choisissez votre rhum, votre parfum, citronnelle, cardamome, etc., votre « style »... Face à la mer, pieds dans le sable. À partir de 200 Rs/5 €.
➤ **Rum Shed**, *Shanti, Rivière des Galets, Chemin Grenier (sur B9, après l'intersection pour Chamouny)* ☎ *603.72.00. Ouv. 19 h-23 h.*

La culture de la **canne à sucre** y avait été lancée à la fin du XVIIIe s. et une première sucrerie construite en 1802. Le domaine s'est beaucoup agrandi au fil du temps, couvrant jusqu'à 4 000 ha (2 500 ha aujourd'hui). Mais désormais, la canne n'est plus sa seule raison de vivre. La compagnie a pris aussi le virage du tourisme. Quatre hôtels de luxe se partagent la plage, que la route esquive.

Sur le terrain, l'histoire de cette plantation reste encore visible. L'ancienne sucrerie, qui a fermé ses portes en 1999, sacrifiée comme d'autres sur l'autel de la rentabilité, a entamé une deuxième vie comme **galerie commerciale** ➤ *encadré p. 81*.

Restaurée, l'ancienne demeure coloniale du domaine s'est reconvertie en restaurant *(Carnet pratique p. 151)*. Un golf de dix-huit trous, réalisé par Peter Matkovich, s'étale à ses pieds.

La réserve Frédérica*

Carte p. 81 *- ☎ 623.56.15 et 729.44.98, www. domainedebelombre.mu. Activités quad (3 500 Rs/90 €), trekking (800 Rs/20,50 €), 4 x 4 (1 950 Rs/50 €). Réservation indispensable.*

Bel Ombre, c'est aussi un immense terrain de jeux vallonné de 1 300 ha, celui de Frédérica, qui s'étend jusqu'au parc national des gorges de la Rivière Noire *(p. 74)*.

Avec l'aide de la Mauritian Wildlife Foundation, la nature a conservé ou repris ses droits, à l'ombre d'une ancienne cheminée sucrière, baptisée Frédérica, dont la construction remonterait à 1855. À l'époque, le « roi sucre » règne sans partage sur l'île, qui compte quelque 259 sucreries et produit déjà dans les 121 000 t de sucre (1860).

On peut explorer la réserve à pied, en quad, ou en 4 x 4.

Essayez de deviner l'âge de l'ébénier, au cœur noir comme jais, qui se dresse devant vous. Indice, il pousse de 2 à 3 cm par an ! Autrefois, on mélangeait le charbon de cet arbre au soufre pour en faire de la poudre à canon. Scrutez désespérément le moindre albizia : il passe pour un nid à « catover », comprenez « petite cateau verte », à mi-chemin entre le perroquet et la perruche. Au final, étape de rigueur à la petite cascade de l'Exemple, où l'eau rebondit sur les rochers noirs. On peut même se baigner.

La baie du Jacotet et environs*

Carte p. 81 *- À 20 km du morne Brabant (B9). Bus n° 8 et 133 Baie du Cap - Souillac.*

La route continue à faire du saute-hôtels avant d'arriver à la **baie du Jacotet,** protégée par l'îlot Sancho, qui passe pour un ancien repaire de pirates.

Au XIXe s., elle a connu les premières escarmouches entre Anglais et Français, annonciatrices de la bataille du Grand Port *(p. 171)*. En mai 1810, le capitaine anglais Willoughby y fit même prisonnier un gros propriétaire terrien qui défendait le secteur : et il ne consentit à libérer Thomas Estienne Bolgerd, dit-on, que contre une rançon en nature, cochons, cabris et poules !

Un ou deux kilomètres plus loin part sur la gauche une petite route, qui rejoint, via Chamouny, les Hauts et le **parc national des gorges de la**

Un pigeon rose dans la réserve Frédérica

Rivière Noire *(p. 74)*, à travers les champs de canne à sucre du domaine de Saint-Félix.
Si l'on reste sur la côte, le parcours effleure la mer et les jolies **plages** publiques de **Pomponnette** et **Riambel,** que ronge aujourd'hui l'érosion des côtes. Solution adoptée en 2015 : des « tétrapodes » en béton, pour casser les vagues et retenir le sable.

➤ Autour de Souillac★★

Au pied d'une falaise, à l'embouchure de la **rivière Savanne,** ce nonchalant chef-lieu de district doit son nom au vicomte de Souillac, gouverneur de Maurice (1779-1787). C'est d'ici que partaient jadis pour Port Louis les cargaisons de sucre, de bois, d'arak (alcool) ou d'indigo chargées sur les chasse-marée (bateaux côtiers).
Au large de l'embouchure de la Savanne, une brèche dans la barrière corallienne permettait le passage de ces côtiers. L'ancien mouillage est au lieu-dit Le Batelage. Une partie des bâtiments, où l'on stockait le sucre, abrite un restaurant *(Carnet d'adresses p. 152)*.

Les chutes Rochester★★

Rochester Falls

***Carte p. 81** - À 30 km S-E du morne Brabant. À l'arrivée dans Souillac, après le restaurant Le Batelage, route sur la g. Fléchage. Ouv. t.l.j. 6 h-18 h (mais aucun portail ne ferme la piste).*

À l'intérieur des terres, on accède aux **chutes Rochester** par un chemin

Retour de pêche sur la plage de Riambel

cahoteux, qui zigzague et descend parmi les cannes du domaine Terracine *(compter 2 km de piste depuis la B9)*. Assez spectaculaire bien que modeste, cette cascade sur la rivière Savanne, d'une hauteur de 10 m, est originale : elle coule sur une paroi sculptée par l'érosion en de longs tuyaux de basalte verticaux. Le dimanche, c'est noir de monde. Les candidats se bousculent au sommet pour effectuer le « grand saut » devant la famille et les copains. Tout le monde doit y aller de son écot *(droit de parking)* au moment de reprendre sa voiture.

Le centre de Souillac

Carte p. 81 *- À 29 km S-E du morne Brabant. Attention, sens interdit : partir à g. sur l'A9, tourner à dr. et encore à dr. Bus nos 8 et 133 Baie du Cap - Souillac.*

Ses rives bordées de manguiers et d'arbres à pain et ses bâtiments coloniaux surannés lui donnent un charme particulier : le **District Court** est installé dans une maison coloniale à varangue, et la gare victorienne de 1865 en briques rouges abrite la poste.
Classé monument national, le **poste de police** a servi d'hébergement aux esclaves qui travaillaient dans les plantations de canne à sucre, avant d'accueillir les voyageurs comme lieu de repos après le voyage en train.
L'**église Saint-Jacques**, construite en 1856, donne dans le néogothique.

CHARLES TELFAIR

« Au petit paradis de Bel Ombre », comme il l'appelait, ce naturaliste (1778-1833) d'origine irlandaise a voulu offrir des fleurs inconnues, comme le dahlia ou le lotus à fleurs roses, des nouvelles espèces de cannes à sucre… Maurice lui devrait même la banane, importée de Chine en 1826. Humaniste et amoureux du progrès, il introduisit sur son domaine la charrue tirée par des bœufs (la *pioche-béf* selon ses gens !) et le premier moulin horizontal pour broyer la canne.

Au centre du bourg, face à la mer, le **jardin Telfair**, baptisé du nom de l'ancien propriétaire de la sucrerie de Bel Ombre ➤ *encadré ci-contre,* offre une belle vue. À l'ombre de ses banians et amandiers, c'est le seul jardin à Maurice qui donne sur la mer. Des bancs et un kiosque en font une aire de pique-nique naturelle très prisée.

Le musée Hart*

Carte p. 81 *- À env. 500 m E du centre de Souillac en allant sur Gris Gris (sens interdit, refaire le tour) ☎ 625.61.01. Ouv. lun.-ven. 9 h-16 h, sam. 9 h-12 h. F. mar., dim. et j.f. Entrée libre.*

Ce musée, consacré au poète franco-mauricien **Robert-Edward Hart** (1891-1954), s'est installé dans sa maison faite de chaux, de sable et de corail, où il a passé les dernières

Les falaises de Gris Gris

années de sa vie. Cette **Nef**, nom de la résidence, fut achetée par l'État en 1963, rasée en 2001, puis reconstruite à l'identique. Robert-Edward Hart avait voulu rester le poète de Maurice, refusant de céder aux sirènes parisiennes. Il était pourtant par sa mère, Valentine de Bissy, descendant d'un poète de la Pléiade. Un poste de bibliothécaire à l'Institut de Maurice lui avait permis de se consacrer à son œuvre, assez foisonnante (42 ouvrages), traversée par des images chatoyantes. Elle relaie le mythe de la Lémurie, continent englouti dans l'océan Indien dont Maurice serait un vestige. De 1943 à sa mort, il vécut à Souillac (où il est enterré), qui fut un temps le lieu de prédilection des intellectuels du pays.

Falaises de Gris Gris***

***Carte p. 81** - À 1 km env. après le musée Hart sur la petite route qui surplombe les falaises. Parkings sur l'esplanade et, pour la Roche qui pleure, vers Notre-Dame de l'Unité.*

La route qui longe le littoral mène aux **falaises** noir basalte de Gris Gris, un promontoire dominant les flots d'une centaine de mètres dans un cadre très breton. Un escalier rejoint le bord de mer en contrebas *(baignade dangereuse mais promenade agréable)*. Près de l'esplanade, une petite route part sur la g. vers la **Roche qui pleure**, assaillie par les vagues, dont l'écume retombe en… larmes. Certains croient reconnaître dans un rocher voisin le profil de l'écrivain Robert-Edward Hart : les sourcils proéminents, le nez, pas de doute, tout y est !

9 De Souillac à Mahébourg

Gecko sur l'île aux Aigrettes

Cet itinéraire se déroule en majeure partie dans les terres, au milieu des ondulations des champs de canne à sucre. La route est étroite et l'on patiente souvent derrière un camion poussif. Les cheminées se sont éteintes les unes après les autres pour laisser place à la grosse société Omnicane, que vous croiserez sur votre chemin. Au bout vous attend le parc marin de Blue Bay, qui a tout d'un petit paradis. On le dit menacé : sont incriminés le réchauffement des eaux et l'activité humaine… Si bien qu'un élevage de coraux a été lancé dans la baie. De quoi vous inciter à la plus grande attention lors des plongées ou autres balades aquatiques.

- **Point de départ :** Souillac.
- **Se déplacer :** en voiture, en bus, en taxi ou en bateau. Conseil : louez un vélo ou un scooter *(p. 154)* à Mahébourg pour flâner du côté de Blue Bay.
- **Carte :** ci-contre.
- **Carnet d'adresses :** p. 152.
- **À ne pas manquer :** le parc marin de Blue Bay.

➤ Autour de Rivière des Anguilles

Carte ci-dessous - À 7 km N-E env. de Souillac par l'A9. Bus nº 133 Souillac - Rivière des Anguilles et nº 10 Rivière des Galets - Mahébourg.

La route quitte la côte pour pénétrer dans le grand bassin cannier du sud-est de l'île. Laissez à g. le terminus de la **route du thé** *(p. 111)* : le **domaine de Saint-Aubin**. L'itinéraire traverse des bourgades, comme **Rivière des Anguilles**, qui ne sont pas sans charme avec leurs échoppes rafistolées et autres « tabagies » (bureaux de tabac).

La Vanille, Réserve des Mascareignes**

Carte ci-dessous - Rivière des Anguilles. À 9 km N-E env. de Souillac. Fléchage dans Rivière des Anguilles (à dr.)
☎ 626.25.03, www.lavanille-reserve.com. Ouv. t.l.j. 8 h 15-17 h. Entrée payante : 395 Rs/10 €; enf. 3-12 ans 225 Rs/5,75 €; réductions le w.-e. 225-100 Rs/5,75-2,60 €. Vis. guidée toutes les 1/2 h. Restaurant.

Dans cette réserve luxuriante de 5 ha, entre bananiers, palmiers et bambous, les tortues géantes d'Aldabra (Seychelles) et les crocodiles du Nil ➤ *encadré ci-dessus* (mais originaires de Madagascar) raflent l'attention. Les premières, petites tortues *radiata* incluses, sont dans les 700; les seconds environ 2 000, entre pouponnière et marigot.

La mascotte des enfants? Domino, une tortue mâle, le plus gros (275 kg) et le doyen, centenaire, des résidents

CROCODILES

Dans la **réserve des Mascareignes,** les crocodiles font le spectacle : il y a foule les mercredis et samedis à 11 h 30 pour assister à leur repas – du poulet –, claquements de mâchoires en prime. Mais ces carnivores peuvent finir dans votre assiette : le restaurant de la réserve, le **Crocodile Affamé**, sert du saurien en beignets, en cari, en brochettes, en vindaye, en steak. Les *fashion victims* se réserveront pour la **boutique** *Tax refund (à partir de 2 300 Rs d'achats soit plus de 58 €, voir encadré p. 208)* proposant sacs, ceintures et autres cadeaux en croco.

De Souillac à Mahébourg

de la réserve (une tortue peut vivre deux cents ans). Les bébés croco, que les plus hardis se hasardent à caresser (ils sont muselés), ont aussi la cote. Tout comme, dans un registre différent, les animaux de la ferme, créée depuis peu (2015).

Avis aux amateurs de fossiles : la réserve a ouvert aussi un **petit musée** qui comporte une collection d'ammonites de Madagascar de toute beauté.

➤ Vers Blue Bay★★★

Carte p. 87 - À 32 km N-E de Souillac par les B8, A10 et B67. Bus n° 10 Rivière des Galets - Mahébourg et n° 46 Mahébourg - Blue Bay.

La route filoche entre les champs de canne et glisse même sous un « pont multipliant » (banian).

Le Souffleur★★

Carte p. 87 - À 22 km N-E de Souillac. Sur la B8, à L'Escalier (17 km de Souillac), prendre la route à dr. à la sortie du hameau, avant le poste de police.

Au départ de la route du Souffleur, vous traversez le complexe d'**Omnicane** *(prudence hors dim. et j.f.)*. C'est tout à la fois une raffinerie de sucre (200 000 t par an), une centrale thermique et une distillerie de bioéthanol. Voici le nouveau visage de l'industrie cannière à Maurice, concentrée, intégrée, où rien ne se perd.

On retrouve vite les champs de canne ; le macadam fait place à une piste pleine d'ornières. Au bout, le paysage est grandiose et le grondement des vagues assourdissant. Le phénomène de geyser dans une cheminée naturelle, d'où le nom de Souffleur, ne se produit que par mer haute et agitée.

Blue Bay★★★

Carte p. 87 - À 32 km N-E de Souillac. Revenir sur la B8 ; arrivé sur l'A10, à Plaine Magnien, au rond-point prendre la 2e sortie, dir. Mahébourg ; passer l'aéroport et tourner à dr. sur la B67 à hauteur de Beau Vallon ☎ 631.231.16.

RANDO IODÉE

Du Souffleur, un sentier le long des falaises vous porte jusqu'au **Pont naturel,** une arche de basalte. On peut le franchir, le dépasser et pousser jusqu'à la **plage du Bouchon** *(2 h env. A/R, 7 km).*

Ouv. t.l.j. 9 h-16 h. Accès libre.

Le ruban d'asphalte vous mène au **parc marin de Blue Bay**, le plus beau lagon de l'île et l'un des plus vastes (353 ha). Un tableau où les couleurs varient du bleu intense au vert presque blanc sur des hauts-fonds sablonneux. Outre une visite au Visitor's Centre, le mieux est d'aller sur le terrain lors d'une promenade à bord d'un bateau à fond de verre *(p. 153)* ou d'une plongée en apnée (autorisée).

Blue Bay Marine Park est un jardin corallien, qui compterait encore 38 espèces de **coraux,** dont le corail « cerveau » ou « cerveau de Neptune », qui peut atteindre 5 m de diamètre, ce qui lui donne 1 000 ans d'âge ! On y suit, fasciné, le ballet aquatique des **poissons** (72 variétés) aux noms mystérieux tels chirurgien, cocher, demoiselle, sergent-major…

➤ Les îles★★

Carte p. 87 - Au large entre Blue Bay et Mahébourg. L'embarquement se fait depuis Blue Bay (à 32 km N-E de Souillac, B8, A10, B67) ou Pointe Jérôme (à 35 km N-E de Souillac, B8, A10, B67, B87).

Au large, tout un chapelet d'îles reposent « tels des vaisseaux à l'ancre », selon le poète Robert-Edward Hart, la plus proche et la plus accessible étant l'île aux Aigrettes.

L'île aux Aigrettes★★

Carte p. 87 - À 800 m de la côte. ***Mauritian Wildlife Foundation*** *☎ 631.23.96, www.ile-aux-aigrettes.com. Excursions à partir de Pointe Jérôme, au N de Blue Bay, près de l'hôtel Le Preskîl, sur la B87. Lun.-sam. 6 départs/j. 9 h 30 pour le premier, 14 h 30 pour le dernier ;*

Blue Bay

dim. 3 départs matin uniquement. Accès payant, bateau et vis. guidée inclus : 800 Rs/20,50 €; enf. 3-6 ans 400 Rs/10,25 €.

Récif corallien (26 ha), l'**île aux Aigrettes** fut classée en réserve naturelle pour préserver les derniers vestiges d'un type de forêt littorale unique au monde. Les visites y sont encadrées et un sentier qui fait le tour de l'île *(1,5 km)* a été aménagé.

Avec 12 000 visiteurs à l'année, c'est la vitrine de la MWF (Mauritian Wildlife Foundation). Depuis 1985, elle a entrepris de reconstituer l'écosystème de l'île qui y prévalait il y a 400 ans, avant toute présence humaine. Elle procède à l'élimination de la flore étrangère au milieu d'origine comme à la réintroduction d'oiseaux, de reptiles et de plantes en voie de disparition, une pépinière sur place fournissant 5 000 plants annuellement. Outre le pigeon des mares (90 individus sur l'île en 2009), d'une délicate beauté, corps beige rosé et ailes marron, on peut observer l'étonnant oiseau à lunettes, réintroduit en 2006 et qui est venu tenir compagnie au rutilant cardinal de Maurice, « réimporté » trois ans plus tôt.

Les autres îlots★★

Carte p. 87 - Excursions depuis Blue Bay.

L'**île de la Passe,** qui a joué un rôle crucial dans la bataille franco-anglaise du Grand Port en 1810, tout comme l'**île aux Fouquets,** dite aussi l'**île au Phare,** peuvent se visiter dans la même journée

> Lire aussi la balade secrète : Robinsonnade au large de Mahébourg (p. 92-93).

Le centre-ville de Mahébourg

➤ Mahébourg*

Carte p. 87 - À 39 km N-E par B8, A10, B67, B87 ou 33 km N-E par l'intérieur (B8, A10). Bus n° 10 Rivière des Anguilles - Mahébourg et n° 46 Blue Bay - Mahébourg.

La ville la plus proche de l'aéroport se niche au fond de la **baie de Vieux Grand Port,** où les premiers colons hollandais s'installèrent à partir de 1638.

Construite en damier par les Français en février 1806 sur le modèle de Port Louis, la ville, qui doit son nom à Mahé de La Bourdonnais, a connu des heures fastes. Ce n'est plus, pour l'instant, qu'un petit chef-lieu tranquille d'environ 17 500 habitants (estimation 2014), qui a su garder un caractère authentique. La population de Mahébourg est en majorité d'origine indienne, d'où ce côté chatoyant des échoppes et des marchés.

PLONGÉE CULTE

À l'entrée de la **passe de Mahébourg** gît par plus de 20 m de fond l'épave du ***Sirius***. Ce bateau anglais, déchiqueté par une explosion lors de la bataille du Grand Port en 1810 *(ci-contre)*, est envahi par des coraux blancs (d'où son nom : *White-Haired Wreck*, l'« épave aux cheveux blancs »).

National History Museum*

Carte p. 87 - À l'entrée de la ville, à g. en venant de Plaine Magnien ☎ 631.93.29. Ouv. en sem. 9 h-16 h, dim. et j.f. 9 h-12 h. F. mar. Entrée libre. Espace artisanal (6 boutiques) dans le parc.

C'est le **château Robillard,** une superbe bâtisse coloniale française de 1771, qui abrite ce musée. Même s'il a pris un coup de vieux, on s'y promène avec plaisir.

Bien sûr, la bataille de Vieux Grand Port y est évoquée en long et en large. Dans « une nuit trouée d'éclairs et d'explosions », les Français y battirent les Anglais, une fois n'est pas coutume, le 25 août 1810. Le *Sirius* ➤ *encadré ci-contre* et la *Magicienne*, tous deux bâtiments anglais, sombrèrent lors du combat. Le *Saint-Géran*, qui a coulé au large de l'île d'Ambre en 1744, a aussi la vedette. Le musée héberge quelques trésors de l'épave : le dé en or d'une passagère qu'on imagine être Virginie, la cloche du bateau…

Le centre-ville

L'activité se concentre le long de **Royal Road,** qui s'étire jusqu'au pont Cavendish. Enjambant la Chaux, ce pont reliait Mahébourg à la Ville Noire, la ville des esclaves. Le long de la rue principale, des maisons créoles en bois ont conservé au rez-de-chaussée boutiques et échoppes de barbiers, tailleurs ou bijoutiers. Le seul monument qui mérite une visite est **Notre-Dame-des-Anges** *(☎ 631.95.20, www.dioceseportlouis.org, messes quotidiennes et le dim. à 6 h 30 et 9 h 30)*, l'entrée se faisant par la rue du Souffleur. Il date de 1722. Pour un modeste don, le sacristain ou son aide, s'ils sont présents, peuvent vous autoriser à grimper au **sommet de la tour** de cet édifice en pierres grises, que tout le monde considère comme la « cathédrale de Mahébourg ». De là, on domine toute la ville et le lagon.

La foire

Carte p. 87 - Au stade Harry Latour, Boulangere St. (près des pompiers) à l'arrière de la pointe des Régates.

Chaque lundi, c'est l'ambiance des grands jours à Mahébourg. La foire attire 15 000 à 20 000 personnes, mais cela concerne surtout saris, vêtements et autres tee-shirts (attention aux contrefaçons). Le marché (le bazar), lui, est quotidien *(en face de la gare routière)*. On s'y enivre de parfums.

Le front de mer

On peut s'y balader à vélo en toute tranquillité *(Carnet d'adresses p. 154)*. La **pointe des Régates**, avec ses restaurants, offre une belle **vue** sur la montagne du Lion *(p. 98)*, qui « trempe ses orteils dans la baie » (M. de Chazal). Un **monument-obélisque** y rappelle le souvenir des marins, anglais et français, morts lors de la bataille du Grand Port en 1810.

La biscuiterie Henri Rault*

Carte p. 87 - Les Délices. Traverser le pont sur la Chaux, partir à g. dans la grande montée dir. Riche en Eau, tourner 3e rue à dr., ensuite fléchage usine à g., passer la rivière et emprunter le chemin de terre menant à la biscuiterie ☎ 631.95.59, http://biscuitmanioc.com. Ouv. lun.-ven. 9 h-15 h. Entrée payante (150 Rs/3,80 €). Vis. guidées, dégustation.

Cette petite entreprise, restée familiale, fabrique depuis 1870 d'excellents gâteaux de manioc. Ils sont aujourd'hui parfumés au coco, à la cannelle, à la vanille, au chocolat, etc. Dans une fournaise (le feu sous la table de cuisson est alimenté par des feuilles de canne à sucre), toutes les opérations sont manuelles, mis à part le broyage des tubercules de manioc.

Maison créole dans le centre-ville de Mahébourg

L'île au Phare, dite aussi l'île aux Fouquets

Balade secrète

Robinsonnade au large de Mahébourg

La baie de Mahébourg est piquetée d'îles qui ont eu leur heure de gloire historique. On peut débarquer sur des petites plages secrètes, désertes. Et, toute une journée durant, se prendre pour Robinson.

9 h : briefing à Blue Bay

Notre **bateau** s'appelle *Totof*. C'est aussi le surnom d'un poisson-hérisson, qu'il ne faut pas chatouiller. Notre capitaine, Jocelin, serait-il irascible ? Même pas. C'est Virjinie, sa fille, qui, petite, avait baptisé ainsi le premier bateau de papa. Le nom est resté. Jocelin a même hérité de ce sobriquet affectueux !

11 h : carte postale

Blue Bay, Pointe d'Esny, l'**île aux Aigrettes**... Sous vos yeux, des **paysages de carte postale** défilent en fondu enchaîné. À hauteur de la **pointe d'Esny**, la carcasse du *Dalblair* se dresse encore au milieu des récifs où ce trois-mâts anglais s'est fracassé en 1902. Quatre morts « seulement ». La mer est traîtresse.

11 h 30 : bataille navale

Accostage sur l'**île de la Passe**. Mais l'arrêt sera bref, une vingtaine de minutes, les courants étant assez forts. Abandonnée à son sort, l'île est encore hérissée de fortifications. En août 1810, Anglais et Français se disputèrent ce confetti, qui verrouillait l'accès à Grand Port (aujourd'hui Vieux Grand Port). La bataille dura de 5 h du matin jusqu'à la nuit, et les Français sortirent vainqueurs. La seule victoire navale des guerres napoléoniennes. Depuis, elle figure même sur l'Arc de Triomphe à Paris.

12 h 30 : langouste et punch maison

On cingle vers l'**île au Phare** dite aussi l'**île aux Fouquets**. Il y a une petite plage déserte, où Jocelin nous laisse faire trempette tandis qu'il installe les parasols et prépare le barbecue. Au menu, langoustes, « licornes » – des petits poissons savoureux qu'on trouve rarement à la carte des restaurants. La sauce ? Secret maison ! Elle est signée de l'épouse de Jocelin, Maryline.

15 h : une prison

Sûr que François Leguat aurait apprécié ce déjeuner royal. Chassé de France par la révocation de l'édit de Nantes (1685), il pensait retrouver la civilisation sur Maurice après deux ans de solitude à Rodrigues *(p. 121)*. Son arrivée ne fut pas du goût des Hollandais, qui le consignèrent, lui et ses compagnons survivants, sur cette île. Trois ans de captivité, en se nourrissant de quelque 10 000 œufs d'oiseaux marins. Datant de 1864, le phare, lui, est bien postérieur à cette mésaventure. Et en piteux état.

16 h : dernière plongée en apnée

Il est temps de rentrer. Sur le chemin, dernière **plongée en apnée** pour admirer des anémones rouges – urticantes, attention ! Jocelin prend sa guitare, pousse la chansonnette en créole. Robinson ne pouvait pas être plus heureux.

PRATIQUE

Départ : *de Blue Bay avec le bateau* Totof *(Carnet d'adresses p. 153).*
Le départ peut être ajourné en fonction des conditions météo.
Durée : *cette excursion dite « des trois îles » s'organise à la journée.*
Budget : *1 500 Rs/38,50 €, pique-nique inclus ; 1 800 Rs/46 € avec langouste. Gratuit pour les enf. - 5 ans.*
Infos : *Totof Maurice*
☎ 54.94.26.68 (GSM), http://totofmaurice.com.

La côte est

Offerte aux alizés mais abritée de la houle par une barrière de corail presque ininterrompue, la côte au vent possède de beaux atouts. Au départ, entre Ferney et Grande Rivière Sud-Est, une agréable petite route en suit le profil échancré. Dans les villages, la vie ressemble encore à un long fleuve tranquille. Mais cet itinéraire est aussi celui de la mémoire : ici débarquèrent les premiers Hollandais, s'installèrent les Français. À partir de Trou d'Eau Douce, vous basculez dans un autre univers. On retrouve de longues plages de sable blanc et un lagon éblouissant, avec leur cohorte de palaces. Les amateurs de golf, de Spa, de grande cuisine et de plongée sont ici comblés. Et il suffit de faire quelques tours de roue de côté pour découvrir ici un temple posé sur l'eau, là un marché coloré…

PRATIQUE

Cartes et plans : carte de la région ci-contre · De Mahébourg à Grande Rivière Sud-Est p. 97 · Trou d'Eau Douce et les plages de l'est p. 101.
Manger, dormir, s'amuser… : p. 155.
La meilleure saison : l'été austral, mais aussi mai-juin, où l'affluence est moindre et la température de l'eau encore tropicale. Juillet et août sont des mois très ventés sur la côte est, la côte au vent si bien nommée.
Se déplacer :

- **Comment :** sur la côte sud, entre Mahébourg et Grande Rivière Sud-Est, le bus longe fidèlement la côte. En revanche, sur la côte est, il faut prévoir un transfert systématique via une ville ou un village de l'intérieur ; on privilégiera voiture de location ou taxi à la journée. Dans cette partie orientale, on peut aussi se déplacer à vélo (Belle Mare, Roches Noires) ; c'est plat et la circulation n'est pas démente.
- De Mahébourg (De Souillac à Mahébourg/visite 9) à Trou d'Eau Douce (Trou d'Eau Douce et les plages de l'est/visite 11) : 36 km.
- De Sébastopol (De Mahébourg à Grande Rivière Sud-Est/visite 10) à Trou d'Eau Douce (visite 11) : 13 km.
- De Poudre d'Or (L'extrême nord/visite 5) à Trou d'Eau Douce (visite 11) : 38 km.
- Du morne Brabant (Le littoral/visite 6) à Trou d'Eau Douce (visite 11) : 66 km.

VISITES 10 et 11

La côte est

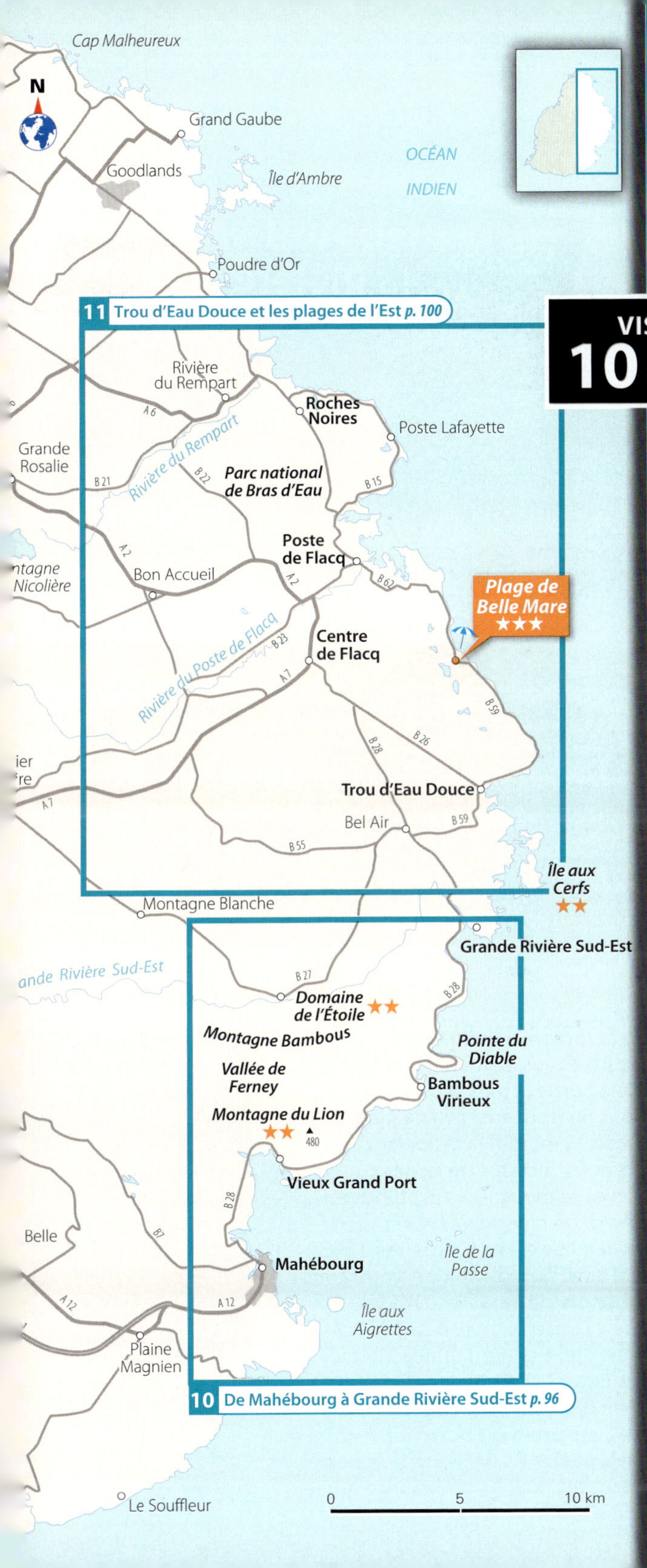

10 De Mahébourg à Grande Rivière Sud-Est

La montagne du Lion

Adossée à la sombre et luxuriante montagne Bambous, cette portion du littoral est la partie la plus sauvage de l'île. Ici, vous ne trouverez pas de plages de sable mais un bord de mer parsemé de rochers et entrecoupé de larges cours d'eau dont les embouchures profondes sont tapissées de mangroves. C'est ici que les Hollandais débarquèrent en 1598, vice-amiral Van Warwick en tête, contraints par une tempête de mouiller dans les eaux d'une île déserte. Ils la baptisèrent Mauritius en l'honneur du prince Maurice de Nassau. Entre Mahébourg et Ferney, un mémorial se dresse au bord de la mer en hommage à ces premiers *Dutch landers*. Ils furent suivis par les Français, un bon siècle plus tard : toute l'histoire de Maurice défile.

- **Point de départ :** Mahébourg.
- **Se déplacer :** en voiture louée, en bus, en taxi ou en bateau.
- **Carte :** ci-contre.
- **Carnet d'adresses :** p. 155.
- **À ne pas manquer :** le panorama depuis les pentes de la montagne du Lion.

➤ La vallée de Ferney★

Carte ci-dessous - À 6 km au N de Mahébourg par la B28. Entrée par Ferney Estate (sucrerie) sur la g. Ferney ☎ 57.29.10.80 et 54.48.44.44 (GSM), www.valleedeferney.com. Ouv. t.l.j. 9 h-17 h. Balades en solo avec carte d'orientation. Ou balades accompagnées sur rés. t.l.j. à 10 h et 14 h, le tout avec ou sans déj. Accès payant : 520-750 Rs/ 13,40-19,30 € ; enf. -12 ans : 260-375 Rs/ 6,70-9,10 €. Restaurant. Boutique où vous trouverez la lotion anti-moustiques indispensable.

Après une naissance mouvementée ➤ *encadré ci-contre*, ce parc (200 ha) associe aujourd'hui sereinement l'État, le propriétaire (le groupe Ciel) et la Mauritian Wildlife Foundation, engagée ici comme ailleurs dans une lutte sans fin pour restaurer l'écosystème originel. Un centre d'interprétation, aménagé dans l'un des anciens bâtiments de la sucrerie, vous en

L'AUTOROUTE DE LA DISCORDE

Ferney et sa vallée ont fait l'objet d'une véritable bataille, qui a opposé partisans de l'autoroute du Sud-Est et défenseurs de la nature. Ces derniers faisaient remarquer que la future autoroute, en taillant dans la vallée de Ferney (sur 8 km), allait détruire l'un des derniers vestiges de la forêt originelle de l'île et faire disparaître des spécimens uniques au monde de *Pandanus iceryi* (vacoas) ou d'*Eugenia bojeri* (bois clou). L'affaire est allée jusqu'à la Cour suprême (mai 2005). Le projet d'autoroute a été abandonné.

De Mahébourg à Grande Rivière Sud-Est

apprend davantage sur le fameux et rarissime bois clou ou la crécerelle de Maurice, dont le parc possède « quatorze paires ». Une navette emmène ensuite en un quart d'heure les visiteurs au départ du circuit pédestre *(3 km)*. La visite peut se prolonger au **petit musée du café** du domaine, Ferney ayant son café, comme Chamarel *(p. 73)*, mais ici la production est très confidentielle (40 kg/an). Sachez aussi que vous pouvez « adopter » un arbre pour dix ans *(1 000 Rs/25,60 €)* ou planter un arbre *(575 Rs/14,80 €)*, si vous voulez participer au développement de Ferney.

➤ Vieux Grand Port

Carte p. 97 - À 7 km N de Mahébourg par la B28. Bus n° 18 Mahébourg - Bel Air - Centre de Flacq.

Ouvrez l'œil en traversant ce bourg un peu déglingué. De part et d'autre de la route, de nombreux vestiges de l'occupation néerlandaise ou française subsistent. Des panneaux les signalent. Sur la g., vous trouverez la **tour des Hollandais,** une ancienne tour de guet… française en réalité. Toutefois, les ruines du Vieux Grand Port historique reposent en majeure partie dans l'enceinte du musée Frederik-Hendrik, ou à proximité.

Musée Frederik Hendrik

Frederik Hendrik Museum

Au lieu-dit le Pavillon du Grand Port, à la sortie de la bourgade, sur la dr. ☎ 634.43.19. Ouv. jeu.-mar. 9 h-16 h, dim. 9 h-12 h. F. mer. et j.f. Entrée libre.

À quelque 200 m de la tour des Hollandais, ce musée, qui a emprunté son nom à un prince *stadhouder* (« lieutenant ») des Pays-Bas, est consacré aux premiers colons de l'île. Récemment liftée, la salle d'exposition couvre surtout la période hollandaise (1638-1710). Dès 1638, vingt-quatre Hollandais s'installèrent à Vieux Grand Port. Objectifs : exploiter l'ébène et l'ambre gris que rejettent les cachalots et ravitailler les navires hollandais de passage. Un premier fort, en bois, est édifié sur le site. La colonisation fut décevante, chaotique.

Ne manquez pas de vous promener dans les jardins : le musée occupe une position magnifique au bord de la mer. On flâne avec plaisir au milieu de quelques pans de murs en pierres noires datant, eux, de l'occupation française, la plupart ayant été construits entre 1753 et 1780. Vous trouverez les ruines d'une **boulangerie**, d'une **prison**, d'une **forge** et celles de la **Loge**, regroupant le logement pour le commandement et la caserne pour la garnison.

La montagne du Lion★★

Carte p. 97 - Vieux Grand Port, Lion Mountain St. (vers le poste de police). Compter 3-4 h A/R. Pas de balisage.

Ce petit sommet (480 m) n'a pas volé son nom. Sa silhouette est reconnaissable entre toutes : dos, crinière, tout y est. Son ascension est à proscrire après la pluie, les roches devenant glissantes. À éviter aussi si vous êtes sujet au vertige : il y a un passage assez étroit. Mieux vaut demander l'aide d'un pro, si vous êtes un randonneur très dilettante. Cela dit, le panorama vous récompense de tous vos efforts : mer de cannes à sucre qui ondulent dans la baie de Vieux Grand Port, chapelet d'îles. Vert tendre, turquoise laiteux, bleu nuit : la palette ravirait un peintre.

➤ Vers Grande Rivière Sud-Est

La petite route virevolte à fleur d'eau. Le voyageur a l'impression de jouer les voyeurs en traversant les villages éparpillés sur cet itinéraire. Toutes les cases sont ouvertes.

Bambous Virieux

Carte p. 97 - À 16 km N-E de Mahébourg par la B28. Bus n° 18 Mahébourg - Bel Air - Centre de Flacq.

PIQUE-NIQUE DE ROBINSON

Pas de plage entre Mahébourg et Grande Rivière Sud-Est ? Mais si. Il faut regarder au large, vers l'**îlot Flamants**. Un banc de sable à rendre jaloux Robinson. Un îlot désert où les connaisseurs improvisent pique-niques et plongée en apnée.
À organiser avec un pêcheur ou un prestataire depuis Grande Rivière Sud-Est.

À Bambous Virieux, vous surprendrez beaucoup de pêcheurs à la gaulette (à la ligne), enfoncés jusqu'à la taille dans le lagon. À l'ombre de l'immense badamier du village (qu'on appelle aussi « amandier d'Inde »), des hommes jouent aux cartes ou aux dominos. Sur le pas de leur porte, les femmes attendent peut-être le passage d'un marchand ambulant : Bambous Virieux n'a pas de boutique.

La pointe du Diable

Carte p. 97 - À 19 km N-E de Mahébourg par la B28. Bus n° 18 Mahébourg - Bel Air - Centre de Flacq.

À la **pointe du Diable,** les vestiges d'anciennes batteries françaises du XIXe s. surveillent encore la passe, dans l'attente improbable de quelque vaisseau anglais. Les hameaux de **Petit Sable** et **Grand Sable** occupent une étroite bande littorale, sur laquelle les habitants chouchoutent leurs potagers, carrés verts arrachés à cette terre désolée. La vraie vie de Maurice s'écoule lentement.

Grande Rivière Sud-Est*

Carte p. 97 - À env. 12 km N de la pointe du Diable par la B28.

Le village, que les Hollandais avaient appelé « Grande Rivière », puis « Rivière des Chatons », somnole. Rien ne rappelle son passé actif : il fut pourtant un centre de stockage et d'exportation des ébéniers, et le terminus de la voie ferrée Northern Line, fermée en 1954.

Le village surveille l'embouchure de la rivière du même nom, qui prend sa source dans le centre de l'île. Large et puissante, elle entraîne dans son sillage une nature riche et exubérante. Vous pouvez la remonter, jusqu'à des **cascades impressionnantes.** Cette expédition est souvent couplée avec celle de l'**île aux Cerfs** *(p. 101)*. La baignade est possible, mais à vos risques et périls (avec des maîtres nageurs improvisés réclamant leur écot).

➤ Le domaine de l'Étoile**

Carte p. 97 - Sébastopol. À 41 km N de Mahébourg par les B28, B55 et B27. À Bel Air (32 km), tourner à g. et encore à g. 2 km plus loin dir. Olivia et Montagne Blanche. Fléchage sur la g. ☎ 5729.10.50 et 54.48.44.44 (GSM), www.terrocean.mu. Ouv. t.l.j. 9 h-17 h. Quad (3 500 Rs/90 € pour 2 h), buggy (3 800 Rs/97,50 € pour 2 h), cheval (2 000 Rs/51,30 €/ pers. pour 1 h), marche. Forfaits enfant (650 Rs/16,70 € pour 1 h). Restaurant (midi). Boutique.

Sur 2 000 ha, le **domaine de l'Étoile** enjambe la **montagne Bambous**. Des berges de Grande Rivière Sud-Est (la plus longue rivière de Maurice), jusqu'à la mer, il s'octroie de somptueux panoramas depuis, entre autres, le mont Camisard. Dans une offre pléthorique de parcs de loisirs sur l'île, il tire son épingle du jeu, en proposant des visites nocturnes en buggy, en laissant le choix entre balade libre ou guidée, en créant une sorte de village d'enfants. On peut se contenter toutefois d'y réserver une table pour déjeuner sur les lieux mêmes où Pierre-Gaspard Huit tourna le feuilleton télévisé *Paul et Virginie* (1974).

LE SAVIEZ-VOUS ?

Les **premiers cerfs** de Maurice, des cerfs de Java, ont été introduits par les Hollandais. Ils sont arrivés à bord du *Cappel*, le 8 novembre 1639.

11 Trou d'Eau Douce et les plages de l'Est

Centre de Flacq

Quand on vient du sud, Trou d'Eau Douce s'atteint au bout d'une plaine où les champs de canne s'étendent à perte de vue le long d'une côte échancrée et brûlée par le vent. Sur place, dans ce bourg qui reste un village de pêcheurs, s'organise une noria incessante entre la côte et l'île aux Cerfs, qui est l'excursion la plus vendue et survendue de l'île Maurice. L'île reste néanmoins un bel échantillon des plages de l'est, avenues de sable blanc ombragées de filaos au bord d'un lagon translucide. Belle Mare y est le rendez-vous des familles mauriciennes pour le pique-nique dominical, dans une ambiance festive. Au-delà, on retrouve une Maurice sauvage, où un deuxième parc national, Bras d'Eau, a été créé.

- **Point de départ :** Trou d'Eau Douce.
- **Se déplacer :** en voiture louée, en bus, à vélo ou en taxi.
- **Carte :** ci-contre.
- **Carnet d'adresses :** p. 156.
- **À ne pas manquer :** Belle Mare.

➤ Trou d'Eau Douce★

Carte ci-dessous.

Trou d'Eau Douce est un gros village de pêcheurs sans intérêt particulier mais assez pittoresque. Ses ruelles pentues alignent de modestes cases en tôle ou en torchis blanchi à la chaux. Sous les tamariniers et aux alentours des boutiques-buvettes, les Mauriciens se retrouvent pour bavarder.

➤ L'île aux Cerfs★★

***Carte ci-dessous** - Accès Le Maho (site de l'ancien four à chaux) au N de Trou d'Eau Douce près de l'ancienne antenne de l'office de tourisme ou par Grande Rivière Sud-Est (p. 99). Comptez entre 350 Rs/9 € et 500 Rs/12,80 € par pers. pour l'A/R « sec »; sinon la j. avec pique-nique et détour par les cascades de Grande Rivière Sud-Est est à 1 000-1 200 Rs/25-30 €. Durée : 20 min de traversée. Sur place : golf, parachute ascensionnel, bouée banane, ski nautique, etc. Restaurants.*

Les passeurs vous proposent l'excursion seule ou couplée avec les **cascades de Grande Rivière Sud-Est** *(p. 99)*, à un tarif « lent » (barque de pêcheur) ou « rapide » (hors-bord). Attention ! Assurez-vous que le billet délivré comporte bien l'aller-retour *(à conserver)*. Lagon-piscine d'une rare

Trou d'Eau Douce et les plages de l'Est

pureté, sable blanc, crique idyllique bordée de filaos… l'île, surexploitée, où il n'y a plus de cerfs, incarne le rêve tropical dans toute sa splendeur et son cauchemar.

Désormais, un golf dix-huit trous en occupe la plus grande partie (38 ha sur 87 ha). Considéré comme l'un des dix plus beaux golfs au monde, il est la propriété de l'hôtel Shangri-La Le Touessrok, qui gère aussi sur place des restaurants et un centre nautique *(réservé à ses clients)*. Pour en profiter pleinement, mieux vaut y aller tôt *(vers 9 h, avant le rush de 11 h)*, muni de provisions, et hors week-end.

Ne comptez pas non plus faire le tour de l'île à pied : à un moment donné, il vous faudra soit rebrousser chemin, soit héler un bateau de pêche pour rentrer à bon port !

➤ Belle Mare★★★

***Carte p. 101** - À 9 km N de Trou d'Eau Douce par la route côtière (B59). Bus nos 55/55B et 17/17G avec changement à Argy ou Centre de Flacq (à l'intérieur des terres).*

À Belle Mare, qui devrait son nom à un capitaine français, Jean-François de Belle Mare, en poste à Flacq en 1762, on aperçoit, derrière un rideau de filaos, la **plage,** immense, une carte postale…

Plus rien ou presque, sauf des ruines de four sur la plage même, ne rappelle ce qui fut jadis l'activité principale du district : la production de chaux, tirée du corail, pour l'industrie sucrière ou le ciment.

Avec trois golfs dans un mouchoir de poche, **Pointe de Flacq,** plus au N, s'est reconvertie dans l'hôtellerie grand luxe avec Le Saint-Géran et le Belle Mare Plage, où il faut montrer patte blanche.

En matière de plongée, la **passe de Belle Mare** est sans doute ce que Maurice offre de mieux. Les courants souvent violents réservent cette sortie aux plongeurs aguerris.

TAKE AWAY

C'est un **petit snack** pimpant, à la façade jaune pétard. Tout le monde l'appelle *Chez Ti Georges*. Pour 200 Rs/*5,20 €*, vous repartirez avec le cari de votre choix, eau et couverts en plastique compris.

➤ **Snack Maranatha,** *Rte Royale, Cité Argy (près de Centre de Flacq, intersection B60/B61)*
☎ 413.26.44 et 57.96.62.77 (GSM) Ouv. t.l.j. 11 h-16 h.

➤ Centre de Flacq

***Carte p. 101** - À 16 km N-O de Trou d'Eau Douce par la B59 et la B58. À Belle Mare, tourner à dr., dir. Mare La Chaux.*

Flacq : ces cinq lettres, qui claquent, intriguent. Le mot viendrait du hollandais *vlakte* (« plaine »), une étymologie plausible. Pour y arriver, on navigue, un peu perdu, au milieu de champs de canne qui frissonnent sous les alizés, ou de cultures vivrières. Centre de Flacq, elle, déborde d'activité et ressemble à un bazar à l'indienne. Ce ne sont qu'étals de bric-à-brac, marchands des quatre-saisons, boutiques d'étoffes et de robes de communion, gargotes et ateliers sur le trottoir. À découvrir un jour de marché, le mercredi et le dimanche. C'est l'un de ces **marchés typiquement mauriciens,** forcément colorés. Déboussolé, on déambule dans les allées, découvrant un monde plein d'odeurs déconcertantes. On vous propose du caripoulé ? Cela ressemble à notre laurier, parfum poivre/curry en plus. Faites-vous expliquer les bienfaits des « pois carrés » (haricots ailés). Découvrez patolle (variété de concombre), margoze (un condiment-légume boursouflé, assez laid)…

➤ Poste de Flacq

***Carte p. 101** - À 17 km N-O de Trou d'Eau Douce par la B59 et la B62 ; sinon à 21 km N-O de Trou d'Eau Douce via Centre de Flacq (B 59, B58, A7 et B23).*

Depuis Trou d'Eau Douce, bus nos 55 et 26 avec changement à Centre de Flacq.

Poste de Flacq mérite un détour pour son temple hindou, le **Kashinath Mandir**, posé sur l'île aux Goyaviers, qui est reliée à la terre ferme par une chaussée : tout blanc, coiffé d'un trident, le « temple flottant » s'élève au-dessus de l'eau… Étonnant.

➤ Parc national de Bras d'Eau*

Bras d'Eau National Park

***Carte p. 101** - Bras d'Eau. Entrée sur la g. (fléchage pas très visible) à 21 km N-O de Trou d'Eau Douce, sur la B100, entre Poste de Flacq et Roches Noires, non loin de la bifurcation allant sur Poste Lafayette. **Visitor's Centre :** Ouv. lun.-ven. 8 h-17 h, sam.-dim. et j.f. 9 h-16 h. Parking. Lotion anti-moustiques et bonnes chaussures de marche indispensables. Accès libre.*

Après le parc national des gorges de la Rivière Noire *(p. 74)*, c'est le **deuxième parc de Maurice**. Inauguré en 2011, d'une superficie de 497 ha, il protège le dernier carré de forêt côtière sèche, où les araucarias et les eucalyptus tiennent compagnie à des ébéniers ou à des acajous. Bras d'Eau est le repaire d'un coq des bois, dit aussi tchitrec ou gobe-mouches : un petit oiseau chamarré, tête d'un bleu métallique, ailes rouge orangé. Le parc lui a même consacré un sentier de randonnée balisé, rocailleux *(5 km A/R, à moins que vous ne préfériez revenir au parking par la côte et la route, la B15 ; il y a une sortie sur Poste Lafayette et la plage)*.

LE TANGUE

À Bras d'Eau, vous croiserez peut-être sur votre chemin des tangues. Couvertes de piquants, ces petites bêtes ont l'apparence des hérissons, de gros hérissons : ils pèsent entre 1 et 2 kg. Et en cari, c'est l'un des mets favoris des Mauriciens.

Le temple Kashinath Mandir

Autre curiosité à voir dans ce parc : les vestiges d'une exploitation sucrière. Entre four à chaux, puits, vieux moulin à sucre, on trouve même une ancienne ligne ferroviaire qui troue la végétation.

➤ Vers Roches Noires*

***Carte p. 101** - À 31 km N-O de Trou d'Eau Douce par la côte (B 59, B62, B15), sinon à 25 km par les terres (B 59, B62, B15 et B100), où vous lâchez la mer à 3 km au N de Poste de Flacq. Depuis Trou d'Eau Douce, bus nos 55 et 26 avec changement à Centre de Flacq et via Poste Lafayette.*

Changement de décor total. La côte offre ici son visage le plus sauvage : alizés faisant ployer les filaos et mer frappant des rochers noirs, basaltiques. Le village de Roches Noires compte quelques grottes, dont l'une est partiellement aménagée : **Cave Madame** *(près de l'école primaire du village, rue principale, sur la g. en venant du S ; entrée libre)*. Quelques escaliers taillés dans la pierre, une main courante… La grotte a sans doute par le passé servi de refuge à des esclaves marrons (fugitifs).

Les hauts plateaux

Entre 1866 et 1868, une épidémie de malaria fit plus de 57 000 morts. Elle déclencha un exode sans précédent vers les hauts plateaux, par la route ou le chemin de fer. Aujourd'hui, plus rien ne justifie que 30 % de la population (plus de 362 000 habitants selon le recensement de 2011) s'entasse sur 14 % du territoire de l'île. Où s'arrête Rose Hill ? Où commence Curepipe ? Englué dans des embouteillages, qui peuvent être monstrueux, l'étranger est perdu ! Autant dire qu'il faut prévoir large si l'on veut se lancer dans un marathon shopping, puisque tel est le principal attrait de ces villes. Néanmoins, au-delà de Curepipe, un parcours buissonnier s'offre aux plus curieux : la route du thé.

PRATIQUE

Cartes et plans : carte de la région ci-contre · plan de Curepipe p. 108.
Manger, dormir, s'amuser… : p. 159.
La meilleure saison : toute l'année, beaucoup de visites étant en intérieur. L'été austral, si vous voulez découvrir le thé en pleine production.
Se déplacer :

- **Comment ?** Le mode de déplacement privilégié sera la voiture louée ou le taxi. En venant du nord ou de l'est (Grand Baie, Pamplemousses, Roches Noires, etc.), pensez à utiliser la M3 dite Terre Rouge - Verdun *(en travaux jusque fin 2015)*, qui évite Port Louis ***(carte p. 32-33 / visite 2)***. Quant aux transports en commun, faute du métro léger promis entre Port Louis et Curepipe, on les utilisera sur des petites distances. Le bus n° 102, qui relie Port Louis à Curepipe, dessert Rose Hill, Phœnix, Floréal…
- De Roches Noires (Trou d'Eau Douce et les plages de l'est/visite 11) à Port Louis (Les villes du plateau/visite 12) : 33 km.
- De Roches Noires (Trou d'Eau Douce et les plages de l'est/visite 11) à Curepipe (La route du thé/visite 13) : 58 km via Port Louis.
- De Floréal (Les villes du plateau/visite 12) à Curepipe (La route du thé/visite 13) : 3 à 4 km.

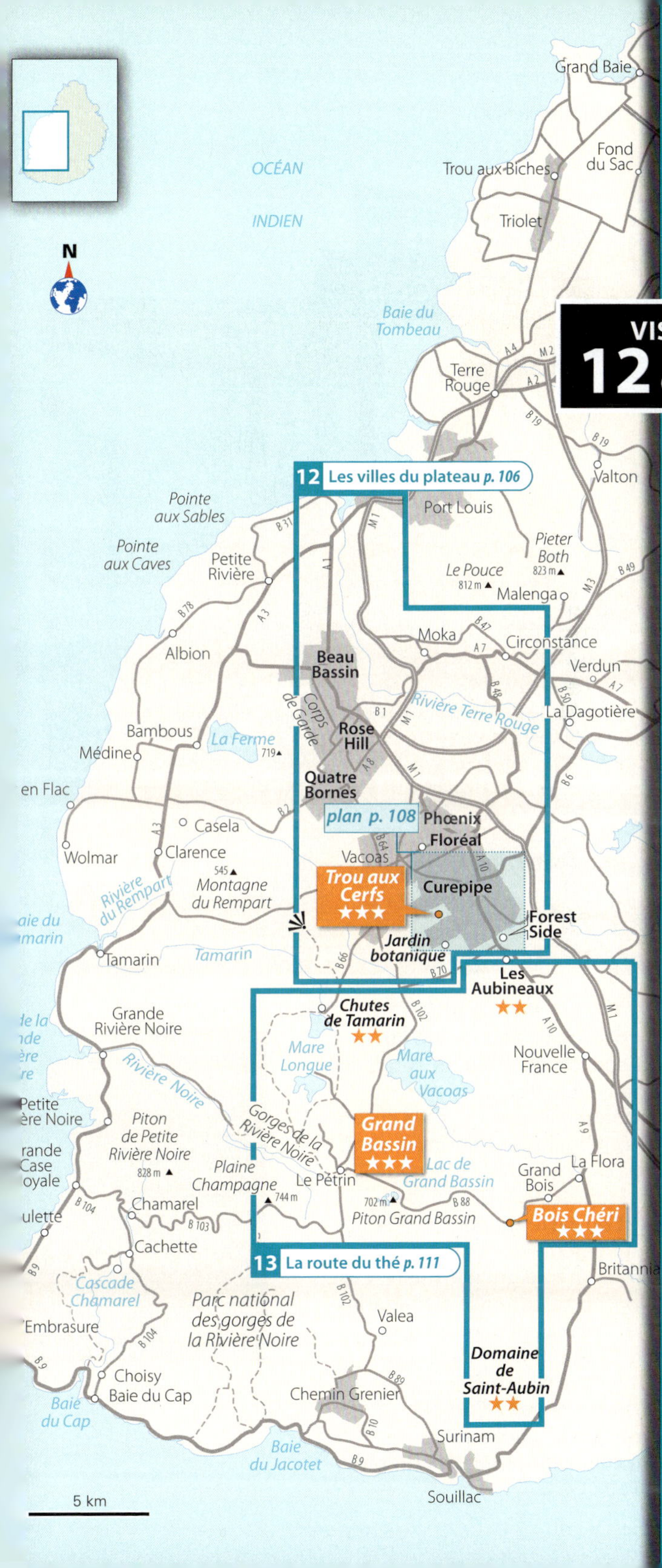
OCÉAN
INDIEN
N
Grand Baie
Fond du Sac
Trou aux Biches
Triolet
Baie du Tombeau
Terre Rouge
Valton
12 Les villes du plateau p. 106
Port Louis
Pieter Both
823 m
Le Pouce
812 m
Malenga
Pointe aux Sables
Pointe aux Caves
Petite Rivière
Albion
Moka
Circonstance
Verdun
La Dagotière
Beau Bassin
Corps de Garde
Rose Hill
Quatre Bornes
Rivière Terre Rouge
Bambous
Médine
La Ferme
719
en Flac
Casela
Clarence
Wolmar
plan p. 108
Phœnix
Floréal
Vacoas
545
Montagne du Rempart
Rivière du Rempart
Trou aux Cerfs
★★★
Curepipe
Forest Side
Jardin botanique
Tamarin
Tamarin
Les Aubineaux
★★
Chutes de Tamarin
★★
Grande Rivière Noire
Mare Longue
Mare aux Vacoas
Nouvelle France
Rivière Noire
Petite Rivière Noire
Piton de Petite Rivière Noire
828 m
Gorges de la Rivière Noire
Grand Bassin
★★★
Lac de Grand Bassin
Plaine Champagne
744 m
Le Pétrin
702 m
Piton Grand Bassin
Grand Bois
La Flora
Bois Chéri
★★★
Chamarel
Cachette
13 La route du thé p. 111
Britannia
Cascade Chamarel
Parc national des gorges de la Rivière Noire
Valea
Embrasure
Domaine de Saint-Aubin
★★
Choisy
Baie du Cap
Baie du Cap
Chemin Grenier
Surinam
Baie du Jacotet
Souillac
5 km

12 Les villes du plateau

Musée des maquettes de bateaux Comajora

De part et d'autre de l'autoroute qui file vers le sud, ce ne sont que centres commerciaux, tours et quartiers d'affaires comme Ébène. Et on n'a encore rien vu. Des mégaprojets dorment dans les cartons, comme celui d'une nouvelle capitale administrative, Highlands. Maurice est un vaste chantier, que la crise a quand même ralenti. Vous le comprendrez vite : la grande affaire, c'est le shopping, entre farfouille et magasins d'usine, hard-discount et boutiques *Tax refund*. Cachemires et diamants à Floréal, bijoux à Quatre Bornes, maquettes de bateaux à Curepipe… Dans ce tourbillon, quelques oasis subsistent comme le jardin de Curepipe ou le Trou aux Cerfs.

- **Point de départ :** Port Louis.
- **Se déplacer :** en voiture louée, en bus ou en taxi.
- **Carte :** p. 105.
- **Plan de Curepipe :** p. 108.
- **Carnet d'adresses :** p. 159.
- **À ne pas manquer :** le Trou aux Cerfs.

➤ Beau Bassin-Rose Hill★

Carte p. 105 - À 10 km au S de Port Louis par l'A1 ou Royal Rd. Bus nos 102 et 69 depuis Port Louis (Victoria Sq., gare routière S).

Depuis 1896, Beau Bassin (au nord) et Rose Hill (au sud) ne forment plus qu'une même commune. Impossible de rater sur votre droite l'hôtel de ville, tout blanc, construit en 1927. À l'arrière-plan, le **théâtre Plaza,** qui fut probablement l'une des plus grandes salles de l'océan Indien (1 000 places). Inauguré en mai 1933 par une comédie musicale d'Ernest Lubitsch avec Maurice Chevalier, *Le Lieutenant souriant*, fermé depuis 2004, il attend sa rénovation promise. Devant s'étalent les jardins, rafraîchis par la fontaine des Arts; la pelouse et ses bancs attirent familles, tourtereaux et… marchands de glaces. Tout près : on peut admirer encore de **belles maisons créoles** comme la maison de Carné *(côté rue Sir Célicourt Antelme, se visite pas)*, qui abrite l'Institut Cardinal Jean Margéot pour des étudiants en théologie. Au fait, Rose Hill doit probablement son nom aux rougeoiements du soleil couchant sur le Corps de Garde. Au sud-ouest, cette « montagne », où s'accroche un **temple tamoul,** officiellement située sur la commune de **Quatre Bornes,** surplombe la ville et la plaine du haut de ses 712 m. Deux cents marches vous attendent si vous souhaitez grimper jusqu'à ce temple plus que centenaire; en janvier ou février, il est le siège de l'un des plus beaux Thaipoosam Cavadee, fête religieuse très spectaculaire dédiée au dieu de l'île, Muruga *(continuer sur l'A1, tourner à dr. dans l'av. Rémy-Ollier, 1,3 km env. après l'hôtel de ville)*.

DÉTOUR

Au sud de Beau Bassin-Rose Hill, **Quatre Bornes,** la ville de tous les embouteillages, a son marché aux vêtements, jeudi et dimanche, dans Saint-Jean Road, l'artère principale *(à 4 km S de Rose Hill, continuer sur l'A1, tourner à dr. sur l'A8, dir. Palma, Flic en Flac)*. Tee-shirts, cotonnades… une vraie farfouille. Dans la ville, vous pourrez aussi rencontrer l'un des créateurs joailliers de Maurice, Ravi Jetshan à sa bijouterie Ravior.

➤ Phœnix★

Carte p. 105 - À 19 km S de Port Louis via M1, sortie Phœnix au rond-point Pont Fer, et A10. De Rose Hill, vous pouvez continuer sur la Royal Rd et rejoindre brièvement l'autoroute. Bus nos 102, 141 et 162 depuis Port Louis (Victoria Square).

C'est avant tout une zone industrielle et commerciale, où flottent les effluves des bières Phœnix, brassées sur le site *(ne se visite pas)*.

The Mauritius Glass Gallery

Pont Fer *☎ 696.33.60, sur Facebook. De l'autoroute M1, sortir à Phœnix, à hauteur de la brasserie Phœnix, et suivre le fléchage. Atelier et boutique ouv. lun.-ven. 8 h-17 h; sam. 8 h-12 h. F. dim. Entrée payante : 100 Rs/2,60 €; enf. 5-16 ans 50 Rs/1,30 €.*

Plus écologique que cet atelier-musée-boutique-galerie, il n'y a pas! En soufflerie travaillent devant vous moins d'une dizaine de personnes, qui recyclent les verres perdus, y compris les bouteilles de Coca, le tout en provenance de Phœnix Beverages *(venir avant 11 h ou 16 h, l'atelier fermant 30 min avant la boutique)*. Comme combustible, l'atelier réutilise les huiles comestibles usées. Les objets créés ne manquent pas de beauté.

Le lieu comporte aussi la galerie des **Mains célèbres** *(Hands of Fame)*. Chaque fois qu'une personnalité débarque dans l'île, on l'attrape par… la main, pour qu'elle offre sa contribution. Gérard Depardieu, Michel Platini ou Guillaume Canet ont déjà donné! Vendus aux enchères, ces moulages permettent de lever des fonds en faveur des plus défavorisés.

➤ Curepipe★

Plan ci-dessous *- À 24 km S de Port Louis par M1 et A10. La Royal Rd (ou A10) traverse Curepipe. Bus nos 2/2A, 102 et 191 depuis Port Louis (Victoria Square, gare routière S en principe).*

Les origines du nom de la ville sont incertaines. Quelques-uns pensent qu'il s'agit de l'homonyme d'un petit village des Landes. D'autres font remonter ce patronyme à l'époque où voyageurs et soldats s'arrêtaient dans ce village-relais pour prendre un casse-croûte, se reposer et allumer une bouffarde !

La cité, qui comptait 200 habitants vers 1850, en abrite aujourd'hui plus de 77 000 (recensement de 2011). C'est une ville-dortoir, assez tristounette, à 543 m d'altitude (605 m pour son point culminant). « Curepipe grisaille », d'après le titre d'un poème de

TRADITION

Fondé en 1928, le **Dodo Club**, qui réunit les grandes familles franco-mauriciennes, a toujours son siège à Curepipe. Avec son golf, c'est le pendant du très *british* **Gymkhana Club** à Vacoas. Le **bal du Dodo**, immortalisé dans un roman de Geneviève Dormann, se tient immanquablement le 31 décembre dans un décor féerique. Les robes longues et les smokings sont de circonstance, et les jeunes filles de bonne famille y font leur entrée dans le monde.
➤ **Dodo Club**, *route des Casernes, Curepipe ☎ 670.48.03.*

Curepipe

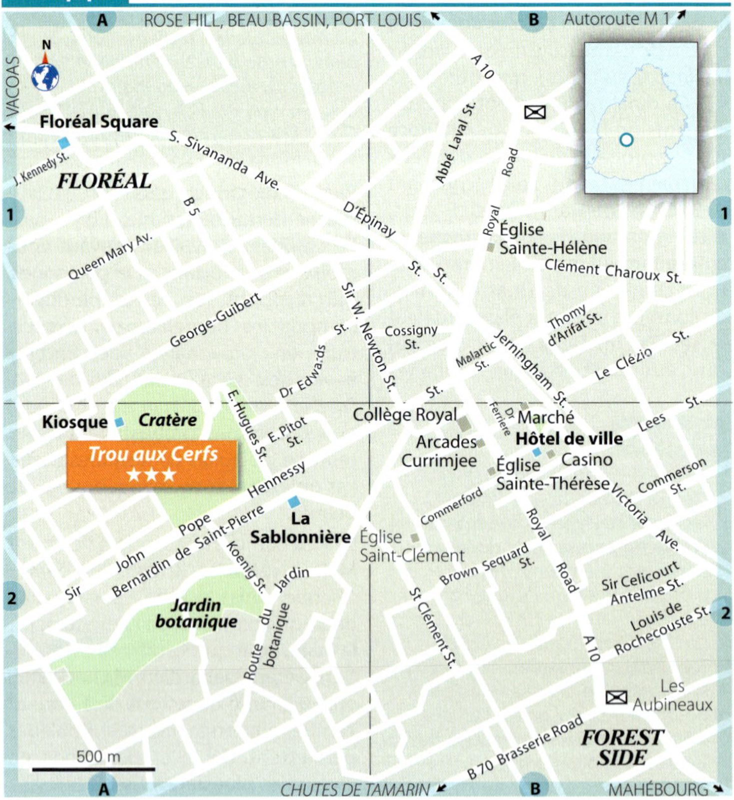

Le Trou aux Cerfs

l'écrivain contemporain Bertrand de Robillard, n'a pas volé son surnom! Mark Twain en parle même comme de « l'endroit le plus détestable de la Terre ». Mais Curepipe fait tout pour redevenir la « Ville lumière » (elle a été la première ville dotée d'électricité à Maurice). Sans grand succès.

Le centre-ville

Plan ci-contre.

Au-delà des centres commerciaux et des immeubles rongés par le crachin tropical, on trouve encore quelques **demeures coloniales**, parfois un peu décrépites, il est vrai. Les plus accessibles? La **Sablonnière** *(**plan ci-contre / A2**)*, construite par Évenor de Chazal, rue Bernardin-de-Saint-Pierre. La maison, qui a conservé son modèle réduit de tour Eiffel, abrite désormais un magasin *Tax refund* (Private Collection). Il y a aussi l'**hôtel de ville** *(**plan ci-contre / B2** - Queen Elizabeth ave., à g. de Royal Road, à hauteur de l'église Sainte-Thérèse)*. L'édifice, originellement construit à Moka (il s'agissait de la Malmaison), fut démonté et remonté planche par planche à Curepipe en 1902. Dans le **jardin** adjacent s'élève une **statue en bronze de Paul et Virginie**, du sculpteur mauricien Prosper d'Épinay : il s'agit d'une copie, l'original se trouvant au **Blue Penny Museum** à Port Louis *(p. 37)*.

SUR LE POUCE

Foi de Mauricien, vous trouverez les meilleurs **gâteaux-piments** de l'île sur le… parking du Prisunic de Curepipe, où s'arrête la Caravane Bleu, Blanc, Rouge de ***Gaffoor & Anwar Sakhabuth.*** On peut même passer commande.
➤ ***Plan ci-contre / B2** - Royal Rd (approximativement en face du Collège Royal), Curepipe*
☎ 675.60.38/57.22.59.30 et 57.31.35.92 (GSM). Ouv. 14 h-19 h. 3 Rs/8 c l'unité.

À la périphérie de Curepipe

La périphérie de Curepipe, dans la verdure, offre une bonne occasion de se détendre, après avoir écumé les magasins d'usine et avant de poursuivre sur la route du thé *(p. 111)*.

Le Trou aux Cerfs***

Plan p. 108 / A1-2 *- À 1,3 km env. du centre-ville. Sur la Royal Rd (ou A10), prendre Sir John Pope Hennessy St. à hauteur du supermarché Sik Yuen ; puis tourner à dr dans Edgar Hugues St. Parking. Marchands de glaces ambulants sur place les w.-e.*

À 605 m d'altitude, c'est un ancien cratère de volcan de 85 m de profondeur et de 300 m de diamètre. L'un des mieux dessinés parmi les vingt-six cratères que compte Maurice. Le **volcan de Trou aux Cerfs** se serait assoupi il y a 600 000 ou 700 000 ans. Si les pentes sont recouvertes d'une épaisse végétation, où croissent des pins, le fond est occupé par un petit étang envasé. Les cerfs ne viennent plus s'y abreuver. Une route, la promenade George-V, permet d'en effectuer le tour à pied : elle fait le bonheur des joggeurs. Incroyable, le panorama (vers le **kiosque**) vaut le déplacement. Tout Maurice à 360°. Curepipe au pied, la montagne du Rempart et les Trois Mamelles à l'ouest, le Pouce au nord… Par temps clair, ce qui est rarissime, on peut même apercevoir La Réunion à 200 km au sud-ouest !

Le jardin botanique*

Plan p. 108 / A2 *- À 1 km S env. du Trou aux Cerfs. En redescendant du Trou aux Cerfs, repartir au bout de Edgar Hugues St sur la dr., puis tourner sur la g. dans H. Koenig St. Ouv. mai-sept. 8 h-18 h, oct. avr. 7 h-19 h. Entrée libre. Jardin d'enfants.*

Moins étendu (37,5 ha) que celui de Pamplemousses *(p. 45)*, le jardin botanique est un agréable lieu de détente et de promenade, au milieu de points d'eau bordés d'arbres tropicaux centenaires et rares comme le bois d'olive ou le bois de natte.

Le jardin possède même l'unique spécimen connu à Maurice de *Hyophorbe amaricaulis*, un palmier dont le tronc peut atteindre 18 m de haut, aux fruits sphériques, couleur rouge foncé. Autant dire que l'arbre, plutôt rachitique, engrillagé, est sous haute surveillance !

Forest Side et les maquettes de bateaux*

Plan p. 108 / B2 *- À 2 km E env. du jardin botanique. Revenir sur Royal Rd (A10), tourner à dr. direction Nouvelle France, puis à g. dans un virage prononcé, Brasserie Rd (B70). Depuis Port Louis (Victoria Sq, gare routière S), les bus n°s 2A et 162 desservent Forest Side.*

Dans les années 1960, **Curepipe** et la société **Comajora** furent à l'origine de l'engouement pour les reproductions léchées de bateaux de légende comme le *Bounty* ou le *Cutty Sark*. Le *Saint-Géran* fait aussi la joie des collectionneurs. Dans Forest Side, la **Comajora** *(Carnet d'adresses p. 159)* existe toujours, et nombre d'ateliers ont fleuri dans son ombre (*Brasserie Rd)*. Petit conseil : ne demandez pas l'avis d'un taxi, qui vous conduira probablement chez le fabricant où il peut toucher sa commission.

➤ Floréal*

Carte p. 105 *- À 22 km S de Port Louis par M1 et A10. Sortir de l'autoroute à Phœnix pour prendre l'A10. À moins de 2 km, tourner sur St Paul Rd à dr., dir. Vacoas ; puis à g. sur Swami Sivanada Av. Floréal Square est sur la dr. Ici, les sens interdits compliquent la tâche de l'automobiliste. Du centre-ville de Curepipe, il faut remonter vers le N-O par Swami Sivanada Av. Bus n°s 102 et 170 A depuis Port Louis (Victoria Sq., gare routière S).*

À l'ouest de Curepipe, Floréal abrite toute une **zone industrielle**, Mangalkhan, où a démarré la saga de Floreal Knitwear, le Benetton des tropiques. Mais aussi celle d'Adamas, qui a propulsé Maurice dans le petit monde très fermé de la taille des diamants. **Floréal Square** ***(plan p. 108 / A1)***, un centre de magasins d'usine, un petit **musée du diamant** et la possibilité de voir ces *diamonds cutters* à l'œuvre *(Adamas)* feront le bonheur des *shopping addicts (Carnet d'adresses p. 160)*.

13 La route du thé

Des plantations de thé à Bois Chéri

De Curepipe à Saint-Aubin, près de Souillac et de la mer, cette route est un itinéraire touristique qui traverse l'un des secteurs les plus frais et les plus arrosés de Maurice. Il comporte trois étapes, évocatrices à divers titres du passé colonial de l'île, avec ses plantations de canne à sucre ou de thé, ses belles demeures reconverties en musée ou restaurant. Mais c'est Bois Chéri qui vous livrera tous les secrets de votre breuvage préféré (ou pas). En revanche, à deux pas, Grand Bassin gardera son mystère. Saris flamboyants, chants lancinants, rites déconcertants, le visiteur est fasciné mais déboussolé en découvrant la kyrielle de temples hindous installée sur les bords d'un lac de cratère.

- **Point de départ :** Curepipe.
- **Se déplacer :** en voiture louée, en bus ou en taxi.
- **Carte :** p. 105.
- **Carnet d'adresses :** p. 161.
- **À ne pas manquer :** Grand Bassin.

➤ Les Aubineaux★★

***Carte p. 105** - Forest Side, Curepipe. Royal Rd (A10), à la sortie S de Curepipe, sur la dr. Arrêt bus proche nos 9, 10A et 168 Curepipe - Nouvelle France ☎ 676.30.89, www.saintaubin.mu. Ouv. t.l.j. 9h-17h. Entrée payante : 300 Rs/7,60 € ; enf. 3-12 ans demi-tarif, collation comprise. Maison, vis. guidée ; jardin, vis. libre. Billet à l'unité ou forfait route du thé 2 000 Rs/51,30 € (déj. inclus). Salon de thé, restaurant à la carte. Petite distillerie d'huiles essentielles. Boutique.*

Vous apercevrez dans un virage, à travers un rideau d'arbres, une superbe demeure : ce sont **Les Aubineaux**. Construite en 1872, cette maison de planteur, qui était la résidence des Guimbeau, une famille originaire de Vendée ayant fait fortune dans le sucre, fut la première de l'île à se doter de l'électricité. Parquets qui craquent, meubles en palissandre ou acajou, piano qui attend sa musicienne… Atmosphère, atmosphère ! Dans l'ancienne salle de billard, une tasse de thé et quelques scones clôturent ce voyage dans le passé.

Dans le jardin magnifique, vous découvrez des camphriers. Ils étaient plantés pour éloigner les moustiques, porteurs de malaria.

➤ Les chutes de Tamarin★★

Tamarin Falls

***Carte p. 105** - À 8 km O de Curepipe. Prendre Brasserie Rd (B70) ; 4 km plus loin, au croisement, tourner à dr. sur la B61 direction Vacoas ; 2 km plus loin, tourner à g. direction Henrietta. Bus no 134 depuis Curepipe (Jan-Palach, gare N).*

Pour se cacher, elles se cachent ! À **Henrietta**, il faut aller jusqu'au parking des bus, d'où une petite route part sur la droite. Après le **temple hindou**, poursuivez sur la piste, au bord de la faille. Et waouh ! un superbe point de vue vous attend 100 m plus loin : dans l'objectif, au moins cinq chutes en enfilade mais… en contrebas.

On peut rejoindre la première **cascade**, mais le sentier, au milieu de

Les Aubineaux

Grand Bassin

petits jardins potagers ou de la végétation, est souvent très glissant. Soyez prudent! Il existe bien une route, 250 m plus bas, qui semble vous narguer. Mais il s'agit d'une route privée, interdite d'accès, réservée à l'Electricity Supply Board (l'équivalent de notre EDF). Si ces chutes – il y en a onze au total – fournissent de l'énergie à une petite centrale hydroélectrique, elles font aussi le bonheur des fans de **canyoning**. Dans cette gorge sauvage entaillée par la rivière Tamarin, la plus grande des cascades vous impose une descente en rappel de 50 m!

➤ Grand Bassin★★★

Carte p. 105 *- À 23 km S-E de Curepipe pour la route la plus courte (A10, A9 et B88). Si vous venez des chutes de Tamarin, c'est à 14 km au S; repartir sur la B61; tourner ensuite à dr. sur la B102, direction Le Pétrin; à 12 km, tourner à g. sur la B88. Bus nº 168 Curepipe (dép. Jan-Palach gare S) - Grand Bassin. Parkings démesurés. Aire d'hélicoptère.*

C'est **Grand Bassin** pour les créoles, **Ganga Talao** (« le lac du Gange ») pour les hindous. Pour ces derniers, il est sacré au même titre que ce fleuve, où ils doivent retourner à leur mort, sous peine de ne pouvoir se réincarner. Parmi les descendants des « engagés » du XIXe s., peu avaient les moyens de s'offrir un tel voyage. En 1897, à Terre Rouge, un brahmane eut un rêve salvateur, celui d'un lac caché en forêt et qui serait une résurgence du fleuve sacré, Shiva ayant laissé tomber un peu d'eau du Gange dans ce cratère d'un volcan éteint. Parti à sa recherche, il trouva Paree Talao (« le lac des fées »). Rebaptisé depuis « Ganga Talao », il reçoit des dizaines de milliers de fidèles à l'année. Et particulièrement, lors de Maha Shivaratree, c'est-à-dire « la grande nuit de Shiva » ➤ *encadré ci-dessous,* en février ou mars.

Le site est aujourd'hui dominé par **deux statues monumentales,** qui encadrent la route. À l'entrée, sur la droite, si vous venez du Pétrin, se présente **Shiva,** un cobra autour du cou, un trident à la main. Haute de 108 pieds (plus de 30 m, soit l'équivalent d'un bâtiment de 12 étages), cette statue se voit à des kilomètres à la ronde. Les fidèles se font photographier au pied de cette sculpture, recouverte de cuivre, et qui est l'œuvre de Matu Ram Verma. Vingt et un mois de travaux ont été nécessaires à sa réalisation. Une seconde statue, d'une hauteur équivalente, celle de la **déesse Durga,** est sur orbite (en 2015, le gros œuvre était terminé). Maa Durga (« Mère Durga ») symbolise l'énergie, le courage.

En contrebas de la route, les **temples** en béton qui entourent aujourd'hui ce **lac volcanique** sont plutôt kitsch, mais l'endroit, souvent brumeux, décoré d'offrandes, distille un certain mystère. On prendra soin de se déchausser à l'entrée des sanctuaires. Même agnostique, on fera neuf fois le tour du minitemple des neuf planètes pour… remettre d'aplomb une vie qui ne tourne pas rond. On ne sait jamais !

LE MAHA SHIVARATREE

À **Grand Bassin**, Maha Shivaratree (« La grande nuit de Shiva ») se déroule en février ou en mars, la quatorzième nuit suivant la pleine lune. En 2015, quelque 200 000 personnes, de Maurice ou de l'étranger, ont fait le déplacement. Vêtus de blanc, les pèlerins portent le *kanwar*, un **temple** miniature, construit traditionnellement en bambou, décoré de papiers colorés, de clochettes et de miroirs. Sur place, les offrandes (fruits, encens, etc.) sont déposées sur des milliers de radeaux flottants. Chacun reviendra avec un peu d'eau sacrée, puisée dans une bouteille de plastique, et la déversera sur le *shiva linga* (représentation de Shiva), dans le temple de son village. Ce rite est destiné à apaiser la gorge de celui qui sauva l'humanité en avalant le poison mortel qui menaçait de réduire en cendres toute la Terre.

➤ Bois Chéri★★★

Carte p. 105 *- L'usine Bois Chéri. À 15 km S de Curepipe par l'A10. À 7 km env., à Nouvelle France, prendre à dr., dir. Souillac (A9). Puis, à 12 km, à La Flora, prendre à dr. la B88. Bus lignes n°s 34 et 168 depuis Curepipe (Jan-Palach), arrêt à l'usine ☎ 617.91.09, www.saintaubin.mu. Ouv. t.l.j. (sf lun. en basse saison, dans l'hiver austral) 9 h-17 h. Entrée payante : 500 Rs/12,80 € ; enf. 3-12 ans : demi-tarif ; dégustation incluse.*
Billet à l'unité ou forfait route du thé (2 000 Rs/51,30 €, déj. inclus).
Usine : vis. guidée. Musée : vis. libre.
Restaurant (Carnet d'adresses p. 161).

À plus de 500 m d'altitude, Bois Chéri est situé au centre d'une région agricole vouée au thé depuis 1892. C'est le premier producteur de l'île avec bon an mal an 650 t de thé noir pour 5 t de thé vert. On repère vite le moutonnement de ces petits buissons ronds et verts. Puis apparaît sur votre gauche l'**usine de Bois Chéri**. Tout se visite : les **ateliers de production** *(attention, usine f. le dim. et t.l.j. à midi au plus tard ; venir à l'ouverture)* et le **musée du Thé** attenant.

On peut aussi se promener dans la **plantation,** où l'on recueille à la main ou à la machine jusqu'à 30 t de jeunes feuilles par jour, mais seulement 7 à 10 t en hiver. La cueillette se fait en général entre 6 h et 11 h du matin ; chaque cueilleuse ramasse en moyenne 60 kg de feuilles de thé par jour.

Après la visite ➤ *encadré ci-contre,* vous ferez la différence entre thé noir et thé vert, pour lequel il n'y a pas de

TEA TIME

Dans l'**usine de Bois Chéri,** où flotte une forte odeur herbacée, vous assistez à toutes les étapes de la fabrication du thé en passant d'un étage à l'autre. Les feuilles commencent par être étalées dans les salles de flétrissage pendant 16 h : elles perdent au cours de cette première opération 30 % de leur eau. Le lendemain, on passe au broyage. Après la coupe, sur le tapis, les feuilles prennent progressivement une teinte brune : la fermentation est à l'œuvre (60 min). Après un passage au four (115-120 °C), la teneur en humidité du thé n'est plus que de 2,5 à 3 %.

fermentation; vous découvrirez que le thé se bonifie avec l'âge, comme le vin : il peut être conservé cinq ans. Pour terminer, direction le chalet de dégustation et le restaurant *(Carnet d'adresses p. 161)*, installés dans un cadre splendide, au bord d'un lac de cratère.

➤ Le domaine de Saint-Aubin★★

Carte p. 105 *- Saint-Aubin, Rivière des Anguilles. À 24 km S de Curepipe (A10 et A9). De Grand Bassin ou Bois Chéri, continuer jusqu'à l'A9 et partir à dr. sur Souillac. À la sortie, après la bifurcation vers Plaine Magnien, à dr. sur l'A9. Bus nos 6B, 129 et 133 Curepipe (dép. Jan-Palach, gare S) - Souillac ☎ 626.15.13, www.saintaubin.mu. Ouv. t.l.j. 9 h-17 h. Accès payant : 500 Rs/12,80 €; enf. 3-12 ans -50 %, la vis. pouvant inclure le déj. (forfait 1 300 Rs/33,50 €). Billet à l'unité ou forfait route du thé (2 000 Rs/51,30 €, déj. à Saint-Aubin compris). Compter 1 h env. Table d'hôte (sur rés. p. 154). Boutique.*

Le domaine a conservé sa belle maison de maître, qu'on visite jusqu'au grenier. Construite en 1819, avec comme charpente le mât d'un bateau, elle a servi de résidence aux administrateurs de la plantation sucrière. La demeure a ses dépendances. Vous pouvez visiter la serre des anthuriums : ces fleurs, introduites à Maurice il y a plus de deux cents ans, apprécient chaleur et humidité, mais pas les rayons directs du soleil, dont on les protège. Le domaine a sa **maison de la Vanille**. Hors période de récolte et fabrication *(sept.)*, un petit film vous explique tout le processus : l'échaudage, l'étuvage, le séchage…

Le passage à la **maison du Rhum** n'est pas désagréable non plus *(dégustation en prime)*.

Le domaine de Saint-Aubin

L'île Rodrigues

Perdu dans l'océan Indien, un vieux caillou de 18 km sur 8 km se cache au creux d'un lagon deux fois plus grand que lui. Vu d'avion, le spectacle est magique : des eaux vert jade et une terre brûlée. Longtemps délaissée, Rodrigues, qui aurait été découverte vers 1528 par un navigateur portugais, Diego Rodriguez, est devenue une destination tendance. Cette ensorceleuse, restée encore sauvage, possède un charme singulier sous une enveloppe dépouillée. Même les Mauriciens espèrent y retrouver le Maurice du « tan lontan », il y a vingt ou trente ans. C'est-à-dire un paradis perdu. Rodrigues, qui compte plus de 41 000 habitants (2014), change néanmoins jour après jour. À son rythme. Et sans attendre le prince charmant, notre Cendrillon essaie d'imposer un modèle de tourisme durable, écologique. Utopique ?

PRATIQUE

Cartes et plans : plan de l'île Rodrigues p. 118-119.
Manger, dormir, s'amuser… : p. 162.
La meilleure saison : toute l'année, mais les risques de cyclone sont plus importants dans l'été austral (période idéale pour la plongée).
Se déplacer :

- **Comment ?** À pied, en bus et à scooter (il y a trop de montagnes russes pour un vélo). Attention, il n'existe que deux stations d'essence en tout et pour tout. Et le service des bus cesse officiellement à 18 h (mais ne comptez pas trop sur le tout dernier bus !). Enfin, pour louer un scooter, le mieux est de s'adresser à son hébergement, qui saura trouver l'interlocuteur (comptez 500 à 600 Rs par j. , soit 13 à 15 €).
- De l'île Maurice à Rodrigues : 560 km et 1 h 30 d'avion. Si vous comptez visiter dans le même séjour Maurice et Rodrigues, partez directement sur Rodrigues pour revenir ensuite à Maurice. Sur Rodrigues, les passagers internationaux sont prioritaires et ils échappent à la limite des 15 kg de bagages en franchise.
- De Baladirou (Port Mathurin et ses environs/visite 14) à Mont Lubin (À la découverte de l'île/visite 15) : 12 km.

VISITES
14 et 15

L'Île Rodrigues

Île Rodrigues
Île Maurice
Île Rodrigues
OCÉAN INDIEN
Île aux Diamants
Île aux Sables
85
Mont. Kali
Allée
Tamari
Pointe du diable
Baie du Nord
Mont. du Sable
118
145
Mont du Nord
Mang
Île aux Cocos
★★
Pointe La Fourche
Mont. Croupier
166
La Ferme
Mont. Lascars
131
Baie Topaze
Maréchal
Île Marianne
La Fouche Corail
Mont. Cabris O.
181
Mont. Topaze
128
Plaine Mapou
Baie Topaze
Vangasailles
Île Catherine
An. Granc
Île Frégate
Plaine Corail
Caverne Patate
Petite But
Plaine Caverne
Réserve François-Leguat
★★★
Carrières de corail
Île Destinée
Anse Quitor
Île aux Pintades
Île aux Crabes
15 À la découverte de l'île p. 123

N
Port Mathurin et ses environs p. 120
Île aux Fous
Anse aux Caves
Anse de Grand Baie
Baladirou
Jeantac
Pointe Vénus
Pointe Canon
Anse aux Anglais
PORT MATHURIN
Crève Cœur
Rivière Banane
Mont. Goyave
170
Camp du Roi
Mt Borne
281
Mont. Grenade
206
Pointe Coton
Fumier
Mt Persil
275
Bel Air
Baie aux Huîtres
Pavé
Mt Charlot
252
Vainqueur
Roche Bon Dieu
Jardin Mamzelle
Citronelle
Brûlé
Réserve de la Grande Montagne
Patate Théophile
Baie de l'Est
Saint-François
Mt Piton
354
Mont Lubin
Saint d'Or
398
Les Choux
Mt Cimetière
Mt Limon
Nouvelle Découverte
341
352
Lataniers
Grande Montagne
Mont. Cabris E.
166
Trou d'Argent
Petit Gabriel
Sainte-Famille
Palissade Ternel
163
Mt Ursule
SENTIER DU LITTORAL
Saint-Gabriel
Saint-Louis
Eau Vannée
Gravier
Mont Chéri
167
Petit Gravier
Port Sud-Est
Canary
Rivière Cocos
Anse Mourouk
Pâté Reynieux
Anse Raffin
Île Hermitage
ille en Queue
Île Gombrani
Grande Passe
Île aux Chats
Île Plate
0
1
2 km

14 Port Mathurin et ses environs

Une quincaillerie à Port Mathurin

Port Mathurin, la « capitale », semble vivre au rythme de l'île Maurice d'il y a vingt ans. Dans cette petite ville, qui a emprunté son nom à l'un des premiers colons, le Français Mathurin Bréhinier, il y a encore quelques belles maisons créoles, comme la Résidence, rue de la Solidarité, tout près de l'office de tourisme. Le temps a rongé les façades en bois de boutiques vétustes, où se mêlent saucisses sèches et pastèques, chaussures *made in* Taïwan et gamelles en fer-blanc. Mais, tout à coup, on tombe sur la dernière boutique à la mode (Billabong) ou sur un casino baptisé pompeusement « P'tit Monaco ».

- **Point de départ :** Port Mathurin.
- **Se déplacer :** à pied, en bus ou à scooter.
- **Carte :** p. 118-119.
- **Carnet d'adresses :** p. 162.
- **À ne pas manquer :** le marché du samedi matin à Port Mathurin et le panorama de Pointe Canon.

➤ Port Mathurin

Carte p. 118-119.

Impossible de s'égarer! Port Mathurin a hérité d'un plan en damier, où quatre rues parallèles croisent une demi-douzaine de rues perpendiculaires.

Parallèle à la mer, la rue principale, **rue de la Solidarité,** abrite la mosquée Noor-ud-Deen et l'église anglicane Saint-Barnabé.

Quant à l'église catholique **Sainte-Cœur-de-Marie,** construite par un disciple du père Laval *(p. 45)*, le père François Thévaux, il faut la chercher au coin de la rue François-Leguat et Mamzelle-Julia.

Côté mer

À l'arrière, côté mer, il y a l'unique **port** de l'île; encombré de conteneurs, il attend l'arrivée, trois fois par mois, du *Mauritius Trochetia*, reliant Maurice à Rodrigues ➤ *encadré ci-contre.*

On y trouve aussi le « nouveau » quartier administratif, créé au moment de l'accès à l'autonomie de l'île en 2002. Port Mathurin est en effet le siège de l'Assemblée régionale, qui comporte dix-huit membres, l'exécutif étant assuré par un chef commissaire. La vie politique de Rodrigues est émaillée de coups de théâtre, de discussions houleuses, dont la presse locale se fait l'écho.

Vous tomberez aussi, au beau milieu d'un terrain vague, sur la statue d'un solitaire, oiseau endémique de l'île aujourd'hui disparu, exterminé comme son cousin, le dodo mauricien.

Le bazar★★

À Port Mathurin, le grand événement de la semaine reste le **marché du samedi** (en semaine, le marché est nettement plus riquiqui). À l'entrée est de la ville, le bazar, encore flambant neuf, accueille ce rendez-vous joyeux. Tout le monde s'y retrouve avec sa « tente » (cabas en vacoas). Chantale, Rosemay, Lusine et les autres ont parfois quitté leur case à 3h du matin pour vendre giraumons, brèdes, limons (citrons), thym, menthe, ourites (pieuvres) séchées… Sur le marché ou chez Coco Zone *(p. 164)*, il faut absolument acheter du miel de Rodrigues, un miel d'eucalyptus. L'île compte nombre de petits producteurs comme la Cases à Gardénias *(p. 165)*.

L'ARRIVÉE DU BATEAU

Trois fois par mois, en provenance de Port Louis, le *Mauritius Trochetia* pointe son étrave dans la **baie de Port Mathurin** à 6 h du matin, au lever du soleil, sur fond de ciel rose. Un spectacle de toute beauté. Et un événement fébrilement attendu par des commerçants, en rupture de stock. Au XXIe siècle encore, la vie de l'île est suspendue à ces rotations, tant pour ses importations que pour ses exportations. Côté passagers, en revanche, le trafic s'érode lentement mais inexorablement (5 000 tout au plus prévus en 2015).

➤ Vers Anse aux Anglais★★

Carte p. 118-119 - À 2 km E de Port Mathurin par la route côtière.

En sortant de la ville par l'est, on traverse la **rivière Cascade Pigeon** : sur ses bords s'installèrent François Leguat et ses sept compagnons en 1691. Protestants chassés de France par la révocation de l'édit de Nantes, ils veulent s'établir dans les Mascareignes. Le capitaine de leur bateau les a débarqués avec un équipement léger sur cette île déserte. Deux ans plus tard, ils rembarquaient sur un esquif de fortune, direction Maurice, sous pavillon hollandais. Leguat a laissé un récit de ses tribulations, fort précieux aujourd'hui, mais qui laissa ses contemporains incrédules : *Voyages et aventures de François Leguat et de ses compagnons en deux isles désertes des Indes orientales*, ouvrage paru en 1708.

Pointe Canon**

Carte p. 118-119 - De Port Mathurin, on peut s'y rendre à pied par un sentier de chèvre. Sinon, 1re route à dr., après la gare routière, direction Mont Lubin.

La route grimpe en lacets serrés vers **Mont Lubin**. Empruntez-la sur 200 à 300 m jusqu'à la station météorologique, logée à gauche dans un virage en épingle. À droite, un joli **point de vue** sur Port Mathurin s'offre de Pointe Canon, où la **statue de la reine de Rodrigues** (Marie) domine et protège la capitale. Ainsi qu'un canon, hérité de la Seconde Guerre mondiale.

Pointe Vénus

Carte p. 118-119 - À 1 km env. du centre de Port Mathurin. Revenir de Pointe Canon sur le littoral.

Vous passez au pied de Pointe Vénus, où l'astronome français Alexandre Guy Pingré est venu, en mai 1761, observer le transit de la planète Vénus devant le Soleil, événement rarissime (une à deux fois par siècle, le dernier ayant eu lieu en 2004). Un hôtel s'y est perché; devant ce qui fut le premier quatre-étoiles de l'île subsiste toujours la carcasse de la maison du directeur de l'Eastern Telegraph Company, qui posa le premier câble sous-marin entre Rodrigues et Maurice (1901).

Anse aux Anglais**

Carte p. 118-119 - À 2 km E env. du centre de Port Mathurin.

C'est là où les Anglais débarquèrent en septembre 1761 et prirent brièvement possession de l'île avant de reprendre le large à Noël. C'est aujourd'hui un quartier résidentiel, où se trouvent les **villas** des Mauriciens en poste sur l'île ainsi que les hôtels les plus anciens. Le site a été immortalisé dans *Le Chercheur d'or* de Jean-Marie G. Le Clézio. Dans cet ouvrage, l'écrivain raconte comment son grand-père fouilla la terre obstinément pendant plus de vingt-cinq ans dans l'espoir d'y dénicher le trésor de La Buse. Avant d'être pendu en 1730 à Saint-Paul, sur l'île de La Réunion, ce pirate, de son vrai nom Olivier Le Vasseur, jeta un plan dans la foule, plan crypté censé mener au butin de ses rapines : « Mon trésor à qui saura comprendre ! »
Rodrigues est une terre qui porte bien des secrets, et le basalte d'Anse aux Anglais a su garder le sien.

Baladirou

Carte p. 118-119 - À 8 km E de Port Mathurin par la route côtière, puis une piste carrossable. Bus n° 224 Port Mathurin - Baladirou via l'intérieur.

En poursuivant vers le charmant village de **Caverne Provert** et sa plage proprette, on atteint ensuite la belle et profonde **anse de Grand Baie**. Une piste carrossable mène désormais à la plage adorable de Baladirou. Un bout du monde splendide, où le vent du large fouette des rochers basaltiques noirs. En contrebas, une ou deux cases, des barques qui dansent dans la mer, une plage de sable blond déserte…

LES ROUSSETTES DE RODRIGUES

Au coucher du soleil, il suffit de grimper sur la route qui mène de Port Mathurin à Mont Lubin, de s'arrêter sous les arbres et de lever les yeux : on suit, fasciné, le ballet de ces petites chauves-souris, rigolotes, frugivores, qui se pendent tête en bas dans les branches avant de repartir, d'un coup d'aile, deux arbres plus loin. Distrait, on peut confondre la roussette de Rodrigues *(Pteropus rodricensis)*, qui pèse dans les 250 g, avec un oiseau. Il resterait dans l'île quelque 4 000 spécimens (2006), bien plus qu'en 1979 (70 individus). Pas encore assez pour que l'espèce soit considérée comme tirée d'affaire, le moindre cyclone faisant des coupes claires dans leurs rangs.

15 À la découverte de l'île

Lagon vers l'île aux Chats

Des sites comme le Trou d'Argent, une île comme l'île aux Cocos… Devenue une destination kitesurf, Rodrigues cache plus d'un trésor. Même si elle a parfois un aspect revêche. Un vent violent balaie ses paysages grillés ; le silence donne l'impression que l'on est hors du temps… Et pourtant Rodrigues ne se laisse jamais oublier. On garde en mémoire ce lagon vert malachite, veiné par le courant des passes, aperçu durant toute la descente vertigineuse sur Port Sud-Est. Ou cette longue plage déserte, parsemée de rochers noir basalte, qui apportent une touche dramatique. Et surtout la gentillesse de ses habitants.

- **Point de départ :** Mont Lubin.
- **Se déplacer :** à pied, en bus, à scooter ou en bateau.
- **Carte :** p. 118-119.
- **Carnet d'adresses :** p. 165.
- **À ne pas manquer :** la descente sur Port Sud-Est et la réserve François-Leguat.

➤ Au sud-ouest★★

Carte p. 118-119.

Côté plages, c'est le régime maigre. Tout le secteur baptisé **Plaine Corail** est un vaste plateau de calcaire corallien surélevé. Sous vos pieds, de ténébreuses galeries aux noms cocasses.

Les carrières de corail★

Carte p. 118-119 - À 10 km S-O env. de Mont Lubin. Arrivé sur la côte, vers Port Sud-Est, partez à dr., dir. Rivière Cocos. La route asphaltée cède le pas à un petit chemin de terre très praticable.
Bus nº 207A Port Mathurin - Anse Quitor-Rivière Cocos. Accès libre.

Autrefois éblouissantes de blancheur, elles ont viré grisâtres : cela reste néanmoins une curiosité géologique. Sur le site, on débitait en long à la scie, jusqu'à une époque très récente (mars 2002), les briques qui servaient à construire les maisons rodriguaises. Sur place, on vous proposera encore d'acheter quelques menus objets-souvenirs, légers et un peu friables, qui ont une certaine beauté : cendriers, barques…

Caverne Patate★

Carte p. 118-119 - À 11 km S-O env. de Mont Lubin. Des anciennes carrières de corail, revenir sur la route principale et repartir à g. sur 1 km. À hauteur de Petite Butte, guetter le fléchage à g. Accès payant : 100 Rs/2,60 € ; enf. 5-12 ans : 75 Rs/1,90 €). Achat des billets sur place ou auprès de l'office de tourisme (p. 162). Vis. guidée t.l.j. à 9 h, 11 h, 13 h et 15 h.

Pour ce voyage sous terre, long de 600 m, prévoyez de bonnes chaussures antidérapantes. Un effort d'imagination est requis pour repérer parmi stalactites et stalagmites « la Grande Muraille de Chine », « le fantôme » ou « Winston Churchill ». C'est ici que furent découverts en 1864 les ossements d'un solitaire (oiseau).

La réserve François-Leguat★★★

Carte p. 118-119 - Anse Quitor. À 15 km S-O env. de Mont Lubin. De Caverne Patate, revenir sur la grande route, et repartir à g. dir. N et La Fouche. Prendre à g. la route dir. Plaine Caverne.
Bus nº 207A depuis Port Mathurin.
☎ 832.81.41. http://tortoisescavereserve-rodrigues. com. Ouv. t.l.j. 9 h-17 h. Accès payant : 330 Rs/8,50 € ; enf. -10 ans : 160 Rs/4,10 €. Vis. guidées, au minimum 3 par jour, à 9 h 30, 10 h 30, 13 h 30 et 14 h 30. Boutique. Restaurant. Petit musée.

« On pouvait voir, parfois, un troupeau de 2 000 ou 3 000 tortues, au point qu'il était possible de parcourir plus de 100 pas sur leur dos… sans avoir à mettre pied à terre », notait François Leguat dans le récit de ses *Voyages et aventures*. C'était en 1691. Depuis, ces reptiles avaient complètement disparu de Rodrigues. En octobre 2006, le bateau *Mauritius Pride* débarquait sur l'île 294 spécimens, expédiés par **La Vanille – Réserve des Mascareignes** *(p. 87)*. Des tortues géantes originaires d'Aldabra (Seychelles), très proches de l'espèce endémique rodriguaise, la *vosmaeri* dite « ensellée ». Depuis, ces immigrées se sont fort bien acclimatées dans la réserve d'**Anse Quitor** (20 ha), baptisée symboliquement du nom de François Leguat. En 2014, le site a reçu 25 000 visiteurs, ce qui est énorme pour Rodrigues (soit un touriste sur deux). Désormais, il compte plus d'un millier de tortues (1 250 en 2014) dont 695 sont nées sur place ! Sachez que vous pouvez adopter

La réserve François-Leguat

ou plutôt « parrainer » une tortue de la réserve. Mignon, non ? Vous choisirez son nom, recevrez régulièrement de ses nouvelles. Cette BA a un prix : 1 575 Rs/40,30 € par an ! Cette aventure hallucinante, et couronnée de succès, pour inverser le cours du temps n'a pas concerné les seules tortues, mais aussi la couverture végétale de la réserve. En dix ans (2004-2014), on a planté au moins 186 000 jeunes pousses endémiques de 39 espèces différentes. Ce n'est pas tout : le lieu est truffé de grottes (au moins douze). Une seule se visite : la **Grande Caverne** *(comptez 500 m de marche, entre passerelles et escaliers)*. Enfin, au petit **musée** de la réserve, on découvre que le cœur des tortues bat à 30 pulsations/minute, qu'elles peuvent vivre deux cents ans et que la température détermine dans une couvée le sexe des bébés.

➤ Les îlots**

Carte p. 118-119.

Rodrigues ne compte pas moins de dix-sept îlots, qui piquètent le lagon. De quoi éveiller quelques vocations éphémères de Robinson. L'**île aux Cocos** fait partie des excursions les plus réclamées (pour la solitude, c'est raté).

L'île aux Cocos**

Carte p. 118-119 - Accès depuis Port Mathurin (45 min aller). Accès autorisé entre 9 h et 15 h et payant : 125 Rs/3,20 € ; enf. 5-12 ans : 75 Rs/1,90 €. Mais cela n'inclut pas le transport avec un opérateur agréé (liste des bateliers fournie par l'office du tourisme). Compter 1 000-1 500 Rs/25,60-38,40 € suivant les prestations. Durée : la journée. Guide de la faune et de la flore de l'île Cocos, *éd. Mauritian Wildlife Foundation, 2009.*

À l'ouest de Rodrigues, l'île aux Cocos, 1,5 km de long pour 200 m de large, déclarée réserve naturelle, abrite une population dense d'oiseaux indigènes, surtout des sternes. L'île est envahie de **macouas** (*Anous stolidus* en latin) piailleurs : ces « hirondelles de mer » d'une couleur brun cendré chatoyante décollent presque sous votre nez, mais défendent bec et pattes leur progéniture (elles pondent un seul œuf), parfois installée à même le sol. À ne pas confondre avec le **malaine** ou noddi marianne *(Anous tenuirostris)*, gris, plus petit, à tête blanche. La goélette blanche, dite aussi « **oiseau la Vierge** » *(Gygis alba)*, du genre solitaire et farouche, elle, ne se laisse pas approcher. Sur place, un guide peut assurer une visite axée sur faune et flore.

Au retour, on fait en général un petit arrêt pour une dernière baignade idyllique devant l'**île aux Sables** *(accès interdit)*, autrefois utilisée comme poste de quarantaine.

Les autres îlots

Carte p. 118-119 - Port Sud-Est ou Petit Gravier. Accès libre.

Si vous voulez jouer les Robinson, l'**île aux Chats,** au sud de Rodrigues, est tout indiquée. Petits crabes qui servent d'appâts pour la pêche à la traîne, cactus parfois en fleurs, belle plage de sable blond au milieu des rochers volcaniques noirs… l'île aurait pu accueillir Crusoé et Vendredi. Elle est fréquentée également par les plongeurs en apnée, qui vont observer les poissons, carangues ou licornes, dans « Couzoupa », un aquarium naturel profond de 5 à 15 m.

UN PARC MARIN

Dans le sud, Rodrigues a son **parc marin,** bien qu'on en parle peu. D'une superficie de 43 km^2, il s'étale d'**Anse Mourouk** (Port Sud-Est) à la **Grande Passe,** qui taille une brèche dans la barrière de corail. Il englobe les îles Plate, aux Chats et Hermitage. La demoiselle de Rodrigues *(Pomacentrus rodriguensis)*, un poisson bleu, en est l'emblème. Objectif : sauver la biodiversité et le lagon, épuisé par une pêche trop intensive.

Manger, dormir, s'amuser…

Toutes nos bonnes adresses région par région

Toutes nos adresses sont classées par visite et par ville. Elles ont été testées et sélectionnées par notre auteur, en toute indépendance. N'hésitez pas à suivre ses coups de cœur ♥ et à nous communiquer les vôtres !

Port Louis et ses environs

Les prix indiqués pour l'hébergement sont établis sur la base d'une chambre double de catégorie standard, en haute saison, petit déjeuner inclus (sauf mention contraire). Ils sont donc susceptibles de varier en fonction de la date de votre séjour et de votre moyen de réservation. Les tarifs mentionnés pour les restaurants sont calculés sur la base d'un plat du jour ou d'un menu, boisson non comprise.

➤ PORT LOUIS

Visite 1, p. 30; plan p. 32-33

Port Louis

ADRESSE UTILE

MTPA (Mauritius Tourism Promotion Authority)
Plan p. 32-33 / A2 *- Victoria House, St. Louis St., près de l'intersection avec Barracks St. ☎ 210.15.45, www.tourism-mauritius.mu. Ouv. lun.-sam. 9 h-16 h.*
Petite documentation et mini-plan de ville.

OÙ DORMIR ?

Dormir à Port Louis ne présente pas beaucoup d'intérêt. En cas de nécessité, dans la ville, le choix est limité.

Autour de 3 500 Rs (90 €)

Le Saint-Georges
Plan p. 32-33 / B3 *- 19 St George St. ☎ 211.25.81, www.saintgeorgeshotel-mu.com, 82 ch. Piscine. Accessible aux handicapés.*
Dans la rue la plus charmante de Port Louis, quasiment en face de l'ambassade de France, un hôtel de caractère (trois étoiles), malgré son aspect un peu classique.

Autour de 5 000 Rs (130 €)

Le Suffren Hôtel & Marina
Plan p. 32-33 / A1 *- Le Caudan ☎ 202.49.00, www.lesuffrenhotel.com. 102 ch. Spa.*
Cet hôtel design, aux allures de bateau de croisière, possède une plage avec paillotes et cocotiers, ce qui est franchement insolite en pleine ville ! Pour une clientèle qui mêle loisirs et travail.

OÙ MANGER ?

Attention, la plupart des restaurants sont fermés le week-end et le soir. Et beaucoup donnent leur prix hors VAT (TVA locale), qui est de 15 %.

Autour de 150 Rs (4 €)

Ken's
Plan p. 32-33 / A1 *- Caudan, près de l'hôtel Labourdonnais ☎ 57.94.03.99 (GSM). Ouv. t.l.j. 11 h-22 h.*
Dans le *food court* rebaptisé « l'Observatoire », où l'on trouve toutes les cuisines du monde (13 enseignes !), ce petit snack joue la carte mauricienne ou créole : boulettes en tout genre *(à partir de 40 Rs)*, caris. Carte et menu à 150 Rs.

Moins de 500 Rs (13 €)

♥ Café de l'Atelier
Plan p. 32-33 / B2 *- 12, St.-Louis St., à l'angle de Brown-Sequard St. ☎ 208.28.16. Ouv. lun.-ven. 9 h-17 h.*
Yan Maingard, écrivain et artiste-peintre, a lancé ce café-librairie-galerie dans un ancien entrepôt du vieux Port Louis. Style industriel chic pour le cadre, cuisine « paysanne » (cari de cerf, poulet à l'ananas) pour la table, on en redemande !

Autour de 750 Rs (19 €)

The Deck
Plan p. 32-33 / A1 *- Caudan, sur l'eau (passerelle), à hauteur de l'hôtel Labourdonnais ☎ 59.28.11.11 (GSM). Ouv. lun.-jeu. 11 h-16 h 30, ven.-sam. 11 h-22 h.*
On respire l'air du large dans ce restaurant flottant, installé sur une barge. Spécialité ? Poissons et fruits de mer : filet de thon rouge à la plancha, vindaye de poulpe ou calamar… Dégustation de vins le vendredi. À la carte et menu à 750 Rs (cocktail et taxes inclus).

Lambic
Plan p. 32-33 / A2 *- 4, St George St. Angle Chevreau St. et Saint Louis St. ☎ 212.60.11, www.lambic.mu. Ouv. lun.-ven. 12 h-20 h, sam. à partir de 13 h.*

Dans une vieille maison créole, une cuisine originale, à la bière (mais pas exclusivement), sanglier rôti compris. Vingt à trente bières du monde entier en dégustation, dont celle, mauricienne, d'Oscar Olsen, le propriétaire brasseur : la Flying Dodo *(p. 42)*.

The Courtyard

***Plan p. 32-33 / A-B2** - Angle Chevreau St. et Saint Louis St. ☎ 210.08.10, www.le-courtyard.com. Ouv. déj. lun.-ven. 11 h-15 h ; dîner ven., 17 h 30-23 h. F. sam. et dim. À la carte. Attention VAT non inclus. Possibilité de vente à emporter (take away).*

Une cuisine gaie, légère, fusion : le poisson du jour grillé ou à la vapeur, espuma de citron vert, le vindaye de poisson aux petits oignons et poivrons. Pour 550 Rs/14 €, on peut même composer son propre curry ou cari (poisson/aubergines, poulet/crevettes…). C'est un chef mauricien, Alankalee Vasoo, formé par Patrice Dumont (deux étoiles Michelin dans une autre vie), qui vous régale.

Salons de thé et goûter

Côté Jasmin

***Plan p. 32-33 / A2** - 9 bis, St George St., près de l'église de l'Immaculée-conception ☎ 213.11.65. Ouv. lun.-sam. 9 h 15-22 h (au minimum).*

Une oasis en pleine ville ! Un bar-jardin, où l'on peut déguster des glaces artisanales 100 % nature parfums letchi, mangue, citron, fruit de la passion (40 Rs la boule), un jus de coco (40 Rs) et consulter sa messagerie. Au four et au moulin, c'est un expatrié italien, Fulvio Porcu, adepte de la *slow food*.

Les Gourmandises d'Anne

***Plan p. 32-33 / A2** - Caudan I, Barlky Wharf vers le Craft Market, au r.d.c. ☎ 211.73.53. Ouv. lun.-sam. 8 h 30-17 h 30.*

Pour un petit creux : tartes à la banane et napolitains (biscuit fourré à la gelée de fruits).

OÙ SORTIR ?

Port Louis s'assoupit dès 17 heures. Les activités nocturnes y sont rares. Seules solutions : cinémas, casino, pubs et bars du **Caudan Waterfront** *www.caudan.com (voir ci-contre).*

Casino

***Plan p. 32-33 / A2** - Au Caudan Waterfront ☎ 210.42.03.*

Salle de machines à sous *(ouv. 10 h-2 h)* et salle de jeux *(ouv. 20 h-4 h)*.

Cinéma

Le Star et ses 3 salles

***Plan p. 32-33 / A1** - Au Caudan Waterfront, www.aucinemastar.com.*

Cinq séances quotidiennes *(à partir de 11 h, la dernière à 21 h)*. Place : 200 Rs/5 € env.

Pub

Keg & Marlin

***Plan p. 32-33 / A2** - Au Caudan Waterfront, Dias Pier ☎ 210.20.50. Ouv. t.l.j. 11 h-22 h 30 ; ven. 11 h-minuit ou minuit 30.*

Musique live le ven. soir à partir de 20 h 30. Séga, rock… Tous les goûts sont dans la nature et au Keg !

SHOPPING

Centre commercial

Caudan Waterfront

***Plan p. 32-33 / A1-2** - Information Counter ☎ 211.65.60, www.caudan.com. Ouv. lun.-sam. 10 h-18 h, dim. 9 h 30-12 h 30.*

Ce centre commercial comporte deux entités : le Caudan I *(Barkly Wharf)* et le Caudan II *(Dias Pier, le plus proche de la place des Armes)*. Vous y trouverez une foule de boutiques mode : aussi bien des enseignes locales qui ont acquis parfois un rayonnement international, comme Harris Wilson ou IV-Pl@y (jeans), que des enseignes internationales ayant pignon sur rue à Maurice. Vous dénicherez des souvenirs au *Craft Market* (centre artisanal) de Caudan I ainsi que dans un petit nombre de kiosques de Caudan II : « dodos » ➤ *encadré p. 34*, épices, thés, etc.

Bijoux

Adamas

***Plan p. 32-33 / A2** - Caudan, Das Pier ☎ 210.14.62, www.adamasltd. com.*

Rivière ou solitaire, diamant blanc, noir, cognac ou rose, tailles princesse ou marquise… chacun(e) pourra trouver le bijou de ses rêves. Magasin *Tax refund* ➤ *encadré p. 208*.

Poncini
Plan p. 32-33 / A1 - Caudan, Barkly Wharf ☎ 211.69.21.
À l'origine de cette autre belle *success story* mauricienne, un petit horloger suisse de 23 ans arrivé à Port Louis en 1925, Alfred Poncini. À côté de la bijouterie, l'horlogerie reste toujours son point fort. Magasin *Tax refund* ➤ *encadré p. 208.*

Librairie

Bookcourt
Plan p. 32-33 / A2 - Caudan, Barkly Wharf, r.d.c., près du Blue Penny Museum ☎ 211.92.62, www.bookcourt.mu.
Cette librairie dispose d'un beau rayon de livres sur Maurice mais aussi journaux et magazines étrangers.

Magasin d'usine

Hémisphère Sud
Hors plan p. 32-33 / par A2 - Free Zone Rd, Plaine Lauzun. À l'O de Port Louis, dépasser le Caudan, prendre l'ancienne route de Rose Hill (l'A1) sur 4 km env. ; après le passage sur Grand River Nord-Est, tourner à g., av. des Amandiers, et encore à g. après le garage Reliance Motors ☎ 208.14.72, www.hemispheresud.com. Ouv. lun.-ven. 9 h-17 h, sam. 9 h-12 h.
Le maroquinier le plus glamour de Maurice ! La marque, créée par Anne-Christine Levigne-Fletcher, joue dans la cour des grands. On trouvera ici des fins de série et des nouvelles collections à des prix plus abordables (10 000-80 000 Rs/255-2 050 €) ainsi qu'un petit musée de la maroquinerie.

Marché

Marché central
Plan p. 32-33 / B1-2 - De part et d'autre de Farquhar St. Ouv. avr.-sept., lun.-sam. 5 h 30-17 h 30, dim. et j.f. 5 h 30-11 h 30 ; oct.-mars : lun.-sam. 5 h-17 h 30, dim. et j.f. 5 h-11 h 30 (p. 31).
C'est le ventre de Port Louis, exotique au possible. Boucheries, poissonneries, marchands de fruits et légumes…

Mode

Blu River
Plan p. 32-33 / A2 - Caudan, Dias Pier, 1er ét. ☎ 211.72.11. Ouv. lun.-sam. 9 h 30-17 h 30.
Sous cette enseigne se cache l'un des fleurons de l'industrie textile mauricienne (Floréal), qui a lancé une collection plus décontractée à côté de Harris Wilson, Floréal Boutiques ou Aquarelle Shirt, ses autres marques. Vous trouverez notamment des tee-shirts, des pulls, etc.

Pharmacie chinoise

Chinese Store
Plan p. 32-33 / C1 - 14 Dr Sun-Yat-Sen St., près de Royal St. ☎ 242.13.71. Ouv. lun.-ven. 8 h 30-16 h 30, sam. 8 h 30-12 h 30, dim. 8 h-12 h.
C'est « la » pharmacie chinoise traditionnelle, avec ses tisanes, ses guêpes au miel, ses cafards aplatis, ses hippocampes ! Rien ne vous empêche de demander conseil.

SPORTS ET LOISIRS

Courses

Crown Lodge
Plan p. 32-33 / C-D3 - ☎ 57.29.96.21, www.crown-lodge.net.
Cette agence vend un forfait à la journée incluant transferts entre hôtel et Champ de Mars (hippodrome), location de loge sur le balcon VIP, rencontres avec les entraîneurs et jockeys, bar et canapés à volonté. Comptez 6 500 Rs/166 € env. et 3 000 Rs/75 € pour un enf.

Mauritius Turf Club
Plan p. 32-33 / C-D3 - Champ de Mars ☎ 212.22.12, www.mauritiusturfclub.com.
Les courses ont lieu le samedi et quelques dimanches entre fin mars et début décembre, de 12 h 40 à 16 h 55.

Visite guidée

White Sand Tours
Plan p. 32-33 / B2 - 10, Robert-Edward Hart St., dans le prolongement de Brown Sequard St. Curepipe (p. 108) ☎ 605.15.00, www.whitesandtours.com.
Cette agence propose des excursions à la demi-journée dans Port Louis, sans oublier le marché, ainsi que la séquence shopping au Caudan. Cette visite est couplée avec celle du jardin de Pamplemousses *(p. 45)*. À partir de 1 450 Rs/37 € env., le transport étant inclus depuis l'hôtel.

➤ AU SUD DE PORT LOUIS

Visite 2, p. 40 ; carte p. 29

Moka

OÙ DORMIR ?

Autour de 3 500 Rs (90 €)

♥ Les Pavillons
Maison Euréka (sur le domaine)
☎ 433.84.77 et 57.27.44.50 (GSM), www.maisoneureka.com.
Sur le domaine d'Euréka *(p. 41)*, enfouie dans la verdure, cette *guest house* comprend deux pavillons (3 ch. seulement, dont 2 familiales). Le soir venu, après le départ des visiteurs, la propriété vous « appartient ». Un luxe abordable pour une telle légende.

OÙ MANGER ?

Autour de 800 Rs (20 €)

Escale Créole
Route de Bois Chéri. Après Euréka, prendre la 1re route à g., 800 m à dr., panneau indicateur ☎ 433.16.41 et 54.22.23.32 (GSM), www.escalecreole.net. Ouv. lun.-ven. à midi seulement, sur rés.
Cari de poulet, rougail de saucisse… Une cuisine mauricienne goûteuse, le *vrai manzé lacaze* (« maison ») dans un beau jardin. Formules Pipengaille à 650 Rs et Découverte à 850 Rs.

La Maison Euréka
Voir p. 41 ☎ 433.16.76 ou 433.84.77.
Déjeuner raffiné sous la varangue de la maison coloniale et grands classiques créoles : marlin fumé, gratin de chouchous, *vindaye* de poisson au citron vert, confiture de patates douces… Menu complet à 805 Rs, VAT inclus.

SHOPPING

Souvenirs

Boutique de la maison Euréka
Voir ci-dessus. À l'entrée, près de la billetterie.
Dans cette boutique, vous trouverez tout aussi bien du rhum arrangé et du café de Chamarel, que des livres ou d'autres objets à rapporter.

SPORTS ET LOISIRS

Ascension du Pieter Both

Otelair
Rue Charles-Regnaud, Eau Coulée
☎ 696.67.50 et 52.51.66.80 (GSM), www.otelair.com.
Fou de grimpe, Olivier Bourquin a créé cette agence où les activités s'inscrivent entre eau, terre et air.

Vertical World
PO Box 289, Curepipe ☎ 697.54.30 et 52.51.11.07 (GSM), www.verticalworldltd.com. Comptez dans les 3 000-3 500 Rs/75-90 € la journée à partir de 2 pers.
Si vous voulez tenter l'ascension, en toute sécurité avec des professionnels, de la montagne la plus « technique » de Maurice. Niveau : difficile. Durée : entre 7 h et 9 h.

➤ AUTOUR DE PAMPLEMOUSSES

Visite 3, p. 44 ; carte p. 29

Calebasses

SHOPPING

Chocolats

♥ Van Ann
Royal Rd. ☎ 243.40.00, www.vanann.net. Ouv. lun.-ven. 8 h-17 h.
Un chocolatier sous les tropiques ! Ann Van den Bergh produit des chocolats aux épices à se damner. Coco, ananas, caramel, café… cette liste est loin d'être exhaustive. Une douzaine de parfums au total. Boutique dans la chocolaterie.

Pamplemousses

OÙ MANGER ?

Autour de 500 Rs (13 €)

Chez Tante Athalie
Mon Repos. À 2,5 km du jardin botanique ; au bout de l'av. Mapou, prendre à g. la dir. de Centre de Flacq sur l'A2. Après la mosquée, sur la g. ☎ 243.92.66. Ouv. lun.-sam. à midi, le soir sur réserv.

Dans un beau jardin où se prélassent de rutilantes voitures de collection, vous dégustez *vindayes* et terrine de camarons, fricassée de bringelles (aubergines)… Créole, le menu change tous les jour. Menu fixe 530 Rs. Menu enf. 325 Rs.

Autour de 750 Rs (19 €)

Le Fangourin

À l'Aventure du sucre (p. 48), Beau Plan ☎ 243.79.00. Ouv. t.l.j. 9 h-17 h. Accessible aux handicapés. À la carte.

Une cuisine mauricienne qui tient la route : salade de cœurs de palmier (la fameuse salade du millionnaire), blinis de fruit à pain, camarons à la sauce rouge… Ne ratez surtout pas les desserts ! On vient pour son moelleux au cœur tendre de chocolat noir, coulant à souhait, ou sa glace au fangourin (jus de canne). Cafés et thés sont évidemment proposés avec les sucres spéciaux mauriciens.

SHOPPING

Village Boutik

Dans le musée de l'Aventure du sucre (p. 48), Beau Plan, Pamplemousses. Ouv. t.l.j. 9 h-17 h.

Cette boutique est bien approvisionnée : sucres de l'île aux noms suaves (muscovado, tolodura…) dans un conditionnement original, ligne de papeterie déclinée dans les tons bleu indigo, beau rayon de livres, rhums, CD de séga.

La région nord

Les prix indiqués pour l'hébergement sont établis sur la base d'une chambre double de catégorie standard, en haute saison, petit déjeuner inclus (sauf mention contraire). Ils sont donc susceptibles de varier en fonction de la date de votre séjour et de votre moyen de réservation. Les tarifs mentionnés pour les restaurants sont calculés sur la base d'un plat du jour ou d'un menu, boisson non comprise.

➤ LA CÔTE SOUS LE VENT

Visite 4, p. 52 ; carte p. 53

Baie du Tombeau

OÙ DORMIR ?

Moins de 2 500 Rs (65 €)

Les Cocotiers
Royal Rd, Le Goulet, à 7 km N de Port Louis ☎ 206.86.00 et 247.42.11, http://cocotiers-hotel-mauritius.com. 48 ch.
Dans un quartier résidentiel, un hôtel de charme sur la plage. Salle de massage. Piscine. Station de bus pour Port Louis à la porte.

Balaclava

OÙ MANGER ?

Plus de 1 500 Rs (38,50 €)

Château Mon Désir
Maritim Resort & Spa, Baie aux Tortues ☎ 204.10.00, www.chateaumondesir.mu. Ouv. le soir sf dim. (et lun. hors saison), 19 h-22 h ; brunch le dim. 11 h-14 h.
Dans une maison de style néocolonial, avec toit de bardeaux et murs de pierre, on sert une cuisine raffinée, où poissons et crustacés, comme les tournedos de langouste, sont en vedette (comptez 1 000-1 500 Rs pour un plat principal). Un bon plan ? Le brunch dominical avec un buffet copieux, raffiné, boissons comprises à 1 590 Rs (enf. -12 ans : gratuit). Vous pourrez flâner ensuite sur les berges de la rivière Citron, où subsistent les ruines d'un moulin, d'une distillerie et d'un barrage construit vers 1740 par Mahé de La Bourdonnais.

Grand Baie

OÙ DORMIR ?

Hôtels

Moins de 3 000 Rs (75 €)

Ventura Hôtel
Royal Rd, à la sortie de Grand Baie, vers Pereybère ☎ 263.60.30/31/33. www.hotelventura.com. 28 ch. Piscine. Jardin. Enf. -12 ans : 70 % du prix. Accessible aux handicapés.
Hors plage, cet hôtel petit prix est à deux pas de la plage de la Cuvette et du centre-ville.

Autour de 10 000 Rs (255 €)

Veranda Grand Baie
Route Royale, sortie N., près du Royal Palm ☎ 209.80.00, www.veranda-resorts.com. 94 ch.
En plein centre de Grand Baie, cet hôtel dispose de 2 belles piscines, mais très peu de chambres ont vue sur la mer. Accès direct à la plage. Mini-club 3-12 ans. Activités offertes : aquagym, planche à voile, kayak, pédalo, plongée en apnée, promenade en bateau de verre. Location de vélo. Spa Seven Colours.

Résidence hôtelière

Autour de 5 000 Rs (130 €)

Ocean Villas
☎ 263.30.39 ou 263.10.00, www.ocean-villas.com. 50 ch. entre bungalows, suites familiales ou villas.
Dans un jardin de plus de 15 000 m², les bungalows sont tous équipés de kitchenettes même s'il y a un snack-bar sur place. 2 piscines (dont une avec pataugeoire pour les enfants). Accès direct à la plage, bus à la porte. Activités nautiques offertes : plongée en apnée, ski nautique *(15 min)*, banane.

Location

Résidence Peramal
Royal Rd, à g. avant le restaurant Le Capitaine en venant de Trou aux

Biches ☎ 263.81.09, www.residence-peramal.com. 10 studios et 4 appart. de 2 ch. R.d.c. Accessible aux handicapés. Résidence donnant sur la mer au fond d'une impasse. Coquet. Activités (payantes) : plongée, excursion en catamaran. Entre 1 200 Rs/30 € et 2 000 Rs/50 € la nuit sans petit déj.

OÙ MANGER ?

Moins de 500 Rs (13 €)

Ti Kouloir
School Lane. Au fond du parking de Sunset Boulevard, sur la dr. quand on vient de Trou aux Biches, partez à dr. dans la petite rue ☎ 263.56.45 et 57.43.51.62 (GSM). Ouv. lun.-sam. 11 h 30-15 h 30 et 18 h-21 h, dim. 18 h-21 h.
Ce boui-boui, installé dans un espace tout en longueur de 4 m², se cache derrière un autre restaurant, La Rougaille créole. Il n'en produit pas moins les meilleures boulettes de l'île, selon les connaisseurs. Poulet, porc, calamar, au choix… 7 Rs/0,18 € la boulette, c'est donné ! La carte s'étend à d'autres plats populaires comme les mines frits (nouilles sautées). À emporter ou à consommer sur place.

Resto Bar de la Baie
Royal Rd, à l'entrée O de Grand Baie ☎ 52.92.07.97 (GSM). Ouv. le midi et le soir à partir de 18 h 30. F. le lun.
En retrait de la route, avec vue sur mer, c'est une table familiale. Du classique : poisson créole, cari d'ourite, daube d'agneau, etc., mais savoureux. Menu à 390 Rs et carte.

Autour de 500 Rs (13 €)

Palais de Chine
Royal Rd, après le Grand Bay Store Plaza en venant de Trou aux Biches ☎ 263.71.20/99.28. Ouv. 12 h-14 h 30 et le soir à partir de 18 h 30. F. dim. midi et j.f. À la carte (prix hors VAT).
En étage, le cadre de ce restaurant peut paraître banal, mais les crabes et la fondue méritent le déplacement : c'est l'un des meilleurs chinois de l'île.

Autour de 1 000 Rs (25 €)

♥ Le Capitaine
Royal Rd ☎ 263.68.67. Ouv. t.l.j. 11 h-15 h et 18 h 30-23 h. À la carte.
En face : la mer que l'on voit danser. Sur la table : langouste, huîtres grillées, filet de poisson cuit dans une feuille de bananier. On peut aussi se contenter de boire un verre au bar en acajou. Comptez 420-850 Rs pour un plat principal. Attention, certains poissons sont au poids et la VAT n'est pas incluse.

Le Goût du Large
Royal Rd, à l'entrée de Grand Baie, sur la g., après la route de Pointe aux Canonniers ☎ 54.40.35.20 (GSM). Ouv. 12 h-22 h. F. lun. et dim. soir. Accessible aux handicapés.
Sur la plage, une cuisine du marché, poissons en tête, en mode créole. La carte offre un *Kid's corner* (des propositions réservées aux enfants) et pour les « accros », une assiette de fromages. À la carte, comptez à partir de 500 Rs/13 € pour un plat principal. Jazz live ven. et sam. en saison.

Plus de 5 000 Rs (130 €)

Governor's House
Île Plate au large de Grand Baie ☎ 263.50.00 et 57.04.23.26 (GSM), www.20degressud.fr/fr. Ouv. lun.-ven. pour le déj., selon disponibilité et météo.
D'une trentaine de couverts, le « restaurant » est installé dans les ruines du XIXᵉ s. de cette île, où l'on consignait en quarantaine les passagers des navires suspects d'apporter des maladies. Forfait 5 900 Rs/pers. incluant le menu (avec langouste) et la traversée *(3 h A/R)*.

OÙ BOIRE UN VERRE ?

Sunset café
Royal Rd, près du grand carrefour B13/B11 ou La Salette Rd ☎ 263.96.02 et 263.90.69, www.sunset-cafe.mu. Ouv. t.l.j. 8 h-22 h. Petite restauration.
Le plus beau poste d'observation sur la baie. S'y rendre pour siroter un punch au coucher du soleil et consulter gratuitement ses courriels (wi-fi). *Happy hours* 16 h-19 h. Cocktails avec alcool 290 Rs/7,40 €, sans alcool 255 Rs/6,50 €.

The Beach House
Royal Rd, côté O de Grand Baie entre poste de police et église ☎ 263.25.99. Ouv. t.l.j. 11 h-minuit.
L'enseigne n'est pas usurpée : c'est vraiment face à la mer et quelques escaliers

mènent à la plage. Tous les cocktails sont à 230 Rs/5,90 € et le « champagne » est sud-africain. Musique live ven. et sam. soir jusqu'à 23 h, le dim. après-midi 13 h-17 h.

SHOPPING

Établies de part et d'autre de Royal Rd (la rue principale), les boutiques de mode ne manquent pas à Grand Baie : c'est ce que l'on appelle « **Sunset Boulevard** ». *Autre temple pour* fashion addicts *et cette fois sur trois étages : le* **Grand Bay Store Plaza** *(GBSP pour les initiés) ; sur Royal Rd, il affiche des horaires amples (☎ 263.05.56. Ouv. lun.-sam. 9 h-19 h 30, dim. 9 h 30-13 h 30).*

Boulangerie

Pains & Moulins

Chemin 20-pieds, sur la B45, avant croisement avec la B11 ☎ 263.25.90. Ouv. t.l.j. 6 h-19 h (dim. 6 h-14 h).

Une boulangerie-pâtisserie ! C'est un *Frenchie*, Manu Glize, qui a eu cette idée savoureuse. On s'y procure des pains complets, des pains au seigle, des pains aux olives… Vendus au poids entre 30 Rs/0,75 € et 80 Rs/2 € les 100 g.

Épicerie fine

L'Épicerie

Royal Rd, sortie N de Grand Baie, près de Store 2000, sur la dr. ☎ 269.11.23. Ouv. lun.-sam. 7 h 30-19 h (ven.-sam. jusqu'à 20 h), dim. 7 h 30-12 h 30.

Tout, pour un pique-nique ou un repas improvisé dans sa kitchenette.

DES REQUINS ET DES HOMMES

En plongée, **Grand Baie** a des spots réputés, comme l'épave du *Silver Star* ou le fabuleux mur du Whale Rock. Mais les requins manzelles et les requins à queue noire ont déserté leur fosse, près de l'île Plate : la faute à une pêche intensive. Depuis, un plongeur comme Hugues Vitry *(p. 142)* garde obstinément le secret sur les nouvelles fosses à requins qu'il découvre.

Galerie

Galerie des Arts

Royal Rd, Dodo Sq., sortie N de Grand Baie après l'hôtel Merville ☎ 263.31.06 et 52.54.46.79 (GSM), www.lagaleriedesarts.com. Ouv. 10 h-17 h. F. dim.

En exclusivité ici, l'œuvre de Vaco est saturée de soleil, de couleurs, de lumière. Septuagénaire, l'artiste mauricien a également créé une ligne d'objets et produits dérivés.

Librairie

Papyrus

Complexe Richmond Hill (près de Super U), La Salette Rd (B11, dir. Goodlands) ☎ 263.00.12, http//librairiepapyrus.wordpress.com. Ouv. lun.-sam. 9 h-18 h 30, dim. 9 h 30-12 h.

Cette librairie propose un bon choix de livres et de cartes routières de l'île Maurice.

Mode

Comptoir de la Broderie

Royal Rd, à l'entrée O ☎ 263.30.17 et 263.44.85, www.michelabad.com. Ouv. lun.-ven., 10 h-17 h 30 et sam. 10 h-14 h 30.

Les produits proposés ne se limitent pas à la broderie, contrairement à ce que l'enseigne pourrait faire penser. Si vous recherchez de beaux pulls en cachemire, c'est ici ! À partir de 6 400 Rs/160 €.

SPORTS ET LOISIRS

Croisières

Centre nautique de Grand Baie

Sunset Bd, vers le grand carrefour, B13/Salette Rd ☎ 263.80.17/269.15.18. Ouv. t.l.j. 8 h-17 h.

En catamaran : croisière d'une journée à destination de l'îlot Gabriel. Comptez 1 000 Rs/25 € env. pour adult., enf. 3-12 ans 50 % du tarif. En semi-submersible avec le *Nessee* : de 30 places, le bateau doté d'une coque à fond de verre vous emmène sur la barrière de corail. Attention les yeux ! Balade d'env. 1 h 45. Comptez 600 Rs/15 € env. pour adult., enf. 3-12 ans 300 Rs.

Location de vélos et scooters

Coastal Tours
Royal Rd, près de l'hôtel Mauricia
☎ 263.80.50.
Entre 200 Rs/5 € (vélo) et 700 Rs/18 € (scooter) la journée.

Marche sous l'eau

« Solar » Under Sea Walk
Royal Rd, près de la station Engen
☎ 263.78.19 et 52.53.44.11 (GSM), www.solarseawalk.com.
Dép. 5 fois/j. Rés. Tarif unique : 1 400 Rs/36 € env. Durée : 1 h 30 env. À partir de 7 ans.
Emportez maillot de bain et serviette, le reste est fourni, à savoir le casque-boîte, qui enveloppe tête et épaules et vous alimente en oxygène. Transparent, il vous permet de marcher à 3 ou 4 m de profondeur.

Pêche au gros

Sport Fisher
Sunset Bd, Royal Rd ☎ 263.83.58 et 57.42.79.15 (GSM), www.sportfisher.com.
Les bateaux sont loués à la demi-journée ou à la journée *(7 h-13 h)*. À partir de 16 560 Rs soit plus de 420 €.

Pereybère

OÙ DORMIR ?

Hôtels

Autour de 4 000 Rs (100 €)

Bleu de Toi
Route côtière ☎ 269.17.61 et 57.54.44.29 (GSM), www.hotelbleudetoi.mu. 11 ch.
Vous hésitez entre le charme d'un petit hôtel et la convivialité d'une chambre d'hôtes ? Hors plage mais à l'écart de la route, l'adresse, enfouie sous les bananiers et les palmiers, offre les deux. Et en plus, elle est coquette. Piscine. Enf. 3-12 ans : +12 € *(dans la ch. des parents)*. Bébé : gratuit.

SIMPLE COMME UN CLIC

Pour un **hôtel** ou une **résidence hôtelière**, il y a les prix officiels. Et puis les tarifs qui peuvent être affichés en **promotion sur le site Internet** (inférieurs de moitié, parfois) ou donnés au téléphone. Surtout dans le Nord, où la concurrence est vive.

Ocean Beauty
Pointe d'Azur ☎ 263.60.00/263.30.39, www.ocean-beauty.com.
9 ch. ou suites.
Sur la mer, il fait partie de cette nouvelle génération de « boutiques-hôtels » ou hôtels design. Piscine surplombant la plage et beau jardin. Attention, le tarif est donné en B&B. Activités offertes : plongée en apnée, ski nautique *(15 min)* banane. Promotions à découvrir sur Internet (à partir de 2 800 Rs).

Autour de 5 000 Rs (130 €)

Hibiscus Beach Resort & Spa
Juste avant la plage publique en venant de Grand Baie ☎ 263.85.54. www.hibiscushotel com. 50 ch.
Cet hôtel se situe dans un joli jardin tropical, entre banians, badamiers et hibiscus. Accès direct à la plage (artificielle et comportant quelques rochers). Activités offertes : aquagym, pédalo, kayak, initiation à la plongée. Piscine. Hammam, sauna. Kid's club 3-11 ans. Enf. -12 ans : gratuit.

Résidence hôtelière

Autour de 3 000 Rs (75 €)

Le Beach Club
☎ 263.51.04 et 269.05.79. www.le-beachclub.com. 9 studios et 7 appart. sur la plage (publique).
Idéal pour des familles, les studios et appartements étant équipés de kitchenette. Le bar-restaurant peut assurer le petit déj. *(inclus dans le tarif)* et/ou un dîner aux chandelles.

OÙ MANGER ?

Un bon plan : les marchands ambulants de la plage publique.
Sur le pouce : dholl puri, samoussas.

Moins de 500 Rs (13 €)

Cafétéria Pereybère
Plage publique ☎ 263.85.39. Ouv. t.l.j. 10 h 30 à 22 h (service en continu).
On mange les pieds dans le sable… et c'est là l'essentiel. La cuisine est simple

et sans prétention, du niveau d'une cafétéria, mines frits et cari de poisson. Menu à 400 Rs (hors VAT) et carte. Un conseil : évitez le vin « local ».

SHOPPING

Cadeaux

Presqu'île

Royal Rd ☎ 269.07.97. Ouv. lun.-sam. 9 h 30-17 h 30. F. dim.

Cet atelier-boutique est une mine de petits cadeaux : blocs-notes, fleurs séchées, épices.

Galerie

Galerie du Moulin Cassé

Chemin du Vieux Moulin (route sur la dr. perpendiculaire à la route côtière, avant la plage publique si l'on vient de Grand Baie) ☎ 57.27.06.72 (GSM). Ouv. ven. 10 h-18 h ou sur RV.

Le lieu, une ancienne sucrerie (qui date de 1820), est magnifique. On fera connaissance avec une photographe fondue de nature, Diane Henry.

Pointe aux Canonniers

Maison d'hôte

Autour de 2 700 Rs (68 €)

Sous le Badamier

X-Club Rd (route côtière) ☎ 263.43.91 et 59.05.60.36 (GSM), www.souslebadamier.com. 12 ch. à 50 m de la mer.

Une adresse pleine de gaieté, ensoleillée par les peintures colorées de Vaco. Piscine. Plages à 10 min (en bus ou à pied).

OÙ DORMIR ?

Autour de 10 000 Rs (255 €)

20° Sud

X-Club Rd (route côtière), pointe Malartic ☎ 263.50.00, www.20degressud.com. 36 ch. avec vue sur mer ou jardin.

Sur la plage, un boutique-hôtel de grand charme au design raffiné. Les propriétaires sont attentionnés et peuvent tout organiser sur place : une visite de Port Louis, une journée sur l'île Plate, etc. Il y a 2 piscines, dont une chauffée l'hiver, et un minispa (soins Comfort Zone). Une navette gratuite en pirogue relie, 3 à 4 fois par jour, le centre-ville de Grand Baie. Des vélos sont également mis à disposition. Activités offertes : pédalo, kayak, planche à voile, hammam, Jacuzzi. Enf. acceptés à partir de 12 ans. Les tarifs, donnés pour la demi-pension, varient entre 6 500 Rs/166 € et 13 000 Rs/325 €.

OÙ SORTIR ?

Bar-discothèque

Les Enfants Terribles

Royal Rd (la route principale) ☎ 54.98.87.51 (GSM). Ouv. ven., sam. et veille j.f. à partir de 22 h. Accès payant : 200 Rs/5 € à 500 Rs/13 €.

Surnommé « LET » par les habitués, c'est l'établissement phare et glamour, qui fait le buzz sur Maurice. Le (jeune) roi de la nuit mauricienne, Javed Vayid, qui en est le directeur, enchaîne les soirées d'enfer. *Dance floor*, belle terrasse et carré VIP, la recette du succès… Conseil : venir vers minuit.

SHOPPING

Galerie

Hélène de Senneville

Royal Rd ☎ 263.74.26. Ouv. lun.-sam. 9 h-18 h. F. dim. et j.f.

Vous pourrez découvrir des aquarelles et des pastels d'artistes locaux, ainsi que des originaux de l'écrivain et peintre mauricien Malcolm de Chazal (1902-1981). La galerie propose également une sélection d'objets, sacs, paréos, bijoux, etc.

Mode

Brigitte Charoy

Royal Rd ☎ 263.09.63, www.brigittecharoy.com. Ouv. lun.-sam. 9 h 30-18 h 30. F. dim.

Dans cette boutique, vous trouverez des vêtements de mode ethnique réalisés par une styliste mauricienne qui réinvente le chic indien.

SPORTS ET LOISIRS

Plongée

Mascareignes plongée

153, Batterie Malartic, derrrière l'hôtel 20° Sud (ci-contre) ☎ 269.12.65 et 57.50.86.97 (GSM),

www.mascareignesplongee.com. Baptême (2 400 Rs/60 €), plongée d'exploration (1 800 Rs/45 €). Dès 8 ans.
Le baptême de plongée se fait par 6 m de fond, chaque « élève » disposant d'un moniteur .

Pointe aux Piments

OÙ DORMIR ?

Moins de 5 000 Rs (130 €)

Villas Mon Plaisir Hôtel
Royal Rd ☎ 261.79.80 et 261.74.71, www.villasmonplaisir.com. 41 ch. Accessible aux handicapés.
Avec la plage en face, niché sous les filaos, cet hôtel offre des activités : billard, pédalos, kayak, planche à voile. Enf. -12 ans : 50 % du tarif. Dans les 4 300 Rs/110 € env. la nuit, en demi-pension.

♥ Récif Attitude Hôtel
Royal Rd ☎ 261.04.44, www.recif-hotel-mauritius.com. 70 ch.
Sur la plage, ce bon petit trois étoiles a choisi une déco contemporaine épurée (rarissime). Avis aux amateurs : le site est un spot de surf apprécié. Deux restaurants, un bar. Activités offertes : kayak, pédalo, plongée en apnée. Spa Attitude sur place, avec des lignes mauriciennes. L'hôtel n'accepte que les adultes. La nuit est à partir de 4 000 Rs/100 €, mais cela peut grimper jusqu'à 6 000 Rs/150 €.

OTENTIK

Aujourd'hui, le groupe **Attitude,** « 100 % mauricien » a dans son escarcelle **dix hôtels,** rachetés et transformés en **concepts originaux**. Certains peuvent être réservés aux adultes, d'autres aux couples, qui se rejouent *Paul et Virginie*, avec *happy end*. Un mariage sous l'eau peut même leur être proposé ! Surtout, le groupe joue à fond la carte de l'authenticité. Repas chez l'habitant, sortie avec un pêcheur, cours de créole… Autant d'expériences « otentik » qui séduisent. L'authenticité est aussi la valeur mise en avant par le **groupe Lux***. Dans ses hôtels, on n'est pas au bout de ses (bonnes) surprises : message caché dans une bouteille à découvrir, bar baladeur qui apparaît/disparaît, cabine téléphonique d'où l'on peut appeler gratuitement son domicile, cinéma sur la plage…

Trou aux Biches

OÙ DORMIR ?

Hôtels

Autour de 2 000 Rs (50 €)

Le Grand Bleu Hôtel
Route côtière ☎ 265.58.12, www.legrandbleuhotel.com. 62 ch. dont 28 ont vue sur la mer.
Les familles opteront pour l'un des bungalows de cet hôtel sans prétention, où la plage est de l'autre côté de la route. deux piscines. Activités offertes : pédalo, kayak, tennis de table, billard. Centre de *fitness*.

Autour de 7 500 Rs (190 €)

♥ Le Sakoa
Royal Rd ☎ 265.52.44, www.lesakoa.com. 16 ch. dont 6 avec vue sur la mer.
En 7 bungalows, ce boutique-hôtel sur la plage offrirait le plus beau coucher de soleil de l'île, à admirer de sa terrasse. Kitchenette bien équipée et certaines ch. pouvant accueillir jusqu'à deux enf. avec les parents : c'est une bonne adresse « famille ». Restaurant sur place (carte élaborée par un chef mauricien doué) et piscine. Activités offertes : pédalo et kayak. La nuit démarre autour de 6 000 Rs/150 € en demi-pension pour plafonner autour de 7 000 Rs/180 € avec petit déj.

Maison d'hôte

Autour de 2 000 Rs (50 €)

La Sorellina
Route côtière ☎ 265.62.47 et 57.58.23.22 ou 57.59.42.23 (GSM), www.lasorellina.net. 1 studio.
Hors plage *(15 min à pied de la mer)*, une adresse discrète et conviviale, celle du skipper, Thierry, de *La Sorellina (p. 141)*. Piscine dans le jardin, parking privé. La nuit est dans les 2 200 Rs/55 €.

Locations

Aquamarine Villa
Royal Rd, à l'entrée de Trou aux Biches en venant de Pointe aux Piments ☎ et fax 265.69.23 et 57.90.77.65 (GSM), http://aquamarine.maurice.free.fr. 6 ch. avec vue sur mer.
Pieds dans l'eau, la côte étant rocheuse, Aquamarine dispose d'une piscine. Entre 1 600 Rs/40 € et 2 800 Rs/70 € la nuit.

C'est Ici
Route côtière ☎ 265.52.31, www.cest-ici.com. 2 studios, 5 appart., 1 bungalow, 1 villa.
L'ensemble, coquet, est sur la plage. Atout : le bus à 200 m pour Port Louis, Pamplemousses ou Grand Baie. Comptez pour un studio dans les 3 200 Rs/80 € par nuit, le tarif en promo pouvant descendre à 2 500 Rs/65 €.

Résidence Bois d'Oiseaux
Route côtière, vers le restaurant Le Pescatore ☎ 265.53.41, www.boisdoiseaux.com. 8 bungalows (2 à 3 ch.) et 2 villas (pour 6 à 8 pers.).
La location se fait à l'unité, villa ou bungalow, les locataires ayant un accès direct à la plage et à la piscine commune. Les prix s'échelonnent entre 3 200 Rs/80 € et 5 000 Rs/130 € la nuit.

OÙ MANGER ?

Autour de 500 Rs (13 €)

♥ La Plage
Route côtière ☎ 265.75.91, www.evacoholidays.com. Ouv. t.l.j. pour le déj. et mar.-sam. pour le dîner.
Tout est à la carte, les suggestions du jour figurant sur le tableau à l'entrée. Vous pourrez déguster aussi bien des saucisses à la créole que des gambas… Il s'agit d'un « club » privé, pieds dans le sable, où le droit d'accès (400 Rs/10 €) est remboursé au premier déjeuner ou à la première consommation sur place. Les soins au Spa ➤ *encadré ci-contre* n'entrent pas dans ce crédit.

Autour de 2 500 Rs (65 €)

Le Pescatore
Route côtière, un peu après l'hôtel Trou aux Biches, dir. Grand Baie ☎ 265.63.37 et 265.69.73. Ouv. lun.-sam. 12 h-14 h et le soir à partir de 19 h. F. dim. Accessible aux handicapés.
Une table réputée (mais chère). La cuisine raffinée à base de produits de la mer, qui ose des associations originales du type palourde/ananas et le cadre romantique, face au lagon, justifient l'addition. Choisissez l'option menu pour deux qui limitera les dégâts (dans les 4 500 Rs au total, VAT incluse). Ou la carte avec un plat principal, dans les 760 à 1 000 Rs (doryphène avec son *chutney* pomme d'amour, camarons et cœurs de palmier).

SPORTS ET LOISIRS

Croisières

La Sorellina
Route côtière ☎ 265.62.47 et 57.58.23.22 (GSM), www.lasorellina.net.
Escapade à la j. *(9 h-16 h)* à bord d'un voilier qui peut accéder aux lagons de faible profondeur, en petit comité *(6/7 pers. maxi)*, notamment dans le parc marin de Balaclava *(p. 53)*. 2 900 Rs/75 € env. Le plus : chacun peut apprendre à barrer le bateau. Bref, du tourisme hors des sentiers battus.

Pêche

Killer Sport Fishing
Royal Rd ☎ 265.65.95 et 57.29.08.91 (GSM), manitou@intnet.mu.
Pour la pêche au gros, une famille de skippers de père en fils (à la demi-j. ou à la j., à partir de 24 000 Rs/610 €).

LE SPA À LA PLAGE

Ne pas avoir à choisir entre plage et Spa, le rêve ? À **Trou aux Biches**, **La Plage** *(ci-contre)* loue **transats** (entre 600 Rs/15 € et 800 Rs/20 € à la journée, que l'on soit en semaine ou le week-end), mais propose aussi des **soins** « au son des vagues de l'océan Indien » sous une paillote, à l'ombre des palmiers. Pour le grand jeu, choisissez le rituel tropical, gommage noix de coco puis massage. De quoi faire peau neuve en 1 h 30 (2 000 Rs/50 €).
➤ **La Plage** ☎ *265.75.91 ou 263.01.72. Sur rés. uniquement.*

La Rochelle Fishing Charters
22, Route côtière ☎ 265.79.67 et 59.10.59.29 (GSM), www.larochellepeche.com.
Alain Marie-Jeanne vous emmène à la pêche au gros, à la petite traîne… 6 000 Rs/150 € pour 6 h de pêche ; 10 800 Rs/275 € pour la journée. Le matériel, le repas et les boissons sont compris dans les deux cas.

Plongée

♥ **Blue Water Diving Divers**
Route côtière, vers le restaurant Le Pescatore (p. 141) ☎ 265.67.00 et 265.71.86, www.bluewaterdivingcenter.com.
Il s'agit du centre d'Hugues Vitry, plongeur et photographe de renom. L'homme, qui danse avec les requins, se bat aujourd'hui pour leur survie à l'île Maurice ➤ *encadré p. 137.* Ici, lors des baptêmes plongée, on respecte strictement les règles : un moniteur, un plongeur (2 400 Rs/60 €, bouteille et plombs sont fournis). Sorties à la demi-journée ou à la journée. L'observation des baleines et des cachalots fait partie aussi des attributions du centre (4 900 Rs/125 €).

Plongée en sous-marin

Blue Safari Submarine
Route côtière, vers le restaurant Le Pescatore (p. 141) ☎ 263.33.33, www.blue-safari.com. Ouv. t.l.j. 8 h 30-16 h 30 (en été) ou 15 h 30 (en hiver).
Pour la plongée en sous-marin, il faut prévoir 2 h. Les places sont limitées à cinq ou dix personnes. Il y a même des sorties pour les amoureux avec champagne à bord ! Comptez 3 900 Rs pour adult. ; enf. 3-12 ans : 2 300 Rs ; enf. -3 ans : 700 Rs.

Scooter sous-marin

Blue Safari Submarine
Route côtière, vers le restaurant Le Pescatore (p. 141) ☎ 263.33.33, www.blue-safari.com. Ouv. 9 h-16 h en été et 9 h-15 h en hiver.
Conduire un scooter (une vraie bulle) à 3 m sous la mer, c'est possible. L'invention a d'ailleurs du succès. Il faut compter 2 h dont 30 min sous l'eau. 5 800 Rs/148 € pour un couple ; 4 400 Rs/112 € en solo.

➤ L'EXTRÊME NORD

Visite 5, p. 56 ; carte p. 57

Calodyne

OÙ DORMIR ?

Hôtel

Plus de 6 000 Rs (150 €)

Zilwa Attitude Hôtel
Royal Rd ☎ 204.98.00, http://zilwa-hotel-mauritius.com. 243 ch. dont 43 ch. communicantes.
Ce quatre-étoiles est un peu le « laboratoire » du groupe Attitude. Il développe ici grandeur nature son concept, où le client se voit proposer de vivre, de l'intérieur, la condition de zilwa (îlien)… mais le confort et le farniente en plus ! De style rustique, les chambres ont le béton ciré des campements (maisons typiques du bord de mer) mauriciens, et leurs murs affichent des sirandanes (devinettes créoles, *p. 184*). L'hôtel n'en offre pas moins 4 piscines, 6 restaurants, 1 Spa et une foule d'activités gratuites : paddle, kayak, planche à voile, plongée en apnée, bateau à fond de verre, et même un cinéma en plein air ! Il est également doté d'une école de kitesurf. De plus, il dispose de deux îlots privés, ce qui constitue le rêve de Robinson ! Les enfants ont leur miniclub. Possibilité de sortie avec un pêcheur, d'un dîner chez l'habitant… Autant d'expériences « otentik » qui comblent le zilwa d'adoption ➤ *encadré p. 140.* Les tarifs varient suivant la saison entre 6 000 Rs/150 € et 8 500 Rs/219 €.

Location

Le Jardin des Essences
Calodyne ☎ 57.88.88.78 (GSM), www.iha.fr. 2 ch. Non fumeurs.
Il est situé dans une petite maison blanche, au bout d'un jardin un peu sauvage. Vous serez ici aux premières loges pour découvrir une Maurice hors des sentiers battus avec Isabelle Tuffigo, dite Isa *(ci-contre)*. Il y a un snack à proximité. Comptez 3 000 Rs/75 € la nuit, et le tarif est dégressif dès la 2e nuit (4 000 Rs/100 € pour 2 nuits).

SPORTS ET LOISIRS

Kayak de mer

Yemaya Adventures
Calodyne ☎ 57.52.00.46 (GSM), www.yemayaadventures.com.
Il est possible de rejoindre l'île d'Ambre *(p. 58)* à la force du poignet et de la pagaie. Une version facile *(3 h l'A/R)* et une plus difficile *(6 h)* vous sont proposées. Il existe même une version camping sur l'îlot Bernache ! À partir de 1 500 Rs/38,50 €.

Sorties en mer

Isabelle Tuffigo
Calodyne ☎ 57.88.88.78 (GSM), www.isa-mauritius.com.
Destinations : l'îlot Gabriel et l'île Plate en catamaran.
Cette Mauricienne d'adoption, que tout le monde connaît comme « Isa », propose l'îlot Gabriel *(p. 55)* en catamaran (la journée à partir de 2 000 Rs/50 €/pers.), ainsi qu'une virée pour admirer les tortues de mer si elles veulent bien se montrer (3 000 Rs/75 € env.).

Cap Malheureux

OÙ MANGER ?

Autour de 750 Rs (19 €)

Le Capre
Pavillon (avant l'église en venant de Grand Baie, au niveau du terrain de foot, tourner à dr.) ☎ 255.61.08 et 57.97.40.90 (GSM). Ouv. lun.-sam., midi et à partir de 18 h 30. F. dim. Animation musicale le soir. À la carte.
Une cuisine de poissons, simple, familiale, mauricienne : gratin de crabe, cari de poulpe… et langouste, ce qui dépassera le budget initial (1 350 Rs/34,50 € pour 550 g). Le p'ti rhum arrangé offert par la maison achève votre conquête.

SPORTS

Plongée

Sindbad Diving Centre
Route côtière ☎ 262.88.36 et 59.83.23.32 (GSM), www.sindbad.mu.
Baptême, initiation, plongée accompagnée sont proposés, et le centre est aussi une école de kitesurf.

Goodlands

OÙ DORMIR ?

Chambres d'hôtes

Plus de 6 000 Rs (150 €)

La Demeure Saint-Antoine
Royal Rd, St-Antoine, à la sortie de Goodlands en dir. de Poudre d'Or, fléchage sur la g. ☎ 282.18.23, et 59.31.71.97 (GSM), http://lademeuresaintanoine.com. 4 ch.
La nostalgie est toujours ce qu'elle était sur cette plantation, où la demeure, construite pour Edmond de Chazal en 1830, ne fait pas son âge respectable. Lits à baldaquin et connexion Internet. Le jardin est magnifique. Comptez, selon la saison, entre 6 200 Rs/160 € et 8 200 Rs/210 € la nuit en demi-pension.

OÙ MANGER ?

Autour de 750 Rs (19 €)

♥ **La Demeure Saint-Antoine**
Voir ci-dessus. Ouv. mar.-sam., midi et soir sur rés. (le matin avant 10 h 30). F. dim.-lun. À la carte.
Sur un domaine sucrier, dans l'une des plus belles demeures coloniales de l'île, une cuisine du marché aux accents créoles. La carte est courte au déjeuner. Le plat principal (daurade avec purée de giraumons, poulet mariné aux épices tandoori) oscille entre 250 Rs et 450 Rs et là, le rapport qualité/prix/plaisir est imbattable. Le soir, c'est plus cher : entre 480 Rs/12 € et 1 200 Rs/30 €.

SHOPPING

Magasins d'usine

IN'AM Factory Shop
À la sortie de Goodlands vers Petit Raffray sur la dr., sur la B14 ☎ 282.17.07. Ouv. lun.-ven. 8 h 30-17 h, sam. 9 h-13 h. F. dim. et j.f.
C'est le magasin d'usine de la marque mauricienne IN'AM. Spécialisée au départ dans la maille, elle travaille aussi le lin et le coton.

Capkali
Z.I. de St-Antoine ☎ 282.17.54 et 54.23.68.54 (GSM), www.capkali.net. Ouv. lun.-ven. 8 h-17 h.

Tout au fond de la zone industrielle, près de Historic Marine, vous trouverez en étage les collections prix discount (hommes et femmes) de Tafta, DL ou Tafta Too, qui a pour styliste mauricienne Patricia Lagesse.

Maquettes de bateaux

Historic Marine
☎ 283.94.04, www.historic-marine.com. Ouv. lun.-ven. 8 h 30-17 h, w.-e. et j.f. 9 h-12 h.
Des bateaux mythiques : le *Santa Maria* qui a participé à la découverte de l'Amérique, l'*Astrolabe* de La Pérouse lors de son expédition autour du monde (1785-1788). Ou les bateaux de Tintin. Certaines commandes peuvent demander dix-huit mois de travail.

Grand Gaube

OÙ DORMIR ?

Hôtels

Autour de 4 000 Rs (100 €)

Veranda Paul et Virginie
Royal Rd ☎ 288.02.15. rés. 266.97.00, www.veranda-resorts.com. 94 ch.
Toutes les chambres ont vue sur la mer. Romantique, avec des hamacs pouvant être à double place, l'hôtel est parfait pour les lunes de miel ou les « renouvellements de vœux » ! 2 piscines. Activités offertes : aquagym, planche à voile, plongée en apnée. Spa Seven Colours. Accès direct à la plage. En demi-pension, entre 3 500 Rs/90 € et 4 300 Rs/110 € la nuit.

Autour de 12 000 Rs (300 €)

Lux* Grand Gaube
Pointe Réjane ☎ 204.91.91, www.luxresorts.com. 172 ch. dont 25 suites.
Il se veut le premier hôtel feng shui du sol au plafond, de la cuisine au Spa ! S'y ajoute aujourd'hui la touche « Lux », pour « lumière », avec un concept ludique fait de surprises ➤ *encadré p. 140.* 4 piscines. Activités offertes : planche à voile, ski nautique, dériveur, pédalo, plongée en apnée mais aussi cours de tai-chi et yoga, practice de golf. Kid's Club 3-11 ans. Cinéma.

Locations

Les Banyans
Saint Michel Rd, près de l'église Saint-Michel ☎ et fax 454.92.31 et 52.57.15.39 (GSM), www.villa-banyan.com. 6 bungalows (jusqu'à 6 pers). Acompte demandé par virement bancaire au moment de la rés.
Dans un beau verger, l'ensemble donne sur la mer. Piscine. 6 200 Rs/160 € la nuit dans un bungalow.

SPORTS ET LOISIRS

Barque traditionnelle

King Seggae
☎ 491.81.87. Départ (10 h) près de l'hôtel Paul et Virginie. 1 600 Rs/40 € (pique-nique et boissons compris). Retour 17 h.
Au rythme du seggae, mix entre sega et reggae, on s'embarque *(10 passagers maxi)* pour la journée sur l'îlot Bernache avec Jean-Marie.

Mapou

OÙ MANGER ?

Autour de 1 000 Rs (25 €)

La Table du Château
Domaine de Labourdonnais ☎ 266.71.72, http://chateaulabourdonnais.com. Ouv. dim.-mar., 9 h-17 h ; mer.-sam., 9 h-23 h.
En terrasse avec vue imprenable sur le château de Labourdonnais, le contenu de l'assiette est à la hauteur du cadre. Les plats sont tous créatifs : le fruit à pain, accompagnant en mousseline un poisson déglacé à la vanille ou l'arouille en purée sur une souris d'agneau. Le chef, Fabio de Poli, utilise à merveille le potager et le verger du domaine. Comptez 500 Rs pour un plat principal, 1 000 Rs pour un menu complet au déj. et 1 500 Rs au dîner (prix hors VAT).

SHOPPING

La Corbeille
Domaine de Labourdonnais (à l'ext.). Ouv. lun.-ven. 8 h-17 h, sam. 8 h-12 h 30.
On y achète fruits du domaine, pâtes de fruits… Magasin *Tax refund* ➤ *encadré p. 208.*

La région ouest

Les prix indiqués pour l'hébergement sont établis sur la base d'une chambre double de catégorie standard, en haute saison, petit déjeuner inclus (sauf mention contraire). Ils sont donc susceptibles de varier en fonction de la date de votre séjour et de votre moyen de réservation. Les tarifs mentionnés pour les restaurants sont calculés sur la base d'un plat du jour ou d'un menu, boisson non comprise.

➤ LE LITTORAL

Visite 6, p. 64 ; carte p. 63

Cascavelle

OÙ MANGER ?

Autour de 750 Rs (19 €)

Le Mirador

À l'int. du parc Casela ☎ 452.28.28 ou 401.65.00. Ouv. t.l.j. 10 h-16 h (en dehors de ces horaires, on sert sandwichs et pizzas). À la carte.

C'est le restaurant qui se trouve à l'intérieur du parc Casela *(p. 65)*. Une jolie carte (marlin fumé, cari de poulet ou de cerf, civet de cochon marron…) avec pour cadre la Tourelle de Tamarin. Tourterelles et boulbouls « sonorisent » le déj. ouvert avec un cocktail maison, le Pink Pigeon. Comptez 300-400 Rs pour un plat principal (hors VAT).

Flic en Flac

OÙ DORMIR ?

Hôtels

Autour de 4 500 Rs (115 €)

Aanari Hotel & Spa

Pasadena Village (à l'entrée N) ☎ 453.90.00, www.aanari.com. 50 ch.

Seules les chambres Deluxe et Club ont vue sur la mer, de l'autre côté de la route (plage publique). Vous êtes au cœur de l'action de Flic en Flac et de ses turbulences. Amateurs de calme, s'abstenir ! Vous profiterez de la piscine et du Spa avec massages ayurvédiques, suédois. Hammam, sauna (payants). Enf. -2 ans : gratuit ; 2-12 ans : forfait 1 200-2 000 Rs/30-50 € voire gratuité selon la période. Le tarif donné est en demi-pension.

Gold Beach Resort

Wolmar (au S) ☎ 453.82.35, www.goldgroupofhotels.com. 26 ch. et 5 cottages avec vue sur la mer. Accessible aux handicapés.

Dans une zone tranquille, ce petit hôtel pieds dans l'eau est composé de mini-blocs ronds (idéal pour regrouper une famille) entre ravenalas et palmiers. Piscine. Centre de *fitness*/Spa. Promenade en bateau à fond de verre (payant). Centre de plongée à l'hôtel voisin.

Autour de 8 000 Rs (200 €)

♥ La Pirogue

Wolmar (au S) ☎ 403.39.00, www.lapirogue.com. 248 ch.

C'est l'un des plus anciens établissements de Maurice (1976) ! La plage de sable blanc s'étire sur plus d'un kilomètre ; la cocoteraie compte un millier d'arbres sur 14 ha. Réparties dans tout le domaine, les ch. sont des bungalows de plain-pied, chacun ayant sa terrasse. Le petit déj. est fastueux. Autre grand moment : le buffet de fruits de mer (langouste à volonté !) sur la plage chaque ven. soir. 4 restaurants. Piscine. Spa Aura. Kids Club et Teens Club. Activités offertes : kayak, plongée en apnée, planche à voile, bateau à fond de verre, cours de yoga, aquagym. La nuit varie entre 6 200 Rs/158 € et 8 500 Rs/218 € selon la saison.

Locations

Flic en Flac Tourist Office

Route côtière ☎ 453.93.89, www.fftourist.com. Ouv. lun.-ven. 8 h 30-18 h, sam. 8 h 30-16 h.

En fait d'office de tourisme, il s'agit d'une agence de location de studios et de bungalows. Flic en Flac Tourist Office gère notamment Escale Vacances, un ensemble de 12 appart., doté d'une piscine (2 000 Rs/50 € la nuit dans un studio). Location de scooters (550 Rs/14 €/j.) de vélos (315 Rs/8 €/j.).

OÙ MANGER ?

Moins de 500 Rs (13 €)

Ah Youn
Royal Rd, au niveau de l'ancien four à chaux et de sa pyramide ☎ 453.90.99. Ouv. mar.-dim. 11 h 30-22 h. F. lun.
Ce chinois est une véritable institution ! « Bol renversé », mines frits (nouilles sautées)… les portions sont copieuses. Victime de son succès, il est parfois décevant. La fondue chinoise (poulet, calamar, crevette…) reste l'un des fondamentaux de la maison.

Autour de 600 Rs (15 €)

Twin's Garden
Royal Rd ☎ 453.52.50. Ouv. mar.-dim. 11 h-15 h, 18 h 30-1 h. F. lun.
Frères jumeaux, Julien et Nicolas sont aux manettes et proposent une cuisine fusion servie dans le jardin : sauté de calamar citronnelle, dos de vieille rouge au miel de jujube. Menus à prix fixe (550 Rs/14 € et 790 Rs/20,10 €), carte (comptez 350-990 Rs pour un plat principal). Menu enf. 160 Rs. Chaque ven., un buffet créole avec séga à 750 Rs. Animations musicales régulières.

Autour de 750 Rs (19 €)

Domaine Anna
Médine. À 3 km à l'extérieur de Flic en Flac, prendre la B34, dir. Port Louis ; tourner à g., fléchage ☎ 453.96.50, http://domaineanna.net. Ouv. 10 h 30-14 h 30 et 18 h-23 h. F. lun. À la carte. Accessible aux handicapés.
Le cadre est superbe, verdoyant, piqueté de lacs (artificiels). Et la cuisine élaborée, créole, mâtinée d'accents chinois prononcés : camarons à la mauricienne, poissons vapeur au gingembre. Animations ven. et sam. à partir de 21 h.

SPORTS ET LOISIRS

Plage

Flic en Flac
Très longue plage (3 km env.) que bordent restaurants et bars, de l'autre côté de la route.

Plongée

Abyss
Av. des Mérous, Morcellement Anna ☎ 57.22.49.90 (GSM).
Avec un plongeur expérimenté et indépendant, Christophe Pélicier. Les places sont limitées. La plongée : 1 500 Rs/38,50 € (équipement fourni).

Exploration sous-marine
Villas Caroline ☎ 453.84.50. www.pierre-szalay.com. F. dim. et j.f.
Ce centre est dirigé depuis vingt ans par un Français, Pierre Szalay. 2 plongées/j. en sem. Plongées de nuit possibles. La plongée à 1 250 Rs/32 € (équipement fourni). À partir de 14 ans.

OÙ SORTIR ?

Discothèque

Shine
Royal Rd (dans le complexe Oasis) ☎ 59.17.91.17 (GSM). Le ven. à partir de 21 h 30. le dim. à partir de 16 h.
Cette discothèque embrase et sonorise les nuits de Flic en Flac. Le concept associe champagne *lounge* et pizzeria.

Grande Rivière Noire

OÙ DORMIR ?

Chambres d'hôtes

Autour de 6 000 Rs (150 €)

♥ **Les Lataniers Bleus**
Sur la dr. quand on vient du N. ☎ 483.65.41, www.leslataniersbleus.com.
12 ch. de caractère entre 3 villas, nichées dans un jardin opulent, qui descend doucement vers la plage. Chacune dispose d'une cuisine équipée, si l'on veut fonctionner en mode autonome. Dynamique, la propriétaire, Josette Vexlard, d'une gentillesse inégalable, promeut le tourisme vert. Piscine. Table d'hôte. Comptez pour la nuit entre 5 500 Rs/140 € et 6 600 Rs/170 €.

Hôtel

Autour de 7 000 Rs (180 €)

The Bay
Av. des Cocotiers, La Preneuse ☎ 483.70.42, www.thebay.mu. 16 ch. Accessible aux handicapés.
Un « boutique-hôtel » pieds dans l'eau, aux couleurs douces et toniques à la fois, géré de façon efficace. Restaurant *(ci-contre)*. Piscine. Enf. -3 ans : gratuit ;

3-11 ans : forfait 17 €. Massages assurés sur place. Le prix de la nuit fait le grand écart entre 4 100 Rs/105 € et 6 800 Rs/175 €.

OÙ MANGER ?

Autour de 800 Rs (20 €)

♥ The Bay
Av. des Cocotiers, La Preneuse, hôtel The Bay (p. 146) ☎ 483.65.25. Ouv. t.l.j. 12 h-15 h et 19 h-22 h 30.
Dominant la mer, le restaurant bénéficie d'un cadre idyllique. La cuisine, axée sur les poissons et fruits de mer, est savoureuse. Il y a de nombreuses salades pour les petites faims et des portions de frites pour les gamins. Menu du j. à 850 Rs et carte (360-450 Rs pour un plat principal).

SHOPPING

Achats gourmands

Marlin Exports Ltd
La Preneuse. Dans Le Carré gourmand, sur la dr. en descendant vers le Morne ☎ 483.67.72. Ouv. lun.-sam. 8 h-18 h. F. dim.
C'est une bonne adresse pour rapporter du marlin fumé (conditionné sous vide).

SPORTS ET LOISIRS

Observation des dauphins et baleines

♥ JP Henry Charters Ltd
☎ 57.29.09.01 (GSM), www.blackriver-mauritius.com.
Les départs se font de La Balise Marina, le nouveau complexe résidentiel au bord de l'eau *(fléchage)*. Dans le respect des règles, la nage avec les dauphins se pratique exclusivement de 7 h à 8 h 30 (1 600 Rs/40 €/pers.). Excursion à la journée *(9 h-15 h 30)* combinant observation et plongée en apnée : 2 400 Rs/60 € (enf.-12 ans : demi-tarif).

Dolswim
Rue La Jetée ☎ 54.22.92.81 (GSM), www.dolswim.com.
Vis-à-vis des dauphins, le respect du code de bonne conduite est ici la règle. L'équipe s'engage : vous verrez des dauphins (sinon, autre sortie gratuite proposée). Durée : 2 h 30. Adul. 1 500 Rs/38,50 € ; enf. -12 ans : 1 000 Rs/25 €. Une sortie avec déj. est également au programme. En revanche, pour les baleines, c'est évidemment plus aléatoire (60 % de chances d'en voir) et cela ne concerne que la période juil.-sept. voire oct. pour les baleines à bosse. Durée : 4 h ; adultes 2 000 Rs/50 € ; enf -12 ans : 1 200 Rs/30 €.

Pêche au gros

JP Henry Charters Ltd
Voir ci-contre ☎ 57.29.09.01 (GSM).
L'un des meilleurs spécialistes de la pêche au marlin.

La Gaulette

OÙ DORMIR ?

Maison d'hôtes

Moins de 4 000 Rs (100 €)

Maison Papaye
La Flèche n° 21 ☎ 451.59.76 et 57.52.09.18 (GSM), www.maisonpapaye.com. 4 ch.
Hors plage, en retrait de la route principale, cette belle maison blanche aux volets bleus joue l'incognito. Du balcon, vue sur l'île aux Bénitiers. L'accueil est très agréable. Piscine. La nuit, ici, est comprise entre 2 200 Rs/55 € et 3 000 Rs/75 €.

OÙ MANGER ?

Moins de 150 Rs (4 €)

Liverpool Snack
Royal Rd ☎ 59.47.69.63 (GSM). Ouv. lun.-sam. 11 h-15 h. F. dim.
Pour le pique-nique, gâteaux-piments, beignets d'aubergines ou de pommes de terre. Dans ce snack propret, vous pouvez aussi vous attabler pour un bol renversé riz-poulet (90 Rs/2,30 €) ou riz-crevettes-saucisses (140 Rs/3,60 €). Pas d'alcool.

SPORTS ET LOISIRS

Excursions

Ropsen Tours
Royal Rd ☎ 451.57.63 et 52.55.55.46 (GSM), www.ropsen.net.
L'observation des dauphins fait partie de ses propositions *(dép. 6 h 30, retour*

à 14h30). Comptez 2 000 Rs/50 € ; enf. -12 ans : demi-tarif. Ce qui inclut matériel de plongée (masque, tuba), barbecue sur l'île aux Bénitiers. On peut aussi louer, chez lui, vélos (280 Rs/7 € par j.) et scooter (800 Rs/20 € par j.).

Le Morne

OÙ DORMIR ?

Plus de 15 000 Rs (385 €)

Le Paradis Hotel et Golf Club
Sur la pointe nord de la péninsule du Morne ☎ 401.50.50, www.paradis-hotel.com. 286 ch. et suites, 13 villas avec plage privée.
Là où le peintre-écrivain Malcolm de Chazal plantait son chevalet, cet hôtel Beachcomber s'alanguit sur 7 km de plage. Luxe, sable et volupté… Il n'en est pas moins à la pointe du tourisme durable : unités de dessalement de l'eau de mer et de recyclage des eaux usées (pour les jardins, le golf), utilisation du solaire, récupération du verre ou des huiles de cuisine… Activités offertes : aquagym, bateau à fond de verre, planche à voile, plongée en apnée, ski nautique, kayak, pédalo, paddle. Piscine. Golf *(ci-dessous)*. 4 restaurants. Mini-club 3-12 ans. Enf. -5 ans : gratuit. Spa by Clarins. Le prix de la nuit varie selon la saison entre 9 200 Rs/235 € et 16 700 Rs/425 €.

SPORTS ET LOISIRS

Golf

Paradis Golf Club
☎ 401.58.73, www.paradis-hotel.com.
Entre Morne et lagon, flamboyants et greens, ce 18-trous (5 924 m de long et retravaillé par Tony Johnstone) donne du fil à retordre : passages sur l'eau (jusqu'à cinq reprises), sautes du vent… Bon à savoir : les résidents des hôtels Dinarobin et Paradis sont prioritaires et bénéficient de tarifs préférentiels. *Green fees* : 4 000 Rs/100 €. Enf. -12 ans : gratuit.

Kitesurf et paddle

Yoaneye Kite Centre
Sur la dernière plage de la péninsule du Morne après le Riu Hôtel ☎ 57.37.82.96 (GSM), www.yoaneye.com.
2 h d'initiation (3 600 Rs/92 €), matériel fourni, peuvent vous donner l'envie d'aller plus loin. C'est aussi la bonne adresse si vous voulez faire vos débuts en SUP (*Stand Up Paddle*, *p. 19*).

Randonnée sur le Morne

Yanature Adventures
Morcellement Village, Rivière Noire ☎ 57.85.61.77 et 54.28.19.09 (GSM), www.trekkingmauritius.com.
80 % des participants terminent le parcours (500 m de dénivelé), même si la dernière partie est ardue. Comptez 3 à 4 h. Arrivée magique dans un lieu mythique. 1 500 Rs/38,50 €/pers.

Tamarin

OÙ DORMIR ?

Autour de 5 000 Rs (130 €)

Tamarin Bay
Baie de Tamarin ☎ 483.49.27 et 483.31.00, www.hoteltamarin.com. 71 ch. dont 5 villas de 2 ch. et 2 suites.
Ayant gardé sa décoration flashy très années 1970, cet hôtel vintage est bien situé face à la plage publique. Piscine et balnéo (algothérapie entre autres). Spa. Salle de cinéma. Activités offertes : aquagym, tennis, volley-ball, paddle pour aller à la rencontre des dauphins. Mini-club 3-11 ans. Forfait enf. 2-12 ans : compris entre 1 200 Rs/30 € et 1 700 Rs/43 €. Comptez pour une nuit dans les 5 000 Rs/130 €, l'écart avec un forfait demi-pension étant très faible.

Autour de 10 000 Rs (255 €)

Tamarina Boutique Hôtel
Baie de Tamarin ☎ 404.01.50, www.tamarinahotelcom. 50 ch. dont 20 ont vue sur la mer.
Au bout de 4 km de piste, qui décourage les curieux, on atteint cet hôtel de charme, cosy, niché tout seul comme un grand, dans la baie, à l'embouchure de la rivière Tamarin. Calme garanti ! Ses couleurs chaudes évoquent la savane africaine… du parc Casela, tout près à vol d'oiseau. L'hôtel a la cote auprès des golfeurs (*green fees* très préférentiels au parcours proche *ci-dessous* ou golf à volonté pour ceux qui sont en *all*

inclusive). Piscine. Spa. 3 restaurants et bars (où il faut goûter la pizza au tamarin). Pas de centre nautique, pour respecter les dauphins (mais 1 h de ski nautique à Tamarin peut être offerte). En haute saison, vous devriez pouvoir obtenir la nuit dans les 10 500 Rs/270 €.

OÙ MANGER ?

Big Willy's

Le Barachois, Baie de Tamarin
☎ 483.74.00, http://bigwillys.mu.
Ouv. mar. et jeu. 12 h-23 h ; mer. 12 h-3 h ; ven.-sam. 12 h-5 h. F. dim.-lun.

L'adresse qui déménage dans l'Ouest… C'est le rendez-vous de tous les amateurs de rugby (matchs sur grand écran), des carnassiers (le filet de bœuf Angus avec sa purée d'arouille est un plat d'anthologie) et de tous les noctambules, fans de karaoké *(le mer.)* ou non. Ce qui finit par faire beaucoup de monde! Côté restaurant, la carte fait son marché dans toutes les cuisines du monde (crevettes à l'indienne, entrecôte poêlée à la bourguignonne, etc.).

SPORTS ET LOISIRS

Observation des dauphins

Carlie Ltd Nature & Adventure

7, rue Maurice-L'Hoste, Rose Hill
☎ 52.56.07.13 (GSM).

Excursion dans la baie de Tamarin, pour faire plus ample connaissance avec grands dauphins et dauphins à long bec. Dép. de Tamarin 7 h 45, retour 10 h 30. 1 100 Rs/28 €/pers. sans transfert ; enf. -12 ans : demi-tarif.

Golf

Tamarina Golf Estate

Baie de Tamarin ☎ 401.30.06, www.tamarinagolf.mu.
Ouv. aux non-résidents. Dép. entre 7 h et 15 h 30.

Sur 6 886 m, un 18-trous dessiné par Rodney Wright, qui longe ou saute la rivière du Rempart. Magnifiques échappées sur l'océan dans un paysage de savane africaine. *Green fees* : 3 800 Rs (presque 100 €) minimum pour le touriste de passage. Tarifs préférentiels pour les résidents des hôtels associés, Tamarina et Palmeraie *(p. 148 et 156)*.

Pêche

Dominique Thévenau

A 5, Les Vergers de Gros Bois, Savannah ☎ 57.29.91.20 (GSM), www.mauritiusfishingandhuntingsafaris.com.

Pêche à la mouche, pêche au lancer, pêche sur la barrière…

➤ ESCAPADES DANS LES HAUTS

Visite 7, p. 72 ; carte p. 63

Chamarel

Lodges

Autour de 3 000 Rs (75 €)

♥ Le Coteau Fleurie

Au niveau des Terres des Sept Couleurs, sur la g. en descendant vers la mer
☎ 483.47.57 et 57.33.39.63 (GSM), www.coteaufleurie.com. 5 ch.

Une jolie maison de style créole à l'écart de la route, un grand jardin et un couple accueillant : vous avez tous les ingrédients du bonheur! Piscine. La nuit est à 3 100 Rs/80 €.

La Vieille Cheminée

Sur la B104, après les Terres des Sept Couleurs ☎ 483.52.49/50 et 57.25.55.46 (GSM), www.lavieillecheminee.com. 5 chalets créoles (de 2 à 6 pers.) en pleine nature.

On devine la vieille cheminée, celle d'une ancienne sucrerie. Les enfants pourront découvrir la ferme de ce domaine agricole en activité (ananas, palmiste, canne à sucre), où l'on pratique le « tri sélectif » et la réintroduction d'arbres endémiques. Petite piscine. Excursions à pied ou à cheval à la journée *(p. 150)*. Enf. -6 ans : gratuit. La nuit 3 250 Rs/81 € env.

Autour de 4 000 Rs (100 €)

Les Chalets en Champagne

Rte de Plaine Champagne (B103)
☎ 483.66.10 et 59.88.74.18 (GSM), www.leschaletsenchampagne.mu.
2 chalets de 2 ch. et un lodge de 3 ch.

À l'écart de la route, entre Chamarel et Le Pétrin, tous disposent d'une vue superbe sur la mer au loin. Côté déco, le bois est omniprésent. Le propriétaire est celui du restaurant Varangue sur Morne *(ci-dessous)*. Les prix sont en *self-catering* (sans repas ni petit déj.).

Plus de 7 500 Rs (190 €)

♥ Lakaz Chamarel
Piton Canot ☎ 483.42.40 ou 483.53.22. et 57.29.96.97 (GSM), www.lakazchamarel.com. 13 suites, toutes avec piscine privée et 7 ch.
Les chalets perdus dans la végétation (4,5 ha) jouent avec le bois, la pierre. Les ventilateurs brassent l'air. L'eau est chauffée par le solaire. C'est un concept d'écolodge, dans le style rustique chic. Espace soins et bien-être. Location de vélo. Cuisine locavore, directement du potager à la table. Les prix sont indiqués en demi-pension (7 500 Rs/190 €).

OÙ MANGER ?

Moins de 500 Rs (13 €)

♥ Le Palais de Barbizon
Rue Sainte-Anne, près de l'église Sainte-Anne, en plein centre du village ☎ 494.03.40. Ouv. t.l.j. 11 h 30-16 h.
Adresse ouverte sur la rue, qui ne paie pas de mine, mais menu authentiquement créole à prix fixe (350-450 Rs). Le potager est mis à contribution avec cinq variétés de légumes (manioc, papaye verte, etc.), poisson ou poulet suivent et le punch est cadeau en entrée de ce repas-festin.

Autour de 750 Rs (19 €)

Le Chamarel
La Crête, 2 km avant les Terres des Sept Couleurs ☎ 483.44.21, www.lechamarelrestaurant.com. Ouv. t.l.j. 12 h-15 h.
Bonne carte créole (avec soufflé de palmiste, gratin de crabe, rôti de cochon marron, etc.) et vue panoramique à couper le souffle sur tout le sud-ouest de l'île. Dégustation du café Chamarel. À la carte ; comptez 450-700 Rs pour un plat principal. Menu enf. 250 Rs.

Autour de 1 000 Rs (25 €)

Varangue sur Morne
À Cœur-Bois, 110, rte de Plaine Champagne ☎ 483.57.10/66.10. Ouv. t.l.j. 12 h-16 h 30.
Il y a mille raisons de s'arrêter dans cet ancien pavillon de chasse. Pour la vue, pour ses cocktails ravageurs, pour ses gratins de chouchous, son sanglier braisé. Et pour son parc de 8 ha, qui compte un étonnant écomusée du bois (accès gratuit pour les clients du restaurant) et plus de 195 plantes, dont la *Trochetia boutoniona* et l'*Hibiscus genevii*, en voie de disparition. À la carte (autour de 1 000-1 200 Rs/25-30 €).

Autour de 1 500 Rs (38,50 €)

♥ L'Alchimiste
Royal Rd (à l'intérieur de la Rhumerie) ☎ 483.49.80. Ouv. lun.-sam. 12 h-15 h 15. Le soir sur res. F. dim.
Une cuisine gastronomique raffinée, axée sur les produits du terroir et les légumes du potager. Et c'est un vrai régal : cigare de marlin fumé, cochon marron parfumé rhum et cannelle… Menus à prix fixe (1 150 Rs pour le végétarien et 1 500 Rs), carte. Le déj. inclut la visite de la rhumerie.

SPORTS ET LOISIRS

Équitation

Les Écuries de la Vieille Cheminée
Sur la g. après les Terres des Sept Couleurs, en venant de Chamarel ☎ 483.52.49/50 et 57.25.55.46 (GSM).
Les randonnées se font sur le domaine (250 ha) avec une accompagnatrice et en petit groupe (de 2 à 4 cavaliers). Comptez 1 500 Rs/38,50 € pour 1 h, 2 000 Rs/50 € pour 2 h. Hébergement possible sur place *(p. 149)*, les résidents ayant des tarifs préférentiels.

La côte sud

Les prix indiqués pour l'hébergement sont établis sur la base d'une chambre double de catégorie standard, en haute saison, petit déjeuner inclus (sauf mention contraire). Ils sont donc susceptibles de varier en fonction de la date de votre séjour et de votre moyen de réservation.
Les tarifs mentionnés pour les restaurants sont calculés sur la base d'un plat du jour ou d'un menu, boisson non comprise.

➤ DU MORNE BRABANT À SOUILLAC

Visite 8, p. 80 ; carte p. 81

Bel Ombre

OÙ DORMIR ?

Autour de 14 000 Rs (350 €)

Awali Heritage Golf & Spa Resort
Route côtière ☎ 601.15.00, rés. 266.97.77, www.heritageresorts.mu.
154 ch. avec vue sur mer ou jardin (dont 1 ch. pour handicapés), 5 suites et 1 villa.
Ici, on est accueilli au son d'un tam-tam… La déco ethnique-chic de l'hôtel puise son inspiration en Afrique, le nom « Awali » signifiant d'ailleurs « retour aux sources ». Plutôt compact, il pousse le concept jusqu'à proposer un dîner sous les étoiles, autour d'un feu de camp et au son des percussions. Mais le résident a le choix entre 12 restaurants, en comptant ceux de l'hôtel Telfair, qui sont voisins. Il y a de nombreux autres atouts : un service de baby-sitting gratuit pour les bébés en journée, un golf à deux pas, la réserve Frédérica *(p. 82)* à ses portes… Cette proximité lui impose d'aileurs d'être éco-exemplaire : l'hôtel recycle ses huiles de cuisine en biocarburant et récupère également les verres pour la Mauritius Glass Gallery. L'hôtel dispose d'une piscine et d'un Spa Seven Colours. Il y a aussi une école de kitesurf sur place (payante). Le prix de la nuit va de 7 200 Rs/184 € à 14 000 Rs/350 €.

OÙ MANGER ?

Autour de 2 000 Rs (50 €)

Château de Bel Ombre
Domaine de Bel Ombre (à g. de la route, si l'on vient du morne Brabant) ☎ 605.53.24, www.heritageresorts.mu et www.domainedebelombre.mu.
Ouv. le soir uniquement. À la carte.
On dîne sous la varangue des anciens maîtres de Bel Ombre. Piano-bar, argenterie, etc. La cuisine est aussi sur son trente-et-un : elle est à la fois inventive et parfumée. On garde un souvenir impérissable du carré d'agneau, crème d'arouille et… chocolat amer. Pas mal non plus, la cardamome sur les camarons grillés. Le plat principal est entre 800 Rs à 1 500 Rs.

OÙ SORTIR ?

C Beach Club
Bel Ombre (à côté de l'hôtel Telfair) ☎ 605.54.00, www.cbeachclub.mu.
F. dim. soir et lun. soir. Bar et restaurant sur place. Brunch dominical le 1er dim. du mois avec DJ (1 200 Rs/30 €, repas-concert hors boissons). Soirée DJ ponctuellement le sam. (à partir de 600 Rs/15 € incluant une boisson). « Orchestre » les mer. et ven.
Plage de sable blanc, piscine, mojito et programmation musicale branchée où l'on peut aussi bien danser sur les sets de DJ Ravin (ancien DJ attitré du Buddha Bar à Paris), qu'assister au concert privé d'un lauréat de l'émission *The Voice* tel Yoann Fréget.

SPORTS ET LOISIRS

Golf

Heritage Golf Club
☎ 623.56.00, www.heritagegolfclub.mu.
Ouv. t.l.j. 6 h 30-18 h 30.
Le concepteur de ce 18-trous, Peter Matkovich, a tiré le maximum du terrain vallonné. Belles vues sur l'océan. Et possibilité, ce qui est unique à Maurice, de faire du golf de nuit (sur rés. petits groupes). *Green fees* : 3 700 Rs/94 € pour les clients extérieurs.

Restaurant. Soins sur place (par une intervenante extérieure). Le tarif donné est en demi-pension.

OÙ MANGER ?

À Mahébourg, on trouvera de nombreux petits restaurants de cuisine locale aux abords du marché pour une assiette de mines ou de briani sans chichi.

Autour de 500 Rs (13 €)

Saveur de Shin
Suffren St., une rue perpendiculaire au front de mer, la 1re à g. quand on débouche sur la mer en venant de Blue Bay ☎ 631.36.68. Ouv. midi et le soir à partir de 18 h. F. mar. À la carte.
Les prix sont bas et c'est quand même bon. Aussi, on est prêt à faire la queue pour accéder au saint des saints. Le plus dur ensuite est de choisir, dans une carte pantagruélique, des saveurs chinoises. Le prix d'un plat principal démarre à 200 Rs. Mais le canard laqué (1 000 Rs) bouscule vos prévisions.

Autour de 700 Rs (18 €)

La Vieille Rouge
Angle Hangars St./Des Marres St., à côté de la maison des Pêcheurs, juste avant d'arriver au front de mer, en venant de Blue Bay ☎ 631.39.80 et 59.36.03.55 (GSM). Ouv. t.l.j. 10 h-23 h.
Au cas où vous ne le sauriez pas, la vieille rouge est un poisson local. De première fraîcheur, les produits de la mer sont le point fort de cette adresse. Poisson à l'indienne dans une feuille de bananier, filet de poisson au lait coco, poisson grillé entier… Plat principal à 275-600 Rs/7-15 €.

OÙ BOIRE UN VERRE ?

Les Copains d'abord
Sivananda St. ☎ 631.97.28 et 631.33.17. Ouv. t.l.j. 10 h-15 h et 18 h-minuit si ambiance.
Le cadre est splendide, face à la montagne du Lion et à la mer.

SPORTS ET LOISIRS

Croisières

Jean-Claude Farla
Rue de Nyon ☎ 631.70.90 et 54.23.13.22 (GSM).
À bord d'une pirogue à voile, direction l'île de la Passe *(départ à 10 h de Pointe Jérôme, compter 3 h)*. Le tarif est dégressif suivant le nombre de participants. Min. 2 pers. : 6 500 Rs/166 € ; max. : 9 pers. et ce sera alors 800 Rs/20 €.

Location de vélos

Colony Scooter Bikes
Rue de la Colonie (la rue face à Coco Villa) ☎ 631.70.62 et 52.52.02.00 (GSM).
Comptez 600 Rs/15 € à 650 Rs/17 €/j. pour un scooter et 150 Rs/3,80 €/j. pour un vélo.

Rivière des Anguilles

OÙ DORMIR ?

Chambres d'hôtes

Autour de 5 000 Rs (130 €)

♥ **L'Auberge de Saint-Aubin**
À l'int. du domaine de Saint-Aubin. Sur l'A9, à g. lorsqu'on vient de Souillac ☎ 673.30.89, www.laroutedeuthe.mu. 3 ch. (1 ch. double et 2 ch. familiales).
Parquets en teck, varangue… on réside dans les dépendances (1908) d'une demeure coloniale, ce qui fait tout le charme créole de cette « auberge ». Elle n'en est pas moins écologique : l'eau est chauffée par l'énergie solaire. Activités offertes : piscine, balade en VTT, une étape de la route du thé, jeu de carrom (jeu de société). Enf. -12 ans : demi-tarif.

OÙ MANGER ?

Table d'hôte

Autour de 1 000 Rs (25 €)

Le Saint-Aubin
À l'int. du domaine de Saint-Aubin (accès ci-dessus) ☎ 626.15.13, www.saintaubin.mu. Ouv. lun.-sam. midi sur rés. À la carte.
Tout le charme d'un repas créole pris dans une authentique demeure coloniale. Le potager et le verger de Saint-Aubin sont mis à contribution : salade de palmiste, par exemple. Et la vanille du domaine peut vous accompagner tout au long du repas (ah ! la crème vanille du dessert). Enf. -12 ans : demi-tarif.

La côte est

Les prix indiqués pour l'hébergement sont établis sur la base d'une chambre double de catégorie standard, en haute saison, petit déjeuner inclus inclus (sauf mention contraire). Ils sont donc susceptibles de varier en fonction de la date de votre séjour et de votre moyen de réservation. Les tarifs mentionnés pour les restaurants sont calculés sur la base d'un plat du jour ou d'un menu, boisson non comprise.

➤ DE MAHÉBOURG À GRANDE RIVIÈRE SUD-EST

Visite 10, p. 96 ; carte p. 97

Bel Air

OÙ MANGER ?

Autour de 750 Rs (19 €)

Le Lodge
Domaine de l'Étoile (p. 99)
☎ 57.29.10.50 et 54.23.10.55 (GSM), www.terrocean.mu. Ouv. t.l.j. 12 h-14 h. Rés. conseillée.
En pleine nature, au bord de la rivière, dans un campement, un buffet mauricien (poulet à la sauce créole, curry sec de bœuf…) est servi sur les lieux mêmes où Pierre Gaspard-Huit tourna *Paul et Virginie* en 1972 (construits pour les besoins du film, le salon et la chambre accueillent aujourd'hui une boutique). Menu à prix fixe. Possibilité de menu enf. sur demande.

Bambous Virieux

OÙ MANGER ?

Autour de 750 Rs (19 €)

La Case du Pêcheur
Route Royale, à dr. lorsqu'on vient de Mahébourg ☎ 52.52.22.46 (GSM), http://mauritiuslacasedupecheur.yolasite.com. Ouv. t.l.j. à partir de 8 h. Accessible aux handicapés. À la carte.
Dans ce beau cadre, c'est l'étape poissons, poulpes et langouste, le tout étant livré par les pêcheurs chaque matin. Plus étonnant : on peut s'y régaler toute l'année d'huîtres, de « demoiselles bretonnes », les naissains étant importés (50 Rs/1,30 € la pièce). À partir de 400 Rs/10 € pour un plat principal. La langouste (1 900 Rs/58 € pour 500 g) crève le plafond du budget moyen.

Deux-Frères

OÙ DORMIR ?

Autour de 5 000 Rs (130 €)

♥ Otentic
Dans le village, à dr., en contrebas de la B28 ☎ 59.41.48.88 (GSM), www.otentic.mu.
12 tentes et un chalet en bois.
Le bonheur est dans le pré ! Le « glamping » – contraction de « camping » et « glamour » – a débarqué à Maurice. Sur les bords de la Grande Rivière Sud-Est, on dort fort bien dans des tentes safari, spacieuses (50 m²), pourvues de tout le confort, avec une salle d'eau (lavabo, douche avec eau chaude, WC). L'adresse se veut écologiquement irréprochable : matériaux de recyclage utilisés en grand nombre, panneaux photovoltaïques, chauffe-eau solaire. Kayaks, SUP (paddle) et VTT sont à la disposition des clients. Une navette gratuite pour l'île aux Cerfs est assurée 1 fois/j. Le prix de la chambre, que l'on soit un couple ou une famille, est dégressif suivant le nombre de nuits.

Ferney

OÙ MANGER ?

Autour de 600 Rs (15 €)

Vallée de Ferney
Sur la B28 à g. lorsqu'on vient de Mahébourg ☎ 57.29.10.80 (GSM) et 634.04.40. Ouv. t.l.j. 12 h-14 h.
En pleine nature, ce restaurant n'est accessible que par la navette du domaine de la vallée de Ferney. La carte est affichée en bas, au centre d'accueil. La cuisine est bonne et on peut déguster vindaye de cerf, cerf à la chinoise, etc.

d'enseignes chic et choc, autour de celle de L'Antiquaire, de Géraldine Ducray-Bouic : IN'AM (bonne marque mauricienne) et ses cachemires, Elisa May et sa maroquinerie (du croco !).

SPORTS ET LOISIRS

Canyoning

Vertical World

PO Box 289 ☎ 697.54.30 et 52.51.11.07 (GSM), www.verticalworldltd.com.

Les chutes de Tamarin *(p. 112)* conviennent pour une initiation, mais il y a aussi des parcours plus engagés. Programme demi-journée *(9 h 15-14 h 30)* ou journée *(7 h 30-18 h)*. Par ailleurs, un tarif Découverte est proposé à 2 800 Rs/70 € (ce qui inclut le déj.). Enf. accompagnés, à partir de 4 ans.

OÙ SORTIR ?

Casino

Casino

Plan p. 108 / B2 *- 120, Teste de Buch St. ☎ 602.13.00. Ouv. 10 h-2 h pour les machines à sous, 20 h-4 h pour les jeux de table (roulette américaine, blackjack, etc.).*

La batterie de machines à sous est impressionnante (135). Le poker a obtenu droit de cité dans ce casino.

Floréal

OÙ MANGER ?

Autour de 2 000 Rs (50 €)

La Clef des Champs

Plan p. 108 / A1 *- Queen Mary Ave., quasiment à l'angle de Heskett Bell St., fléchage depuis Floréal Square ☎ 686.34.58/25.09, www.laclefdeschamps.mu. Ouv.lun.-ven. 11 h-14 h et lun.-sam. 19 h-23 h. F. dim.*

L'adresse des gourmets ! Dans un cadre très contemporain (mais aussi sur une terrasse qui donne sur un petit jardin), on sert une cuisine raffinée, tel le légendaire cappuccino d'oursins ou les fabuleux camarons rouges sur palmistes braisés. Aux fourneaux veille toujours Jacqueline Dalais, la grande dame de la cuisine mauricienne, qui a bien dû inventer mille recettes dans sa longue carrière. À la carte, comptez 1 095 Rs-1 555 Rs pour un plat principal.

SHOPPING

Bijoux et diamants

Adamas

Hors plan p. 108 / par A1 *- Mangalkhan, à deux pas de Floréal Square. À Floréal Square, laisser Swami Sivananda Ave., partir tout dr. en descendant et c'est sur la g. ☎ 686.52.46, www.adamasltd.com. Ouv. lun.-ven. 9 h-16 h 15, sam. 9 h-14 h.*

À l'origine de cette *success story*, une famille, les Denton, qui a fait d'un petit atelier de taille une référence dans le monde du diamant. À Floréal, le visiteur peut observer en direct, derrière une vitre, le travail des ouvriers. Un petit musée du diamant comble sa curiosité. Boutique *Tax refund* ➤ encadré p. 208.

Textile

Floréal Square

Plan p. 108 / A1 *- 1, John Kennedy St. ☎ 698.79.59. Ouv. lun.-ven. 9 h 30-17 h 30, sam. 9 h 30-18 h. Les horaires peuvent varier en fonction des magasins. Braderie 2 fois/an (fin avr. et fin sept.).*

Doté d'un café, ce centre commercial regroupe une quinzaine de magasins d'usines et boutiques qui peuvent avoir le logo *Tax refund* ➤ encadré p. 208, vous permettant d'obtenir le remboursement de la VAT (à partir de 3 000 Rs/75 € en général, mais chaque magasin a ses règles). Ne ratez pas **Harris Wilson** *(☎ 698.80.07)* et ses pulls et gilets d'un excellent rapport qualité/prix.

Magasin d'usine

Harris Wilson

Hors plan p. 108 / par A1 *- Mangalkhan, vers Adamas. À Floréal Square, laissez Swami Sivananda Ave., partez tout droit en descendant et c'est sur la dr. ☎ 601.10.00. Ouv. lun.-ven. 9 h 30-17 h, sam. 9 h 30-13 h.*

En vis-à-vis de l'usine (qui est de l'autre côté de la route), le magasin solde les anciennes collections.

Phœnix

SHOPPING

Créations en verre

The Mauritius Glass Gallery

Pont Fer ☎ 696.33.60. Ouv. lun.-ven. 8 h-17 h ; sam. 8 h-12 h. F. dim.

Pour de menus cadeaux : bougeoir, presse-papier, soliflore, cendrier, rond de serviette... Dernière petite folie à s'offrir : le moulage de mains *(p. 107)*.

➤ LA ROUTE DU THÉ

Visite 13, p. 111 ; carte p. 105

Bois Chéri

SHOPPING

Thé

Chalet de dégustation

À 300 m de l'usine de Bois Chéri, fléchage. Une dégustation peut faire partie de la visite usine + musée (500 Rs/13 €), être complémentaire de la seule visite du musée (250 Rs/6,50 €). Sinon, pour la dégustation seule, c'est 200Rs/5 €.

À l'usine de Bois Chéri *(p. 114)* comme au Chalet, vous trouverez en vente des thés mauriciens : thé noir, thé à la menthe, thé au coco, thé à la vanille (le plus demandé localement), thé à la bergamote... Il y a même un thé Paul et Virginie, *too much* !

OÙ MANGER ?

Autour de 750 Rs (19 €)

Le Bois Chéri

☎ 54.71.12.16 (GSM), www.saintaubin.mu. Ouv. t.l.j. 10 h 30-15 h 30. Accessible aux handicapés. À la carte.

Dans un cadre zen, avec vue grand angle sur le sud de l'île, tous les produits de l'entreprise trouvent un emploi savoureux : thé, miel, rhum 1819 de Saint-Aubin... Crevettes au thé maison, poulet fumé et gelée de thé... Plats pour enf. Comptez pour le plat principal entre 425 Rs/11 € et 825 Rs/21 € hors langouste (hors VAT).

Quatre Bornes

OÙ MANGER ?

Autour de 400 Rs (10 €)

Le Dragon Vert

St Jean Rd. Si l'on vient de Port Louis, il se trouve avant le grand carrefour et ses feux, à dr., en étage ☎ 424.45.64. Ouv. mar.-dim. 12 h-14 h et 19 h-22 h. F. lun.

Un bon chinois, doté d'une terrasse qui surplombe la route. La spécialité de la maison est le « dragon aux mille délices » (omelette à 230 Rs/5,90 €).

SHOPPING

Bijoux

Ravior

88, St Jean Rd ☎ 454.32.29, www.ravior.com. Ouv. lun.-sam. 9 h-17 h. F. dim.

À côté de bijoux classiques, le styliste Ravi Jetshan crée dans un style minimaliste et avant-gardiste des pièces, uniques ou en série limitée, que la nature peut lui inspirer. Avec sa collection en argent Hope, la maison apporte sa pierre à une ONG qui œuvre pour le bien-être des enfants défavorisés : elle lui reverse 10 % des recettes. Magasin *Tax refund* ➤ *encadré p. 208.*

Textile

Aquarelle

Boundary Rd (la B75) ☎ 466.08.33/402.11.00. Ouv. lun.-ven. 9 h-17 h 30, sam. 9 h-15 h.

Le magasin d'usine de ce fabricant réputé de chemises (fins de série, etc.).

Vacoas

SPORTS ET LOISIRS

Golf

Gymkhana Club

Suffolk Close ☎ 696.14.04. Ouv. t.l.j. 7 h-16 h. Golf 18-trous.

Dans ce club privé, les visiteurs peuvent jouer *(en semaine)* en payant une admission temporaire à la journée (1 500 Rs/38,50 €).

L'île Rodrigues

Les prix indiqués pour l'hébergement sont établis sur la base d'une chambre double de catégorie standard, en haute saison, petit déjeuner inclus inclus (sauf mention contraire). Ils sont donc susceptibles de varier en fonction de la date de votre séjour et de votre moyen de réservation. Les tarifs mentionnés pour les restaurants sont calculés sur la base d'un plat du jour ou d'un menu, boisson non comprise.

➤ PORT MATHURIN ET SES ENVIRONS

Visite 14, p. 120; carte p. 118-119

ADRESSE UTILE

Office de tourisme

Rue de la Solidarité, Port mathurin ☎ 832.08.66/67, www.tourism-rodrigues.mu, info.rodrigues@intnet.mu. Ouv. lun.-ven. 8 h-16 h; sam. 8 h-12 h; dim. et j.f. 8 h-10 h.
Petit fascicule gratuit sur l'île.

Anse aux Anglais et environs

OÙ DORMIR ?

Chambres d'hôtes et locations

À Rodrigues, tout est négociable: location pure, accueil en B & B ou demi-pension.

Autour de 1 200 Rs (30 €)

Auberge du Lagon Bleu

Caverne Provert (entre Anse aux Anglais et Jeantac) ☎ 831.06.14 et et 58.75.44.42 (GSM), htttp ://aubergelagonbleu.com. 4 ch. dont 2 triples.
La famille Meunier, impliquée depuis longtemps dans le tourisme de Rodrigues, tient cette maison d'hôte, un peu en retrait de la route côtière. Lise, la mère, est aux fourneaux; Christophe, le fils, peint à ses heures perdues, quand il ne vous accompagne pas en mer *(p. 165)*. Au petit déj., la vue est royale sur le lagon. Table d'hôte : menu à 500 Rs/13 € punch compris.

Autour de 2 500 Rs (65 €)

Résidence Foulsafat

Jeantac (sur les hauteurs, en retrait de la route, après Caverne Provert) ☎ 831.17.60, http://residencefoulsafat.com. 4 gîtes, un de 3 ch., deux autres de 2 ch., le dernier est une case traditionnelle d'une seule pièce, en location.
Foulsafat, ce qui signifie « hibiscus », dispose de jolies échappées sur la mer. Le sourire d'Antoinette Jolicœur et l'exubérance de Benoît (ancien ministre de Rodrigues) sont un bonheur. La table utilise les produits de la ferme, légumes du potager, canards et poulets de la basse-cour. Location des bungalows entre 1 000 Rs/25 € et 2 800 Rs/70 €/j. Table d'hôte : menu à 400 Rs/10 € avec sa ribambelle de punchs *(t.l.j. sf ven. et soir uniquement)*.

Le Ravenal

Jeantac, sur les hauteurs, après Caverne Provert ☎ 831.06.44 et 58.75.78.93 (GSM), http://ravenal.e-monsite.com. 8 ch., dont 2 dans un bungalow familial, et un studio.
Plantés sur la colline, les bungalows, de style créole, ont une déco très ensoleillée. Vue superbe sur tout le lagon, y compris de la piscine. Tarif 2 800 Rs/70 € en demi-pension.

TABLE OUVERTE

La plupart des chambres d'hôtes font **table d'hôtes** pour le visiteur de passage. L'occasion d'apprécier la cuisine rodriguaise avec ses spécialités : le maïs, les haricots rouges (les « grains »), le cari d'ourites, le bouillon de poissons, le miel d'eucalyptus. Ainsi que la tourte en dessert (une pâte sablée avec de la compote ananas). Comptez en moyenne 400-500 Rs/10-13 € le repas, punch et café inclus.

Hôtel

Autour de 7 000 Rs (180 €)

Les Cocotiers
Anse aux Anglais ☎ 831.10.59, rés. 467.97.00, lescocotiers@intnet.mu. 32 ch. (dont 2 suites). 3 piscines, 2 restaurants.
Au bord de la mer, c'est un hôtel familial, convivial, un bon petit trois-étoiles. Pour le Spa (massages et soins esthétiques), c'est celui de l'hôtel Pointe Vénus, tout proche. Club pour enf. 2-8 ans. Forfait enf. 2-11 ans : entre 1 450 Rs/37 € et 1 750 Rs/44 €.

OÙ MANGER ?

Moins de 500 Rs (13 €)

Le Marlin Bleu
Anse aux Anglais, juste en face de la plage, au bord de la route ☎ 832.07.01. F. mar. Ouv. midi et soir.
Le restaurant ne possède qu'une terrasse de poche. Qu'importe ! on s'y presse pour des tas de raisons : le patron est un personnage et la cuisine goûteuse. Au menu sur le tableau figurent poissons grillés, salades d'ourites fraîches ou de cono cono, ce mollusque en forme d'escargot étant réputé pour avoir des vertus… aphrodisiaques. Comptez pour un plat principal 250-350 Rs/6,40-9 €.

Coralie la Diffé'rence
Contour Oblasse, Solitude (en montant sur Mont Lubin à dr.) ☎ 832.10.71/72. Ouv. t.l.j. pour le déj., le soir sur rés. Accessible aux handicapés.
La terrasse ? Un vrai balcon sur la baie et Port Mathurin avec une vue à 180° ! La carte vous la joue créole : salade d'ourites, poisson sauce aigre-douce et autres caris avec le riz, les « grains ». Comptez 300 Rs pour un plat principal.

SPORTS ET LOISIRS

Pêche au gros

Rod Fishing Club
Jeantac ☎ 58.75.06.16 (GSM), www.rodfishingclub.com.
Sorties à la journée, possibilité de passer la nuit en mer. D'oct. à juin., Rodrigues devient une destination « marlin », détenant même le record du monde officiel en la matière (561,5 kg).

Plongée

Rodriguez Diving
Terre Rouge, au-dessus d'Anse aux Anglais en allant sur Mont Lubin ☎ 831.09.57 ou 832.01.04/05, http://rodriguez-diving.tripod.com.
Du baptême (1 500 Rs/38,50 €) dans le « jardin de corail »… à des explorations plus hardies avec barbecue sur les îles (3 900 Rs/99 €).

Port Mathurin

OÙ DORMIR ?

Chambres d'hôtes

Autour de 2 000 Rs (50 €)

♥ Le Palmiste Marron
Pointe l'Herbe, à l'O. de Port Mathurin ☎ 831.23.68 et 58.75.84.81 (GSM), www.rodrigues-eco-evasion.com. 2 ch. avec vue sur la mer et 1 petit studio à louer.
Si vous êtes amoureux de nature et de plongée, c'est la bonne adresse ➤ *encadré p. 167.* Richard Payendee, son propriétaire, a dirigé longtemps l'antenne rodriguaise de la Mauritian Wildlife Foundation. Le tarif donné est en demi-pension.

Hôtel

Autour de 5 000 Rs (130 €)

Escale Vacances
Fond la Digue, centre-ville ☎ 831.25.55 et 57.72.93.03(GSM), www.escale-vacances.com. 23 ch. climatisées.
Plaisant, l'hôtel croule sous les bougainvillées et les alamandas. Piscine. Enf. -2 ans : gratuit. Forfait jusqu'à 12 ans : 1 250 Rs/32 €. La nuit, ici, est à 5 200 Rs/132 €.

OÙ MANGER ?

Moins de 500 Rs (13 €)

Ti' Piment rouge
Johnston St. Entrée E, vers le bazar, la 1re rue perpendiculaire à la rue de Solidarité, quand on a franchi la rivière ☎ 831.28.40. Ouv. 10 h-14 h 30 et 17 h 30-21 h 30. F. lun.
Une bonne petite cuisine sans prétention dans ce restaurant, où l'on trouvera caris (c'est créole), mines frits (c'est

chinois). Comptez 300 Rs pour un plat principal, les prix s'échelonnant entre 90 Rs et 500 Rs (pour une langouste).

SHOPPING

Librairie

♥ Au Chercheur d'Or

Baie Lascars. Derrière la gare des bus, entrée E ☎ 832.15.91 et 57.94.03.99 (GSM). Ouv. lun.-ven. 8 h-16 h 30 ; sam. 8 h 30-13 h 30.

Doté d'une architecture bioclimatique, le bâtiment, en lui-même, est déjà un ovni dans le paysage rodriguais : un cube blanc, qui comporte deux étages. Il héberge tout à la fois une bibliothèque, une librairie (c'est le seul endroit dans l'île où vous pourrez dénicher des livres pépites sur Rodrigues), ainsi qu'un « book café » et une salle d'exposition.

Marché

Le bazar

À l'entrée E de la ville, à dr. après avoir traversé le pont. Le sam. à partir de 5 h.

Le grand marché du samedi se déroule sous une halle couverte (mais de nombreux étals débordent dans les rues aux alentours). On y trouve toutes les spécialités de l'île, les petits citrons verts, le miel, les ourites séchées, la tourte rodriguaise *(ci-dessous)*… En semaine, petite vente de fruits et légumes *(8 h-15 h)*.

La Tourterie

Au bazar le sam. Chez Marylou à Brûlé, dans le centre de l'île, en semaine ☎ 59.75.00.31 (GSM). On peut passer commande.

Avec Marylou, vous tenez « LA » spécialiste de la tourte rodriguaise. Sa pâte sablée est une merveille de finesse. Pour garniture, elle utilise les fruits de saison : ananas, goyaves, papayes, etc. Prix de vente au diamètre ! Pour une 10 cm, les prix démarrent à 60 Rs/1,50 €.

Souvenirs

Coco Zone

Johnston St. Port Mathurin. Entrée E, vers le bazar, la 1re rue perpendiculaire à la rue de Solidarité, quand vous avez franchi la rivière. Ouv. lun.-ven. 8 h-16 h, sam. 8 h-12 h.

Bijoux (boucles d'oreilles) et porte-clefs en noix de coco polie, mais aussi miels La Kaz. Le bonheur associé à une B.A. : la boutique, qui est la vitrine en ville de Careco *(ci-dessous)*, reverse une partie de ses bénéfices à une association qui aide les handicapés (sourds, aveugles).

Careco

Camp du Roi, à côté de la station de pompiers, à l'O de Port Mathurin ☎ 831.17.66, www.gplslc.free.fr. Ouv. lun.-ven. 8 h-15 h 45 et sam. 8 h-16 h.

Les ateliers de l'association, que l'on peut demander à visiter, ont leur boutique, moins facile à trouver que Coco Zone, qui est en ville. L'apiculture est le point fort de la maison, dont le miel a gagné quelques récompenses internationales.

OÙ SORTIR ?

Casino

Le P'tit Monaco

Rue de la Solidarité ☎ 832.10.29. Ouv. t.l.j. 10 h-3 h.

Depuis 2007, Port Mathurin a son casino, qui est censé mettre un terme aux tripots clandestins. Machines à sous, roulette.

Night-clubs

Les Cocotiers

Camp du Roi, à côté de la station de pompiers ☎ 58.75.92.93 (GSM), lescocotiersnightclub@yahoo.com. Ouv. ven. et sam. 21 h-3 h ; dim. 12 h-22 h. Accès payant, dames : 75 Rs/1,90 €, messieurs : 125 Rs/3,15 €.

C'est une expérience à vivre : ici, le dim., avant 17 h, se déroule au son de l'accordéon un bal traditionnel, quasiment un bal d'antan, que les grands-mères appellent encore un bal « rann zarico ». L'origine de ce nom est d'ailleurs assez cocasse : autrefois, dans ces fêtes, on se partageait un gâteau de maïs où se dissimulait un haricot sec. Celui qui trouvait la fève devait alors organiser le prochain bal. Après 17 h, la jeunesse prend possession de la piste de danse.

Safari Bar

Baie Lascars, Port Mathurin (entrée E, derrière la gare routière) ☎ 832.17.15. Ouv. ven. et sam. ainsi que les veilles de j.f. à partir de 22 h 30. Entrée libre pour les filles jusqu'à minuit, 150 Rs/3,80 € pour les garçons.

L'adresse branchouille de Rodrigues. Le ven., on est plutôt « tropical » (séga, reggae, zouk), le samedi plutôt « clubbing » (house, techno, etc.).

➤ À LA DÉCOUVERTE DE L'ÎLE

Visite 15, p. 123 ; carte p. 118-119

Île aux Cocos

SPORTS ET LOISIRS

Excursion

Christophe Meunier Excursions
À Auberge du Lagon Bleu (p. 162), Caverne Provert, entre Anse aux Anglais et Jeantac.
Christophe Meunier est le seul à proposer une excursion à la voile autour de l'île aux Cocos (1 200 Rs/30 € repas compris).

Mont Lubin et environs

OÙ DORMIR ?

Chambres d'hôtes

Autour de 2 000 Rs (50 €)

Auberge de la Montagne
Grande Montagne ☎ et fax 831.46.07, www.aubergedelamontagne.net.tc. 3 ch. sur jardin avec s.d.b.
Les dynamiques propriétaires, Françoise et Laval Baptiste, savent donner tous les bons plans sur Rodrigues.

Autour de 2 800 Rs (70 €)

La Collinière
Brûlé ☎ 831.82.41 et 58.75.68.24 (GSM), fificolliniere@gmail.com. 4 ch. dont 3 avec vue sur la mer et une pour enf. F. juil.-août.
Sur la route allant à Rivière Banane, un chemin *(sur la dr.)* mène à cette maison d'hôtes reprise par le couple Degremont (c'est M. Plongée au Tekoma, *p. 166*). Vue splendide, isolement total et accueil cosy. Location de scooters à la journée (550 Rs/14 €). Organisation d'excursions. La chambre en demi-pension : 2 800 Rs/70 €. Les enf. (3-12 ans) paient demi-tarif.

Entre 4 000 Rs (100 €)

Cases à Gardénias
Montagne Bois Noir, entre Palissades Ternel et Lataniers ☎ 832.57.51, www.casesagardenias.com. 3 ch.
C'est une très jolie adresse, pur charme, chaque chambre disposant de son jardinet, de sa terrasse. Et, pour le petit déjeuner, pas de problème, les productions maison, miels, confitures et pains d'épices, atterrissent sur la table. Piscine.

OÙ MANGER ?

Autour de 500 Rs (13 €)

♥ Chez Jeannette
Montagne Bois Noir, entre Palissades Ternel et Lataniers ☎ 831.58.60, www.gite-letropical.com.
Ici, on fait un vrai festin pour 500 Rs. De la cuisine rodriguaise pur jus (cari d'ourites, purée de maïs, haricots rouges) avec la bonne humeur de Jeannette en prime. Sur réservation uniquement.

SPORTS ET LOISIRS

Tyrolienne

Tyrodrig ou Aerial Cable Track,
Montagne Bois Noir, entre Palissades Ternel et Lataniers ☎ 831.16.47, www.actrodrig.com. 3 tyroliennes en enchaînement. Adultes : 1 000 Rs/25 € ; enf. 600 Rs/15 €. Ouv. t.l.j. 9 h-17 h.
Palpitations garanties ! Au départ, il s'agit littéralement de se lancer dans le vide, qui s'ouvre jusqu'à 100 m sous vos pieds. Et cela sous peine de rester bloqué au milieu du parcours de la première tyrolienne (400 m de longueur). Le jeu en vaut la chandelle : on survole une gorge profonde avec l'océan et Anse Mourouk pour horizon. Deux autres tyroliennes vous attendent en embuscade pour rejoindre votre point de départ.

Pointe Coton et environs

OÙ DORMIR ?

Plus de 10 000 Rs (255 €)

Tekoma
Anse Ally, vers Saint-François ☎ 831.88.10, www.tekoma-hotel.com.

15 ch. Piscine. Restaurant (Tek Tropical Dining, ci-dessous).
L'hôtel « luxe pieds nus », comme il aime à se définir. En fait de chambres, il s'agit de cases indépendantes, à la fois spacieuses et au bord de l'une des plus belles plages de l'île. L'établissement, se voulant *ecofriendly*, a renoncé aux palmiers : seule la végétation endémique (filaos, vacoas, veloutiers, bois sirop…) a droit de cité. Doté de panneaux solaires, l'hôtel possède en outre sa propre centrale de dessalement de l'eau de mer, ce qui permet de prendre douches et bains sans trop mauvaise conscience. Selon la position de la case et la saison, les tarifs en demi-pension démarrent à 10 000 Rs/255 € pour grimper jusqu'à 16 000 Rs/400 €. Spa Seven Colours.

Locations

Domaine Décidé
Les Plages, Saint-François
☎ 245.10.24 et 57.28.71.59 (GSM), www.villarodrigues.com.
1 villa de 3 ch., 4 ch. dans « l'auberge » et 6 studios avec terrasse.
À 100 m de l'une des plus belles plages de Rodrigues, l'ensemble se cache derrière un rideau de palmiers et de filaos. La grande villa possède une belle varangue. En location, 4 400 Rs/110 € par nuit la villa et 1 450 Rs/37 €/pers. en demi-pension pour les chambres et studios. Enf. -5 ans, gratuit ; enf. 6-12 ans, forfait 475 Rs/12 €.

OÙ MANGER ?

Autour de 750 Rs (19 €)

Tek Tropical Dining
Tekoma Hôtel (ci-dessus), Anse Ally.
Ouv. à midi. Le soir sur rés. uniquement.
L'hôtel Tekoma a déniché une perle rare, Jean Duverger Agathe, Rodriguais de souche. On dégustera sa cuisine légère et créative, qui sublime les crabes carlets (crabes des mangroves) et les poissons locaux. À la carte au déj. (comptez 450-500 Rs/11,50-13 € pour un plat principal) et menu à 750 Rs le soir.

Autour de 500 Rs (13 €)

Chez Madame Larose
Pointe Coton, avant l'hôtel Cotton Bay
☎ 831.85.42 et 58.76.13.50 (GSM).
Ouv. t.l.j. à midi, le soir sur rés. À la carte.
Un ancien directeur d'hôtel qui passe aux fourneaux… peu commun ! En bordure de route, la table paraît modeste sous la tonnelle, mais Sydney Carré en a fait une adresse savoureuse de cuisine traditionnelle : crabe à l'étouffée (sur commande), cari d'ourites… Appelez la veille pour connaître le menu du jour ou commander votre plat favori.

Le Mazavaroo
Saint-François ☎ 831.88.16, mazavaroo@yahoo.fr. Ouv. 11 h 30-15 h. Sur rés. le soir. F. juil.-août.
Accès handicapés. À la carte.
Mazavaroo ? C'est le nom du piment local. Ce restaurant, aux couleurs de bonbon anglais, l'a adopté pour enseigne. Poissons grillés, cari de poisson, brochette de fruits de mer, plancha… Comptez pour un plat principal 140-320 Rs (hors langouste).

SPORTS ET LOISIRS

Plongée

Cotton Dive Center
Hôtel Cotton Bay, Pointe Coton
☎ 57.06.14.74 et 58.75.68.00 (GSM), www.cottondivecenter.com. F. juil.-août.
Ce centre fait baptêmes, initiations. Il propose 2 plongées/j. et accepte les enf. à partir de 8 ans.

Port Sud-Est et environs

OÙ DORMIR ?

Chambre d'hôte

Autour de 1 500 Rs (38,50 €)

Terrasse
☎ 832.30.17 et 57.38.92.72 (GSM), www.laterrasses.com. 4 ch.
Un peu à l'écart de la route qui descend sur Port Sud-Est *(sur la g.)*, une adresse sympa et plutôt bon marché dans sa catégorie. Vous dominez vraiment la baie. Table d'hôte : 300 Rs/7,50 € avec menu rodriguais. Location de vélos et scooters. La nuit est à 1 600 Rs/40 €.

Autour de 5 000 Rs (130 €)

♥ La Belle Rodriguaise
Gravier ☎ 831.46.07 et 58.75.05.91 (GSM),

www.labellerodriguaise.com. 12 ch. réparties entre 3 bungalows.
Le rêve des Baptiste, propriétaires également de l'Auberge de la Montagne *(p. 165)*, enfin réalisé ! C'est un endroit idyllique. La plage, où l'on improvise des barbecues, est en contrebas ; le jardin bio prend forme, le soleil fournit l'eau chaude ; des panneaux photovoltaïques assurent clim' et électricité. À l'étude : une unité de dessalement de l'eau de la mer… Excellent spot pour kitesurfers *(juil.-août étant la meilleure saison)* et cours de cuisine assurés par l'émérite Françoise, auteur des *Délices de Rodrigues*. Piscine. Organisation de pêche, plongées, massages, etc. Les tarifs, donnés en demi-pension, oscillent entre 4 000 Rs/100 € et 4 900 Rs/125 €.

Autour de 7 000 Rs (180 €)

♥ Mourouk Ebony
Pâté Reynieux, Anse Mourouk, à côté de Port Sud-Est ☎ 832.33.51/2/3/4, www.mouroukebonyhotel.com. 30 ch. réparties entre 10 bungalows et une villa Océane (4 ch. au total) avec sa piscine privée.
Il règne une ambiance chaleureuse, dans ce petit hôtel qui a les pieds dans l'eau. Et l'on y mange bien ! Animations entraînantes (récital, séga-tambour, etc.). Activités offertes : kayak, planche à voile. Club enf. 2-10 ans. Piscine. Centre de plongée proche (le Bouba Diving Centre, *ci-contre*) ; spot de kitesurf *(activité payante ci-contre)*. Les tarifs donnés le sont en demi-pension ; ils varient entre 6 500 Rs/166 € et 10 500 Rs/268 € *(mais promotions sur le site)*. Enf. -2 ans : gratuit. Forfait enf. 2-11 ans : 1 200 Rs/30 €.

PLONGÉE, LE TOP !

De l'avis des amateurs de plongée, **Rodrigues**, c'est vraiment le top. Champs d'anémones, demoiselles qui vous taquinent, bancs de chirurgiens, rencontres avec des carangues *ignobilis* (1,70 m, 68 kg !), énormes assiettes de corail… Le milieu a été relativement bien préservé. Attention, il n'existe pas de caisson de décompression dans l'île. Enfin, de mi-juin à fin juillet, la période est « venteuse » et l'eau trouble. Et petit coup de griffe : chaque club baptise comme il lui convient ses sites de plongée. Pas pratique pour s'y retrouver !

SPORTS ET LOISIRS

Plongée

Bouba Diving Center
Mourouk public beach, Port Sud-Est ☎ 832.30.63 et 58.75.05.73 (GSM), www.boubadiving.com. F. en sept.
Le Jardin de corail, Couzoupa, le Labyrinthe, la Passe de Neptune et même Coco Fesse figurent en plongée parmi les morceaux de bravoure. Forfait 3, 5 ou 10 plongées, baptême *(enf. à partir de 10 ans)*, plongée de nuit. 1 730 Rs/44 € à l'unité, forfait à partir de 4 930 Rs/125 € ➤ *encadré ci-dessous.*

Kitesurf

Club Osmosis
Anse Mourouk, Port Sud-Est ☎ 832.30.51, www.kitesurf-rodrigues.com.
Ce club, qui s'est lancé le tout premier de l'île dans le kitesurf, s'adresse aussi bien aux débutants qu'aux vrais mordus. En cas d'absence de vent (rare !), on se rabat sur le paddle. En initiation, comptez 2 600 Rs/66 € les 2 h, équipement fourni.

Tout savoir sur l'île Maurice et Rodrigues

L'histoire, la gastronomie, la religion, la culture…

Vous voulez en savoir plus sur l'histoire de l'île Maurice, connaître les secrets de ses traditions, goûter à sa gastronomie ou découvrir son incroyable variété naturelle ? Ces pages sont faites pour répondre à vos questions et à bien d'autres…

Dodo

Histoire

➤ Les dates qui ont fait Maurice

Placée sous le tropique du Capricorne, Maurice a occupé une position stratégique sur ce que l'on appelait autrefois la route des Indes et des épices. Ces dernières valant de l'or, l'occupation de l'île devint un enjeu capital. Les Hollandais furent les premiers à s'y intéresser et à s'y installer, avant que Français et Anglais ne se disputent ce bout de terre.

Une colonie « franglaise »

Une île baptisée « Mauritius »

Au gré de ses « inventeurs », Maurice a changé de nom. Les Arabes de l'Afrique de l'Est, dont les boutres – des petits navires à voile – sillonnent l'océan Indien dès le XIIe s., la surnomment « Dina Arobin » (de *diva harab*, « l'île abandonnée »). Au début du XVIe s., les Portugais, qui naviguent sur la route des Indes, inscrivent sur les cartes *Ilha do Cirne* (« l'île du Cygne »). Peut-être en référence aux dodos ➤ *encadré p. 34* qui peuplaient la côte ? L'île est inhabitée.
En 1598, une tempête contraint une partie de l'escadre du vice-amiral Van Warwick à faire escale dans ce qui est aujourd'hui Vieux Grand Port *(p. 98)* ; les Hollandais baptisent alors l'île « Mauritius » en l'honneur du **prince Maurice de Nassau,** *stadhouder* des Provinces-Unies. Ils tenteront deux fois de peupler l'île entre 1638 et 1710, date à laquelle ils s'en iront, après avoir exterminé les dodos et ravagé les forêts d'ébéniers. Mais non sans avoir introduit la **canne à sucre,** qui va changer le destin de l'île.

L'Isle de France

Après le départ des Hollandais, l'île ne reste pas longtemps sans maître. En septembre 1715, le Malouin **Dufresne d'Arsel** débarque dans la rade des Moluques (l'actuel Port Louis) et en prend possession. Mauritius est rebaptisée « Isle de France ». Elle devient la base maritime dont les Français et leur Compagnie des Indes avaient besoin. Un autre Malouin, Mahé de La Bourdonnais ➤ *encadré ci-contre,* va véritablement lancer la colonisation de Maurice. Il construit Port Louis, fait creuser le port. Il crée des sucreries à Pamplemousses et Ferney, développe le trafic du « bois d'ébène » (la traite des esclaves).

Le temps des corsaires

Port Louis devient une base navale stratégique sur la route des Indes. Elle y gagne un titre ronflant (« Étoile et clef de la mer des Indes ») et rayonne d'une apparente prospérité. Les belles en dentelles y côtoient les aventuriers de tous bords.

Avec l'indépendance américaine (1783), le conflit franco-anglais reprend de plus belle. Les navires britanniques, qui mouillent à Rodrigues à leur guise, font le blocus de Maurice de manière sporadique. Le 4 juin 1793, le gouverneur français Malartic délivre les premières lettres de marque (mission) aux corsaires. Cette « guerre de course », financée par les armateurs, devient une véritable industrie. Entre 1793 et 1810, une centaine d'écumeurs des mers multiplient les « prises », qui enrichissent les caisses de la colonie et donnent lieu à un opulent négoce avec les nations neutres. À lui seul, le bouillant Surcouf inscrit 47 navires anglais à son palmarès, dont le fameux *Kent*, avec sa cargaison.

MAHÉ DE LA BOURDONNAIS

En février 1699 naît à Saint-Malo, patrie des corsaires, Bertrand François Mahé de La Bourdonnais. À 10 ans, il s'embarque comme mousse et va finir par connaître l'océan Indien comme sa poche. Entre deux expéditions, il prend le temps de faire un mariage d'amour, à 32 ans. Son beau-père est un membre influent de la Compagnie des Indes. Voilà notre marin nommé gouverneur général des Isles de France (Maurice) et de Bourbon (La Réunion). Le couple débarque à Port Louis en juin 1735. À l'origine simple campement d'une cinquantaine de cases couvertes de feuilles de latanier, il va en faire un port sûr et digne de ce nom. Mais plus dure sera la chute : tombé en disgrâce, Mahé de la Bourdonnais est rappelé en France en 1747 et embastillé pendant trois ans. En 1753, il meurt, ruiné, épuisé par le scorbut. Loin des îles.

Mauritius anglaise

Au début du XIXe s., la **guerre des colonies** fait rage. Les Anglais, maîtres du Cap depuis 1806, appliquent un terrible blocus sur les Mascareignes, s'emparent de Bourbon (La Réunion) puis s'attaquent à l'Isle de France en 1810. Après une défaite à Grand Port (la seule bataille navale remportée par Napoléon sur la flotte anglaise), sir John Abercrombie débarque en vainqueur au cap Malheureux. En 1814, le traité de Paris cède officiellement Mauritius aux Anglais ; la France récupère La Réunion. Mais les Britanniques ne peuvent pas effacer près d'un siècle de présence française : le code Napoléon, la langue créole ou le catholicisme demeurent solidement ancrés sur cette île devenue « franglaise ».

Le boom sucrier

Sous l'administration anglaise, l'île change de vocation : la production agricole prend le pas sur l'activité portuaire, ralentie au profit d'autres possessions britanniques. La **canne à sucre**, qui n'occupait que 10 % des sols cultivés du temps de la colonisation française, devient rapidement une monoculture et modifie le paysage économique et social de l'île. Partout, on défriche pour planter.

Avec l'abolition – prévisible – de l'**esclavage** effective en 1835, Maurice doit trouver une autre source de main-d'œuvre : les *coolies* (porteur, manœuvre en anglais), venus d'Inde à titre d'« engagés », permettent à l'île de poursuivre son essor dans le domaine du sucre. Les premiers débarquent le 2 novembre 1834. En 1861, cette population originaire de l'Inde est déjà majoritaire.

Vers l'indépendance

« Maurice aux Mauriciens »

Le gouverneur sir **John Pope Hennessy** (une première fois entre 1883 et 1886, une seconde fois de 1888 à 1889) est l'inventeur de la célèbre formule « Maurice aux Mauriciens ». Elle fut lancée par cet Irlandais catholique – la précision

LA « FIÈVRE DE MAURICE »

Une épidémie de malaria – surnomée « la fièvre de Maurice » – déferle sur l'île à partir de 1866, provoquant près de 32 000 décès pour la seule année 1867. Ce fléau déclenche l'exode des populations vers les hauts plateaux. La construction du réseau de chemin de fer aurait favorisé la propagation de la maladie, les grands travaux laissant derrière eux des mares d'eau stagnantes. L'île Maurice a compté deux lignes principales, Port Louis - Mahébourg et Port Louis - Grande Rivière Sud-Est, achevées en 1865.

n'est pas inutile –, lors d'une remise de prix au Collège Royal. Elle embarrassa fort Londres à l'époque. En 1885, ce dirigeant atypique poussa son gouvernement à introduire une Constitution, afin que les Mauriciens puissent choisir leurs représentants au Conseil du gouvernement, doté de pouvoirs législatifs. Les premières élections eurent lieu en janvier 1886. À côté de ces dix élus, le Conseil comporte une majorité de fonctionnaires (huit) et de membres « nominés » (neuf) choisis par le gouverneur.

Un processus de démocratisation se met donc en marche. N'exagérons rien : en 1886, sur une population de près de 360 000 habitants, moins de 4 000 habitants (des hommes) sont en mesure de voter, en raison de l'existence d'un cens électoral. Ce cens électoral, qui réserve le vote aux plus riches, est défendu becs et ongles par la communauté franco-mauricienne, qui craint une « indianisation de l'île ».

L'indépendance

Maurice a acquis son indépendance quasiment sans douleur. L'idée en sera portée par le **Labour Party,** créé en 1936. Ce parti travailliste devient très puissant dans les années 1950 sous la houlette de **Seewoosagur Ramgoolam** (1900-1985). Surnommé affectueusement Chacha (« oncle » en hindi), ce dernier est né à Belle Rive (Flacq). Son père était un émigré du Bihar (Inde). Étudiant à Londres, il a pu rencontrer Gandhi et Nehru. Il sera l'artisan de l'indépendance, finalement accordée en 1968. Chacha (Seewoosagur Ramgoolam) dut se résigner à en payer le prix, en abandonnant les Chagos, un archipel qui compte le très stratégique îlot Diego Garcia (c'est aujourd'hui une base militaire louée aux Américains).

Sur le Champ de Mars, à Port Louis, le 12 mars 1968, l'Union Jack est descendu et le drapeau à quatre couleurs mauricien hissé. On y entend pour la première fois l'hymne national, *Motherland* (Mère Patrie).

Sir Seewoosagur Ramgoolam devient le Premier ministre du nouvel État mauricien, dont la Constitution est modelée sur celle de Westminster.

Il ne verra pas ce qu'on a appelé « le miracle mauricien », à savoir le décollage économique de l'île dans les années 1980.

Une vie politique agitée

Une jeune république

Le 12 mars 1992, l'île Maurice abolit la monarchie ; elle devient une république, mais demeure néanmoins dans le Commonwealth. Elle garde un régime parlementaire. La fonction de président de la République est surtout une fonction honorifique : ce président, sur proposition du Premier ministre, est élu par les députés pour une période de cinq ans. Depuis juin 2015, pour la première fois de sa jeune histoire, Maurice a une femme pour chef de l'État, Ameenah Gurib-Fakim, scientifique et chercheuse dans le « civil ».

Le paysage politique mauricien n'a rien cependant d'un fleuve tranquille. Les renversements d'alliances, où les ennemis d'hier fraternisent sous le crépitement des flashs, sont monnaie courante. En outre, on retrouve toujours aux premiers postes les mêmes familles : les Rangoolam, les Duval, les Jugnauth… Les « fils de » monopolisent le pouvoir. Un système électoral complexe et des sigles confus ne font rien pour arranger les choses. Le tout sur fond de scandales, qui font remonter à la surface affaires de corruption et existence de caisses noires. Maurice n'en est pas moins une démocratie, avec tous ses défauts et ses qualités.

LES DÉBUTS DU TOURISME

En 1945, le RLAF (Réseau de lignes aériennes françaises) crée une ligne aérienne Paris-Maurice, avec sept escales. Le trajet dure six jours ! Suivront Qantas (1952), South African Airways (1957), Air India (1967)… Pour accueillir ces touristes ou hommes d'affaires, les premiers hôtels apparaissent. En 1965, Maurice enregistre 10 058 arrivées.

Le gouvernement actuel

Ex-président de la République et octogénaire, sir **Anerood Jugnauth,** désigné familièrement par ses initiales SAJ, est, depuis décembre 2014, l'actuel Premier ministre. Chef du MSM (Mouvement socialiste militant), il a remporté les dernières élections à la tête de l'Alliance Lepep (« le peuple ») regroupant outre le MSM, le PMSD (Parti mauricien social démocrate) de Xavier-Luc Duval et le ML (Muvman Liberater), créé en 2014 par Ivan Collendavelloo. Cette Alliance a raflé cinquante et un sièges sur les soixante-neuf que comporte le Parlement (dont deux représentants de Rodrigues).
Pour en savoir plus : www.govmu.org (Constitution, lois, etc.).

Stèle à la mémoire des esclaves marrons au pied du morne Brabant

Des champs de canne à sucre

Économie

➤ Le « dragon de l'océan Indien »

À la suite de son spectaculaire essor économique dans les années 1980 et 1990, Maurice a gagné le surnom de « dragon de l'océan Indien ». La libéralisation des échanges commerciaux à l'échelon mondial, qui a fini par atteindre le sucre, devait forcer l'île, dans les premières années du XXIe s., à réinventer son avenir.

« Le sucre dans le sang »

En **1639,** les Hollandais firent cadeau à Maurice de la canne à sucre. Depuis, le sucre a dominé toute l'histoire de l'île. Au départ, le souci principal des Hollandais était de ravitailler en arak (alcool) leurs navires, qui faisaient escale à Maurice sur la route des Indes. Si les premières sucreries furent créées par La Bourdonnais, ce sont les Anglais qui firent de Maurice une colonie de plantations. La production de sucre s'emballe : 10869 t en 1825, 115000 t en 1858. L'île se hérisse de cheminées, qui sont tout un symbole, l'équivalent de notre clocher. Dans son ombre, tout est assuré sur place : logement, soins, école. « Une cheminée qui arrêtait de fumer, c'était une organisation sociale bouleversée » (l'Aventure du sucre, *p. 48*).

« Nous avons le sucre dans le sang. Le sucre, c'est notre vie », expliquait un petit planteur (*Le Monde*, octobre 2005). À Maurice, l'industrie cannière – on ne parle plus d'industrie sucrière – a dû affronter et surmonter un véritable cataclysme. Fini le « **protocole sucre** », signé en 1975 et qu'on avait cru éternel ; fini les quotas assurés et les prix garantis par la Communauté européenne. Maurice doit s'aligner sur les cours mondiaux, inférieurs d'un bon tiers. Résultat ? Les groupes sucriers ont réduit la voilure, diminuant les surfaces consacrées à cette culture (50 687 ha en 2014 contre 71 000 ha en 2005). Ils ont développé mécanisation et irrigation dans les champs ; rationalisé et modernisé la production (400 173 t de sucre en 2014). L'île a gardé quatre usines seulement sur les onze qu'elle possédait encore en 2002. Mais deux raffineries ont été construites, d'une capacité de 600 t/jour. Maurice exporte désormais du sucre raffiné. Mais aussi des sucres spéciaux à forte valeur ajoutée.

Énergie verte

L'heure est aussi à la diversification. Les **productions maraîchères ou fruitières** supplantent la canne arrachée. Aujourd'hui, Labourdonnais est connu pour ses vergers *(p. 59)*. Plus insolite : les groupes sucriers se positionnent comme **producteurs d'énergie verte**. Dans le sud de l'île, à L'Escalier, Omnicane est un parfait exemple de cette nouvelle industrie cannière *(p. 88)*. Construite en 2009, la raffinerie exporte chaque année 180 000 t de sucre. La centrale thermique, contiguë, recycle plus de 400 000 t de bagasse (fibres de la canne) par an, produisant toute l'électricité nécessaire sur place, revendant même les surplus au réseau national. En 2014, une distillerie est venue s'ajouter au complexe. Elle transforme en bioéthanol les 45 000 t de mélasse par an que laissent les opérations de raffinage.

Enfin, on retrouve Médine et consorts... dans le tourisme. Les groupes sucriers sont à la tête de projets immobiliers colossaux et à la base de parcs de loisirs nouvelle génération, qui se veulent des « *nature reserves* ».

Ombres sur le textile

Au début des années 1970, la création d'une zone franche d'exportation a permis d'industrialiser l'île en attirant d'importants capitaux étrangers par le biais d'avantages fiscaux généreusement consentis allant des exonérations ou impositions allégées à l'entrée en franchise de douane de certaines matières premières ou de produits semi-finis. Les résultats sont là : les *Export Oriented Enterprises* – l'ancienne zone franche, pour simplifier – employaient 54 577 personnes fin 2014 et fournissaient de substantielles recettes (47,2 milliards de roupies en 2014, soit 12,1 milliards d'euros et la moitié des exportations). Seule ombre au tableau : c'est toujours le textile qui joue les locomotives.

Or, dans ce domaine, Maurice a vu surgir de redoutables concurrents, qui produisent à moindre coût : l'Inde, le Pakistan, la Chine, le Vietnam, l'Égypte. Aujourd'hui, pour garder ses marchés ou en conquérir de nouveaux, l'île doit offrir un visage *clean* ; à cet effet, elle combat la **contrefaçon**. Fini le temps où le moindre village affichait son magasin d'usine Ralph Lauren : la marque a fini par montrer les dents, et sa campagne antipiratage en 2003-2004 a marqué les esprits. Une vigoureuse contre-offensive continue d'être menée contre les « voleurs de marques », dont les touristes se font les complices en achetant des faux manifestes à des prix défiant toute loyale concurrence. « La contrefaçon est devenue un business local, qui se chiffre en milliards de roupies. Les faussaires sont très intelligents, ils changent en permanence les marques ciblées », estime néanmoins Marcel Lapierre, spécialiste de la protection de la propriété intellectuelle chez FakeBusters. Chanel, Adidas, Billabong, Hugo Boss figuraient un temps parmi les marques les plus copiées.

Tourisme : la culture du luxe

Le **tourisme** est le troisième **pilier de l'économie mauricienne**. En 2014, l'île a accueilli plus d'un million de visiteurs (1 038 968 exactement contre 840 000 en 2009, année noire). Ils ont laissé sur le sable près de 42 milliards de roupies. Les Français fournissent encore les plus gros contingents, avec près d'un quart des visiteurs (243 665 en 2014). Mais, pour Maurice, le nouvel eldorado touristique est à chercher du côté de la Chine. En 2014, les arrivées en provenance de ce pays-continent étaient en augmentation de 51 %, ce qui représentait plus de 63 000 touristes. Pour autant, le modèle hôtelier mauricien, longtemps calqué sur celui des clubs, semble aujourd'hui en perte de vitesse, même s'il est de bon ton de mettre certaines contre-performances sur le compte d'un « billet d'avion trop cher ». Maurice se voit préférer d'autres pays de l'océan Indien comme le Sri Lanka, pourvoyeur de séjours donnés comme plus authentiques. Ce n'est pas un hasard si un groupe mauricien comme Attitude a adopté comme concept moteur « l'otentik attitude », *otentik* étant bien sûr la traduction en créole d'« authentique ». D'autres groupes hôteliers ont cherché leur salut dans le fameux *Integrated Resort Scheme* (IRS), qui autorise les étrangers à devenir propriétaires sur le sol mauricien, ces étrangers acquérant du même coup le statut, intéressant fiscalement, de résident. À l'ombre des hôtels, on a vu fleurir des villas, en location ou à l'achat. Sarcastiques, certains dénoncent ces « ghettos de luxe », où tout ne serait que « calme, luxe et… sécurité ».

L'île durable…

Le luxe peut être *ecofriendly*. Dans l'océan Indien, Maurice entend bien le prouver. Elle se veut « l'île durable », qui compte réduire sa dépendance énergétique, en réutilisant la bagasse ou en faisant appel au solaire et à l'éolien. Mais, au nom du développement économique, les dégâts causés par l'installation d'hôtels au bord de parcs marins ou le « remodelage » sans pitié de plages concédées au privé passent par pertes et profits. Certains disent que Maurice est en train de tuer la poule aux œufs d'or. Néanmoins, certains hôtels ont d'ores et déjà bien intégré cette dimension « verte » dans leur communication, voire dans leur conception. Dans le sud, un hôtel comme Le Paradis *(Carnet d'adresses p. 148)* propose désormais à ses clients de visiter ses installations de panneaux solaires, ainsi que ses unités de dessalement des eaux de mer et de recyclage des eaux usées, ces dernières irriguant le golf.

Panneaux solaires

Un lagon bleu azur

Environnement

➤ Entre pitons et lagons

Maurice fut d'abord un volcan en furie, surgi des eaux entre huit et dix millions d'années en arrière, la dernière éruption remontant à « seulement » vingt-cinq mille ans. L'île est presque entièrement entourée par une barrière de corail, qui isole un lagon éblouissant. Aujourd'hui, des menaces planent sur tant de beauté.

Une île de feu

Avec ses 1 865 km^2, l'île a la même superficie qu'un petit département français comme l'Essonne. Et son point le plus haut, le **piton de la Petite Rivière Noire,** ne dépasse pas 828 m *(p. 73)*. Maurice offre pourtant des paysages oniriques, où se découpent les silhouettes étranges de montagnes « comme ciselées par la main des dieux », selon l'image de l'écrivain Malcolm de Chazal. C'est une « Olympe de pierre », renchérit le poète dans *Petrusmok*.
Commençons par le **Pouce** (812 m, *p. 44*), qui se dresse comme le doigt d'une main géante pétrifiée. À ses côtés se tient en pénitence le **Pieter Both** (823 m, *p. 42*), coiffé d'une extravagante boule de basalte. Ce piton a forme humaine : selon la légende, c'est celle de l'imprudent, foudroyé par les fées, qui n'aurait pas su tenir sa langue en révélant leur présence. Plus au sud, le **morne Brabant** (556 m, *p. 69*) boude. Il est bien ce « château peuplé d'oiseaux de mer [...] sans un arbre, sans une plante », décrit par Jean-Marie G. Le Clézio. À l'est, le **Chat** (231 m) et la Souris esquissent un drôle de jeu mortel et la **montagne du Lion** (480 m, *p. 98*) fait le dos rond. Montagnes totems, montagnes sentinelles...
De passage à Maurice en 1836, où il tente et réussit l'ascension du Pouce, Charles Darwin trouve l'explication scientifique idoine : « Ces montagnes sont sans doute ce qui reste des volcans immenses dont les sommets ont explosé ou ont été avalés dans les abysses. »

Un lagon paradisiaque

Cocotiers, lagon et sable blanc... sur 330 km de côtes, le littoral mauricien offre un cadre enchanteur, où les bleus explorent toute la palette : bleu azur, bleu céladon, bleu-vert émeraude, bleu turquoise... Chacun y trouvera sa **plage**. Grande comme une serviette de bain ou interminable comme un jour sans soleil. Venteuse ou abritée. Trépidante ou solitaire. Il y a les plages populaires, où se balancent des filaos échevelés qui sèment leurs aiguilles à tout vent. Les vendeurs de beignets de bringelles (aubergines) y chassent mollement le client. Quelques barques de pêche aux couleurs écaillées dansent dans la baie. Il y a aussi les plages *middle class*, où les pelouses des résidences secondaires tentent de conquérir le sable. Il y a enfin les plages des happy few, où seul le palmier a droit de cité et où les hors-bords font des ronds dans l'eau.

Murène léopard

Un jardin sous la mer

Les eaux mauriciennes abritent quelque **600 espèces de poissons**. Leurs noms rivalisent de poésie : demoiselles, anges, capitaines, dames béri…
Côté couleurs, c'est un enchantement, entre le rouge des sacréchiens, le bleu ou le vert des perroquets, le teint de soleil des gueules pavées. Les fonds marins offrent parfois un tableau digne des graphismes abstraits du mouvement op art : rayures verticales des sergents-majors ou horizontales des empereurs adultes, taches mouchetées de certains balistes. Il y a même des balistes-Picasso ! Dans le lagon, de faible profondeur (généralement moins de 10 m), le plongeur peut déjà trouver son bonheur.
Mais avec les récifs, côté mer, il aborde un autre univers. Fascinant. Féerique. Grouillant de vie. Impitoyable. Les clowns se cachent dans les anémones de mer, et les autres poissons ne s'en méfient pas assez : happés, ils sont paralysés par leur venin, puis digérés. Pendant ce temps, les papillons « broutent » le corail… Aux parages des tombants (cassures qui suivent la barrière de corail) et des grandes passes (brèches dans la barrière), les « gros » pointent leur nez : thazars, thons, barracudas, dorades coryphènes, marlins et autres espadons… ainsi que des requins, qui longent le récif en seigneurs.
Aujourd'hui, tant de beauté se trouve menacée. Un lanceur d'alerte comme Vassen Kauppaymuthoo, océanographe et ingénieur en environnement, n'hésite pas à dénoncer l'état alarmant dans lequel se trouve le lagon. « Certaines régions du parc marin de Blue Bay contiennent plus de 70 % de coraux morts », soutient-il (*Le Mauricien*, 12 janvier 2012). « On a développé vite et mal », accuse-t-il.

Dauphins et galipettes

Les **dauphins** sont devenus l'une des attractions majeures de la baie du Tamarin *(p. 67)*. Chaque matin, ou presque, des éclairs noirs zèbrent la grande bleue : une colonie de 50 à 200 dauphins batifole. Il s'agit de dauphins à long bec *(Stenella longirostris)*, qui sont les acrobates des mers, les champions du saut en longueur… Vrilles et sauts périlleux font partie des danses de séduction. De petite taille (entre 1,30 m et 2,10 m), ils pèsent en moyenne entre 45 et 95 kg.

On peut difficilement les confondre avec les **grands dauphins** *(Tursiops truncatus).* Présents aussi dans la baie, ces derniers se déplacent en petites tribus (entre deux et huit individus). Les « souffleurs » (c'est un de leurs surnoms) sont des poids lourds (entre 150 et 650 kg), et peuvent mesurer jusqu'à 3,9 m de longueur. Il vous sera néanmoins difficile d'entendre le chant des dauphins, fait de sifflements, claquements, couinements… Il ne faut pas confondre ces vocalises avec les « clics », signaux émis et réfléchis, qui leur permettent, comme un sonar, de repérer les obstacles et de s'orienter.

Une biodiversité en péril

Aujourd'hui, un écologue comme Vincent Florens de l'université de Maurice n'hésite pas à déclarer : l'île est « ravagée en termes de biodiversité ». Constat effrayant : les espèces indigènes n'occupent plus que 1,2 % de l'île, à peine 30 km^2, et cela bien que Maurice ait été colonisée tardivement. La culture presque exclusive de la canne à sucre (elle occupe encore 39 % des surfaces) tout autant qu'une pression démographique très forte en sont responsables. Au XXIe s., il ne subsiste plus que des lambeaux de la forêt primaire, essentiellement dans le parc des gorges de la Rivière Noire *(p. 74)* alors qu'elle couvrait à l'origine la moitié du territoire. Par ailleurs, 80 % des plantes à fleurs sont considérées comme menacées d'extinction, ce qui représente l'un des taux les plus forts de la planète. Les tentatives pour restaurer l'écosystème « brique après brique » de la Mauritian Wildlife Foundation, que ce soit à l'île aux Aigrettes ou ailleurs, apparaissent d'autant plus salutaires.

Le visiteur n'a nullement conscience de ce danger. Au fil des promenades, il rencontre **badamiers** et **filaos** (appellation locale du casuarina, une sorte de pin tropical) en bord de mer, **multipliants** (un banian aux racines aériennes) et **flamboyants** (arbre en parasol originaire de Madagascar qui se pare de rouge pendant l'été austral). Il croise des buissons colorés de **bougainvillées** et d'**hibiscus**, il apprend à reconnaître le **vacoa,** présent surtout à Rodrigues – *vacoa* étant l'appellation locale du **pandanus**, dont les feuilles séchées sont utilisées en vannerie.

Ramassage de feuilles de vacoas à Rodrigues

Femme indo-mauricienne

Société

➤ Le peuplement de l'île

Inhabitée avant 1598, Maurice est une nation jeune sur tous les plans. C'est un melting-pot. Sa population est originaire de trois continents : l'Europe des colonisateurs, l'Afrique des esclaves des plantations de canne à sucre, et l'Asie des « engagés », indiens pour la plupart, venus au XIXe s. remplacer les esclaves.

Le temps margoze

Le temps margoze, c'est celui de l'**esclavage.** Il a emprunté son nom à un petit légume condiment amer, tout un symbole. Ici comme ailleurs, l'histoire du peuplement de l'île a été une horrible **déportation** de travailleurs dans des conditions épouvantables. Dès le début de la colonisation, la Compagnie des Indes prône avec cynisme l'introduction d'esclaves, comme le rapporte à l'époque l'un de ses émissaires : « Il faudrait des Noirs pour cultiver [les terres] et faire les travaux nécessaires. Un Noir ne coûte pas vingt sous de pacotille. Mais il faudrait y prendre garde et les tenir dans la crainte, car ils pourraient tuer les Français et se rendre maîtres de l'île. » Rappelons-le : c'est **La Bourdonnais,** gouverneur général de l'Isle de France *(p. 170)*, qui a amplifié ce trafic, dans un premier temps avec le **Mozambique portugais**. Entre juin 1735 et janvier 1740, 2 599 esclaves furent « importés » dans la seule Isle de France. Entre 1767 et 1807, le nombre d'esclaves sur cette île passe de 15 000 à 65 000 (pour moins de 6 500 Européens). Depuis les débuts de la colonisation en 1670 jusqu'en 1810, au moins 160 000 esclaves furent amenés aux Mascareignes, dont 45 % provenaient de Madagascar, 40 % du Mozambique, 13 % de l'Inde et 2 % d'Afrique de l'Ouest. Ils furent échangés contre du beurre, du riz, des fusils. On estime que 20 % des esclaves africains, transportés comme du bétail, périssaient sur les navires les conduisant à Port Louis : dans les soutes, deux à cinq hommes étaient entassés sur 1,43 m³. Dans l'île, leurs conditions de vie sont loin d'être idylliques ➤ *encadré ci-contre.* Ils doivent travailler de l'aube au crépuscule, recevant pour toute nourriture une pâtée de maïs cuite à l'eau et du pain de manioc. On ne s'étonnera pas que les colons aient dû affronter le problème des **marrons** (esclaves en fuite). Grand administrateur, La Bourdonnais forma une « maréchaussée de Nègres de Madagascar » afin de purger l'île des bandes de fugitifs qui y sévissaient alors. Pour ces rebelles, le **Code noir** disposait d'une échelle de peines : une oreille coupée à la première tentative de fuite, une mutilation du jarret en cas de récidive, la mort par pendaison au troisième essai. Les coups de fouet et les chaînes venaient en prime.

En février 1794, la Convention abolit l'esclavage, mais les colons mauriciens font de la résistance, expulsant manu militari les deux envoyés du gouvernement français chargés d'appliquer le décret, tandis que l'émeute envahit la rue.

Quelques années plus tard, le Consulat et Napoléon firent table rase des décisions révolutionnaires. En 1814, les Anglais interdisent la traite; mais il est de notoriété publique que le **gouverneur Farquhar** (1810-1823) a fermé les yeux sur la poursuite de ce commerce, qui transitait par les Seychelles. L'esclavage n'est effectivement aboli qu'en 1835, une indemnisation étant prévue pour les propriétaires d'esclaves (plus de deux millions de livres sterling ont été payées rubis sur l'ongle).

Le *trade coolies*

Le **2 novembre 1834** débarquent dans la rade de Port Louis trente-six ***hill coolies*** (*coolies* des collines) originaires du Bihar. Depuis l'Inde, ils ont voyagé pendant plus de six semaines à bord du navire *Atlas*. La société Hunter-Arbuthnot les a engagés pour travailler sur ses plantations de Belle Alliance (Rivière du Rempart) et The Mount (Pamplemousses). C'est le point de départ de ce qu'on a appelé le *trade coolies* (commerce des *coolies*) qui va toucher 450 000 travailleurs dits « engagés ». L'esclavage est en passe d'être aboli, Maurice doit trouver une autre source de main-d'œuvre : les *coolies* venus d'Inde permettent à l'île de poursuivre son essor dans le domaine du sucre. Ces *coolies* sont recrutés à Calcutta, Madras ou Bombay. Il est permis de douter que des informations sérieuses leur soient fournies tant sur la nature du travail qui les attend que sur la longueur du trajet. La situation de ces travailleurs immigrés, sous contrat de trois ou cinq ans, est à peine plus enviable que celle des anciens esclaves. Leurs « droits », en principe garantis par un *protector*, sont sans cesse rognés : une ordonnance de 1847 leur enlève par exemple deux jours de salaire pour un jour d'absence *(double cut)* et les oblige à porter sur eux permis de travail et laissez-passer lors de leurs déplacements, sous peine de rejoindre un *vagrant depot* (cachot pour vagabonds). Une autre, en 1858, leur ôte le droit de choisir leur employeur à leur arrivée. Par ailleurs, les conditions de transport et d'accueil restent déplorables. Deux bateaux sont ainsi mis en quarantaine à l'île Plate en 1856 : sur les 697 passagers, 284 vont mourir du choléra, de dysenterie ou de fièvre. L'affaire fait grand bruit, stoppant net toute immigration. Elle reprend vite, pour atteindre un pic en 1859, où l'on enregistre 44 397 arrivées. Jusqu'à l'arrêt de l'immigration en 1923, avec la venue du vaisseau *Surada*, l'île accueille ainsi plus de 450 000 *coolies*, dont seulement un tiers (169 000) regagnera l'Inde. L'arrivée de ces travailleurs indiens, mais aussi chinois (les premiers Chinois ont débarqué en 1760 à bord de deux navires capturés par les Français), forge définitivement le **visage cosmopolite** de la société mauricienne, qui n'en reste pas moins encore très inégalitaire.

TERRE D'ESCLAVAGE

Bien avant de publier *Paul et Virginie*, **Bernardin de Saint-Pierre** expose un point de vue abolitionniste dans *Voyage à l'isle de France* (1773) : « J'ai vu, chaque jour, fouetter des hommes et des femmes pour avoir cassé quelque poterie, [...] j'en ai vu de tout sanglants, frottés de vinaigre et de sel pour les guérir; j'en ai vu sur le port, dans l'excès de leur douleur, ne plus pouvoir crier [...]. Il est, dit-on, de notre intérêt de cultiver des denrées qui nous sont devenues nécessaires, plutôt que de les acheter à nos voisins. Mais puisque les charpentiers, [...] les maçons et les autres ouvriers européens travaillent ici en plein soleil, pourquoi n'y a-t-on pas des laboureurs blancs ? [...] On dit que le Code noir est fait en leur faveur [des esclaves]. Soit; mais la dureté des maîtres excède les punitions permises, et leur avarice soustrait la nourriture, le repos et les récompenses qui sont dus. »

➤ Les Mauriciens aujourd'hui

Maurice aimerait qu'on retienne d'elle une image idéale : celle d'une nation arc-en-ciel, où chaque communauté peut faire entendre sa différence. La réalité est tout autre. Entre l'intégration à marche forcée, souhaitée par certains, et le « communalisme », pratiqué par d'autres qui font passer l'intérêt général après les intérêts particuliers de tel ou tel groupe ethnique, la voie est malaisée.

Retour de pêche

La nation arc-en-ciel

Dense, jeune et bigarrée : ces trois adjectifs pourraient définir la population mauricienne. Avec ses 1 232 970 habitants au dernier recensement (2011), dont 20 % ont moins de 15 ans, la densité de l'île (604 hab./km^2) fait de Maurice l'un des dix pays les plus densément peuplés du monde. L'île ne compte pas moins de cinq communautés originaires de trois continents : l'Afrique, l'Asie et l'Europe ; elles composent un arc-en-ciel dont les couleurs se marient harmonieusement, sans vraiment se mélanger. Chacune a son histoire, avec ses blessures, qui peuvent se rouvrir à la moindre occasion. Mais on peut vous le confirmer : les Mauriciens forment l'un des peuples les plus accueillants qui soient. Et cela va bien au-delà du sourire marketing, de mise envers l'étranger pourvu de devises.

La palette mauricienne

Les **Indo-Mauriciens** sont les plus nombreux : environ 67 % de la population. Pour l'essentiel, ce sont les descendants des *coolies* venus en masse au XIXe s. *(p. 181)*. Ils sont parfois devenus propriétaires de la terre qu'ils cultivaient. Ce groupe inclut des **musulmans** (17 %), dont les racines sont au Bengale ou au Bihar : ils pratiquent un islam modéré avec un sens communautaire aigu. Mais il est composé surtout d'**hindous** pratiquant l'hindouisme (40 %). Il faut faire une place à part aux **Tamouls** (6 %), originaires du Tamil Nadu, dans le sud de l'Inde, qui ont pu arriver à Maurice au XVIIIe s. et s'installer comme tailleurs, cordonniers, orfèvres. Cette communauté comporte aussi **Télougous** (2,5 %) et **Marathes** (1,5 %). Aujourd'hui, les Indo-Mauriciens sont partout. Ils ont activement participé à un processus d'indianisation du pays, s'emparant du pouvoir politique aux dépens du groupe traditionnellement dominant formé par les Mauriciens blancs.

Les **Sino-Mauriciens** (0,5 % de la population) sont surtout actifs dans le commerce, notamment à Port Louis. Le reste, c'est-à-dire la « **population générale** », expression officielle et politiquement correcte pour l'administration locale, se répartit entre **créoles** d'origine africaine et **Franco-Mauriciens** (ou **Blancs de Maurice**). Les créoles descendants d'esclaves et rangés au catholicisme, comme le prévoyait le **Code noir** forment une communauté importante en nombre mais socialement peu favorisée. Les Franco-Mauriciens

(2 %), descendants des colons européens, ont su conserver un pouvoir socio-économique malgré leur petit nombre. Vivant en vase clos, ils représentent toujours une certaine « aristocratie », et acquittent sans barguigner leur cotisation au fameux **Dodo Club** ➤ *encadré p. 108,* qui est à l'origine un club de sport. Ils tiennent encore les rênes des groupes sucriers et se sont reconvertis dans le tourisme.

Le malaise créole

Contrairement aux usages de la Martinique ou de la Guadeloupe, à Maurice, « créole » désigne des individus « de couleur », qu'ils soient noirs ou métis. Descendants en majorité d'anciens esclaves malgaches ou africains, ces créoles, qui ne sont pas reconnus en tant que groupe ethnique, se sentent exclus du développement économique. Il existe un malaise identitaire dans cette communauté mauricienne, qui dénonce aussi la discrimination larvée dont elle fait l'objet : il n'y a par exemple que 2 % de créoles dans la fonction publique…

Une société cloisonnée

De passage dans l'île en 1946, l'écrivain français Armand Guibert définissait Maurice comme « l'île aux cloisons ». **Malcolm de Chazal,** lui, a été plus cruel : l'île « cultive la canne à sucre et les préjugés ». Aujourd'hui, la compartimentation du pays est encore de mise. Chaque individu appartient à un groupe, et chaque groupe a sa place dans la société mauricienne. L'individu fait partie d'une communauté ethnico-religieuse, voire d'une caste pour les hindous, avant d'appartenir à une nation. Si la cohabitation se passe avec tolérance, elle suit des règles précises et n'exclut pas certains heurts, à l'image des graves **affrontements entre communautés** qui survinrent entre créoles et musulmans à la veille de l'indépendance, ou des troubles qui éclatèrent en 1999 à la mort plus que suspecte dans sa cellule de Joseph Reginald Topize, un chanteur-musicien d'origine créole plus connu sous le nom de Kaya. Considéré comme l'inventeur du seggae (un mix de séga mauricien et de reggae des Caraïbes), l'artiste avait été incarcéré après sa participation à un meeting du Mouvement républicain (MR), à Rose Hill, en faveur de la dépénalisation du cannabis. Les conclusions de l'enquête judiciaire n'ont jamais été rendues publiques. Ayant annoncé que le décès du chanteur était consécutif à une fracture du crâne, le journal *L'Express* fut poursuivi pour diffusion de fausse nouvelle, poursuites abandonnées en 2010.

De nos jours, malgré une plus grande conscience nationale, le « **communalisme** » – un corporatisme communautaire à la mauricienne – se perpétue par le biais de l'Administration, qui colle une « étiquette ethnique » sur chaque citoyen. Depuis 2014, néanmoins, les candidats aux élections ne sont plus tenus de déclarer leur appartenance communautaire. Un petit pas vers « un seul peuple, une seule nation », de l'hymne national, *Motherland*.

Femme créole

Danseuse de séga

Culture

➤ Séga et sirandanes

Depuis 2014, le séga* tipik *mauricien, qui est de toutes les fêtes, est inscrit au patrimoine mondial de l'humanité par l'Unesco. Cette musique et cette danse aux déhanchements sensuels furent celles des esclaves africains. L'ignorance du créole nous fait passer à côté de la subtilité des textes, qui peuvent être coquins ou acides. Et du sel des sirandanes, devinettes traditionnelles.

La musique et la transe

Difficile de résister à un petit air de **séga,** au tempo court, scandé, endiablé, sensuel, qui vous donne des fourmis dans les jambes. Sur la piste, les corps se frôlent, se défient, paraissent entrer en transe. Si vous vous laissez porter par les mots en créole, il peut être question de soleil, de plage où les *manzelles* sont jolies, et de bonheurs fugaces. Mais aussi d'un « bater bis », profiteur qui vous pourrit la vie.

Pourtant, jusqu'au milieu du XXe s., le séga est un genre profondément méprisé, assimilé au temps margoze, celui de l'esclavage. Coupés de leurs racines africaines et dénués de tout, les esclaves ont en effet trouvé refuge dans cette musique et cette danse, confectionnant des instruments de fortune avec tout ce qui leur tombait sous la main, calebasses, bois, roseaux ou canne à sucre. Le séga ne comporte que des pas glissés, les pieds ne quittant pas le sol. Tout se joue au niveau des hanches. La faute au sable, transformé en piste de danse improvisée, voire aux fers, qui enserraient les chevilles des danseurs.

En 1948, le premier 45-tours produit à Maurice sera néanmoins un 45-tours de séga. Son auteur ? **Ti Frère** (« petit frère » en créole). Jean Alphonse Ravaton – son nom à la ville – va enchaîner les succès populaires, tout en restant dans une misère noire. Sur une musique dominée par l'accordéon, son *Anita* est devenu un grand classique.

Aujourd'hui, les politiques font même campagne sur un air de séga ! *Viré mam* (« Virez Navin Ramgoolam », Premier ministre alors en poste et candidat à sa propre succession) a fait un tabac lors des dernières élections en 2014.

Chaud devant…

L'instrument de base reste la **ravanne**, un tambourin taillé en principe dans le goyavier de Chine et recouvert d'une peau de chèvre : c'est elle qui donne sa cadence infernale au séga. La ravanne traditionnelle (baptisée « tambour » à Rodrigues) a besoin d'être chauffée avant son utilisation.

Le crépitement de la **maravanne** (boîte de forme rectangulaire remplie de graines ou de graviers) et le son aigu du **triang** (triangle) métallique l'accompagnent.

Dans l'archipel mauricien, il existe des variantes régionales. Rodrigues a son séga tambour et son séga kordéon, où l'accordéon apporte une touche musette. D'autres instruments, insolites, se glissent dans ce séga rodriguais comme le katchia katchia, un sachet de feuilles de vacoas contenant des graines d'acacia.

UN SÉGATIER

En cinquante ans de métier, **Jean-Claude Gaspard,** qui a pris sa retraite, est l'un des ségatiers les plus prolifiques à Maurice. On ne compte plus ses compositions depuis son premier 45-tours en 1968, *Wachi Wala*. De *Pran sa pou twa* à *Ti cabane* en passant par *Maladi lamour*, il a enchaîné les succès. Dans la famille Gaspard, la relève est assurée : les filles Mary Jane et Shirley, le fils Denis Claude, le « petit frère » Robert Augustin ont participé en 2008 à l'un des derniers albums du ségatier, *Amalgalemo*.

Seggae Man

Depuis que guitare et synthétiseur sont entrés dans la danse, le séga se mâtine de reggae, de rap, de hip-hop, de zouk, de jazz. Ti Frère, « le roi du séga », disparu en 1992, a de nombreux héritiers iconoclastes. Sans doute, il ne se serait pas reconnu dans la rage d'un Kaya (1960-1999). Grand admirateur de Bob Marley, le fondateur du groupe Racine Tatane est arrivé à mixer les rythmes ternaires du séga et binaires du reggae. Le *seggae man* était né.
Aujourd'hui, chanteurs et formations bénéficient d'une vitrine : le **festival international Kreol** *(en décembre)*. On peut y entendre des grosses pointures comme Cassiya et Clarel Armelle ou les révélations du moment.

Jeux de mots

Les Mauriciens ont leurs sirandanes, devinettes teintées de poésie, de malice et de tendresse. Rien que le nom, c'est déjà une musique à l'oreille. Saurez-vous reconnaître ce qui se cache derrière « dilo dibuté » (de l'eau debout) ? La canne à sucre, pardi ! Et que peut révéler un « figir en zenfan kasiet anba labarb en bonhom » (« un visage d'enfant caché sous la barbe d'un bonhomme ») ? Ne cherchez plus : c'est la noix de coco.
On retrouve ce goût pour les jeux de mots, très mauricien, chez un écrivain comme **Malcolm de Chazal** (1902-1981). Doté ou encombré d'ancêtres (petite noblesse de robe auvergnate) partis faire fortune à Maurice, et d'un père qui « faisait des affaires pour s'amuser », cet ingénieur sucrier de formation est resté, dans la vie et dans ses ouvrages, patricien jusqu'au bout des ongles. On aime ou on n'aime pas l'humour subtil et surréaliste de ses aphorismes tels « La rose est la dent de lait du soleil » ou « L'œil a tous les gestes du poisson » (*Sens-plastique*, éd. Gallimard).
Notre Prix Nobel de littérature 2008, **Jean-Marie G. Le Clézio**, qui se revendique de culture mauricienne (« C'est ma vraie nationalité »), a édité chez Seghers en 1990 un recueil de sirandanes.

Mariage hindou

Fêtes et religions

➤ Traditions en fêtes

Dans ses églises, kovils ou mosquées, l'île vénère Dieu, Bouddha, Shiva, Allah… Chaque communauté a ses traditions festives. Les Chinois ont leur nouvel an, qui n'est pas celui des Télougous. Les chrétiens célèbrent Noël tandis que les musulmans se réservent pour l'Aïd el-Fitr, la fin du ramadan. Mais toutes ces fêtes figurent au calendrier des jours fériés, quinze dans l'année.

Les religions

Avec une population comptant environ 50 % d'hindous et tamouls, 30 % de chrétiens et 17 % de musulmans, les trois grandes religions sont représentées sur l'île. La cohabitation se fait sans heurt ni extrémisme, des passerelles pouvant exister entre les croyances : ainsi de nombreux Mauriciens d'origine tamoule ou chinoise vont à l'église tout en continuant de respecter certains rites traditionnels. Par ailleurs, en marge des religions « officielles », les pratiques populaires liées à la superstition ou au culte des ancêtres restent vivaces, et Maurice a ses longanistes (sorciers des campagnes et adeptes de magie noire).

Les fêtes chrétiennes

La grande majorité des chrétiens est **catholique** ; issus de la classe dominante ou descendants d'anciens esclaves, ils pratiquent leur religion avec autant de ferveur que d'ostentation. Mais on ne tire plus le canon pour la **Fête-Dieu**, célébrée encore sur une petite échelle dans l'île. **Noël** a ses coutumes héritées des anciens colonisateurs : en plein été austral, Santa Claus (le Père Noël en version *british*) transpire sous sa houppelande rouge et certaines familles dégustent un pudding dans la plus pure tradition anglaise. Les sectes d'influence **protestante** (adventistes…) connaissent aussi un grand succès.

Les fêtes chinoises

Si la communauté chinoise pratique assez discrètement dans les quelques temples privés de Port Louis, le **nouvel an chinois**, plus connu comme Fête du printemps, est unanimement célébré le premier jour du premier mois de l'année lunaire (entre le 21 janvier et le 21 février). Exceptionnellement, les

LE NOUVEL AN CHINOIS

L'aube est saluée par des salves de pétards, censées chasser les mauvais esprits. Les festivités sont surtout spectaculaires à Port Louis. Cymbales et gongs accompagnent la danse traditionnelle du lion et du dragon dans les rues. Un spectacle chatoyant et… bruyant.

Chinois ferment boutique – la seule fois dans l'année – et la société mauricienne tout entière ne travaille pas ce jour-là. La veille, dans une maison nettoyée du sol au plafond, les familles se rassemblent pour « le dîner de la réunion ». Histoire d'amadouer la chance, il comporte « lingots d'argent » (des œufs !) et « phénix » (un banal poulet). Le lendemain, on se rend visite pour se souhaiter *Kung Hsi Fa Ts'ai* (bonne et heureuse année), tout en se gardant de prononcer un mot grossier, d'utiliser un couteau ou de donner un coup de balai. Les enfants reçoivent des petites enveloppes rouges contenant de l'argent.

LA BANANÉ À RODRIGUES

Sur l'île de Rodrigues, la *banané* (« bonne année ») est un événement important ! Chaque famille tue un cochon et déguste ensuite sa viande en boudins, rôtis et grillades. Lors des repas, on sert aussi la tourte rodriguaise (La Tourterie, *Carnet d'adresses p. 164*), un gâteau fourré aux fruits en compote (ananas, papaye, etc.). Les festivités durent jusqu'au 6 janvier, jour de l'Épiphanie, lors duquel on lève un dernier verre : « Lé roi boir ! »

Les fêtes musulmanes

La majorité des musulmans mauriciens sont des **sunnites modérés,** actifs sur le plan politico-religieux et très soudés entre eux. L'**Aïd el-Fitr,** la fin du ramadan, en juin ou juillet, est l'une des fêtes les plus importantes du calendrier islamique : les mosquées (une centaine) sont pleines à craquer ; on se rend visite pour déguster en famille ou entre amis le *briani* ou *byriani* (du riz cuit avec des légumes, de la viande, des épices). Mais ce plat, de fête à l'origine, se retrouve sur bien des tables au quotidien.

Les fêtes hindoues

Les fêtes hindoues sont toutes tributaires du calendrier lunaire. En février ou mars, **Maha Shivaratree** jette sur les routes des dizaines de milliers de « dévots » en direction de Grand Bassin *(p. 113)*. En **mars ou avril, Ugaadi** est le nouvel an télougou ; ce jour-là, ces hindous originaires de l'Andhra Pradesh, dans le sud de l'Inde, vont porter l'*ugaadi patchadi* au temple (à Rose Hill entre autres), pour le partager. Cette préparation, composée de six saveurs, âcres, amère, aigre, sucrée, salée et pimentée, symbolise les hauts et les bas de la vie. Des feuilles de manguier et des fleurs sont suspendues au-dessus de la porte d'entrée des maisons tandis que des tableaux de riz colorés tapissent le sol. En **août ou septembre,** les hindous originaires du Maharashtra célèbrent la naissance de **Ganesh Chaturthi**. Ce dieu à tête d'éléphant, qui est le fils de Shiva et de la déesse Parvati, supprime les obstacles, apporte la sagesse et la prudence. Au soleil couchant, les fidèles se rassemblent sur la plage ou au bord de l'eau, pour assister à l'immersion des *mourthis* (représentations du dieu faites en glaise pour la circonstance). À voir du côté de Roches Noires (nord-est de l'île) ou Chemin Grenier (côte sud).

En **octobre ou novembre**, enfin, on décore rues et maisons de mille lumières à l'occasion de **Divali**, la plus animée des fêtes dans les communautés hindoues et tamoules. Les hindous prient la déesse du bien, Luxmi, tout en célébrant la victoire de Ram sur le mal. Les tamouls, eux, vénèrent en cette occasion Krishna qui, selon la mythologie, a terrassé le démon Narakasuram.

➤ Les fêtes tamoules

À Maurice, les Tamouls ne se reconnaissent pas comme hindous. Leurs cérémonies, où l'on se purifie de ses passions, haine ou envie, sont spectaculaires et colorées. Marches sur le feu et autres rites, l'esprit cartésien sent chavirer toutes ses certitudes.

USAGES

On vous laissera suivre une **cérémonie tamoule,** mais le prêtre officiant peut vous demander de remiser votre appareil photo. Soyez courtois : demandez toujours l'autorisation de prendre une photo, elle vous sera rarement refusée. Vous serez les bienvenus dans un **temple hindou**, à condition de vous déchausser et de ne pas porter de cuir.

Thaipoosam Cavadee

Au bord d'une route, toute l'année, vous pouvez croiser un *cavadee*, ou *kavadi*, une procession qui se rend au *kovil*, c'est-à-dire au temple le plus proche (il y a 125 *kovils* à Maurice). Mais les plus grandes manifestations ont lieu en janvier ou février pour Thaipoosam Cavadee. Âmes sensibles, s'abstenir ! Ce jour-là, les pénitents ont le corps hérissé d'aiguilles en forme de *vel*, de fer de lance, qui est l'attribut du dieu **Muruga**, fils cadet du dieu Shiva. Ceux qui ont fait vœu de silence ont la langue transpercée. Incantations vibrantes et fumées d'encens, l'air y est chargé de tension, certains participants entrant littéralement en transe.

Marches sur le feu

En l'honneur d'**Amman** (la Mère), les ***thimiti,*** ou marches sur le feu, se déroulent surtout en milieu rural, en décembre ou janvier. Hommes et femmes, parfois des enfants, affrontent l'épreuve du feu au temple, en marchant, sans brûlures apparentes, sur un tapis de braises ardentes censé représenter le sari d'Amman. Certains font remonter l'origine de cette coutume au Ramayana, épopée de la mythologie hindoue, où Sita doit subir un tel supplice pour prouver sa pureté. Où en voir ? Par exemple le 1er janvier à Solitude près de Triolet.

Procession au temple pour une marche sur le feu

Gastronomie

➤ Un monde de saveurs

De peu, la cuisine mauricienne tire le meilleur. Sans doute parce qu'elle sait utiliser avec un art consommé les épices et les moindres feuilles comestibles, baptisées brèdes. C'est une cuisine qu'on retrouve dans la rue, avec tous ses gajacks, en-cas dont on ne fait qu'une bouchée, le plus célèbre des plats de cette street food *restant le dholl puri.*

Spécialités mauriciennes

Une cuisine sous influences

Le touriste qui se respecte commence évidemment par éplucher la carte des restaurants. Il s'aperçoit alors très vite qu'il n'y a pas « une » cuisine mauricienne. Ou alors que cette cuisine est celle de tous les métissages. Elle picore en effet dans tous les répertoires : français, chinois ou indien… Une daube de cerf longuement mijotée peut côtoyer **mines frits** (nouilles chinoises sautées, qui sont une institution nationale), **poulet au gingembre** ou encore **vindaye de thon**. D'ascendances variées, cette cuisine est toutefois fortement marquée par l'Inde. Mais sur une **base riz-cari**, l'utilisation renforcée des **épices,** le goût prononcé pour l'**aigre-doux** et la place de choix accordée aux **produits de la mer** donnent aux plats mauriciens une coloration originale.

Cari pour tous

Le cari (dit aussi curry), mot originaire de Madras, a fini par désigner tout ce qui se mange avec du riz. On peut aussi bien vous proposer un **cari d'ourites** (poulpes) qu'un **cari de poulet** ou **de langouste**. Pour remonter aux sources, ce qui fait le cari c'est le **massala** (mélange d'épices, *p. 192*), qui donne sa touche caractéristique au plat. Il peut comporter safran vert, gingembre, cannelle, clou

VINDAYE DE CREVETTES

Ingrédients pour 6 personnes : *750 g de grosses crevettes, 500 g d'oignons, 4 gros piments, 10 gousses d'ail, 2 c. à café de safran jaune, 2 c. à café de graines de moutarde, 4 c. à soupe de vinaigre, huile, sel et poivre.*
Dans un bol, mettre les graines de moutarde, le safran, l'ail écrasé et les piments fendus en deux. Délayer le tout avec 3 cuillerées d'eau. Faire chauffer un peu d'huile dans une cocotte et y laisser roussir les ingrédients pendant 10 min à feu doux. Ajouter les crevettes, les oignons émincés, du sel et du poivre. Laisser mijoter 10 min. Retirer du feu, ajouter le vinaigre et bien remuer. La recette peut aussi être réalisée avec du thon ou du bœuf. Les « gros piments » sont une variété de piments verts mi-forts ayant l'apparence de nos « piments doux ». Par « safran jaune », on entend curcuma.

de girofle, coriandre, piment – qui peut être le « piment pétard » (aïe !) de Maurice ou le piment de Rodrigues – : la liste n'est pas exhaustive.

Spécialités mauriciennes

Le **vindaye** de poisson ou de volaille, dont le nom est dérivé de « vin d'ail » et qui serait originaire de l'ouest de l'Inde, est un plat typiquement mauricien qui associe les parfums de l'ail, du vinaigre et de la moutarde. Il peut se déguster en entrée ou en en-cas avec du pain, froid de préférence, après avoir reposé une journée ➤ *encadré p. 189.* Vous goûterez aussi à la **salade du millionnaire,** où le cœur de palmiste, cru, est coupé en rondelles. Sachant qu'un seul palmiste ne fournit que 600 g de chair, l'origine de l'appellation s'éclaire.

La mer dans votre assiette

À Maurice, les amateurs de poisson seront comblés. Ils auront de nombreuses occasions de se faire plaisir : **marlin** et **thazar** fumés, **sacréchien** à la chair fine et délicate que les grands chefs préparent « rose à l'arête »… La carte ressemble à un poème : on vous y propose, simplement grillées, **gueule pavée, vieille rouge**… Et comment reconnaître le **cateau bleu** (le perroquet des lagons) sous ses innombrables sobriquets créoles : « dents rouillées », « mordé vert » ?

Achards et chatinis

Pour l'accompagnement, on peut vous proposer des **achards,** une préparation fortement pimentée à base de légumes ou de fruits (telle la mangue verte) blanchis, revenus dans l'huile avec des épices et mis à macérer dans le vinaigre. Autre escorte : les **brèdes,** qui sont les feuilles comestibles de légumes ou de plantes comme le chouchou, le giraumon, le « songe ». Les chatinis, dont le nom provient de l'anglo-indien *chutney*, sont des purées grossières de légumes crus ou grillés, comme les pommes d'amour (tomates) ou les bringelles (aubergines), relevées avec du gingembre, du citron et tutti quanti. Contrairement aux achards, les chatinis ne se conservent pas plus de quelques jours voire quelques heures.

Gajacks sur le pouce

Enfin, il faudra vous lancer et goûter les **gajacks** mauriciens. Ce sont des petits en-cas, dont on ne fait qu'une bouchée, comme les gâteaux-piments. Herbes et piments assaisonnent ces beignets, à base de légumes (pomme de terre,

Piments cultivés sur l'île

manioc, aubergine, etc.), enrobés dans une farine de pois cassés (ou pois chiches). Vous les dégustez chauds, sur la plage, dans les gargotes du marché ou auprès d'une carriole ambulante. Mais, pour le Mauricien, aucun de ces gajacks ne surpasse dans cette cuisine de rue le **dholl puri**.
De bon matin, à l'heure du déjeuner ou à celle de la sortie des bureaux, bref à toute heure du jour, on se presse autour des vendeurs de ces galettes fines et souples. À base de farine de pois cassés (ou pois chiches), elles rappellent les chapatis indiens. Garnies de cari de légumes, elles constituent un must. Piment *or not* piment ? On a le bon goût de vous laisser le choix.
Vous êtes plutôt « sucré » ? Des petits **ananas Victoria** épluchés et prêts à croquer, des gâteaux de manioc au coco induisent en tentation les gourmands.

À la chasse aux cerfs

Le cerf proposé sur les tables mauriciennes provient en grande majorité des *chassés*. Sur ces domaines qui pratiquent l'élevage extensif, on a mis en place des quotas de chasse. Pendant une période très courte, du premier dimanche de juin au premier dimanche de septembre, on tue environ 3 000 cerfs par an pour maintenir la population totale autour de 18 000 à 20 000 têtes. Cette chasse est encore considérée comme « le sport des rois », où le tirage au sort détermine l'attribution des « chutes », c'est-à-dire d'une clairière avec son mirador. Le chasseur doit attendre que le cerf apparaisse dans sa ligne de mire.

➤ Lexique culinaire

Le vocabulaire de la cuisine mauricienne est plein de poésie. Connaissez-vous les pommes d'amour ? Ce sont les tomates ! Vous trouverez sur les marchés des paquets de « songes ». Ce sont des brèdes, des feuilles comestibles, qui donnent une saveur acidulée au moindre plat. Pour vous aider à vous y retrouver dans une carte de restaurant…

Achards. Légumes (ou fruits) blanchis, revenus dans l'huile avec oignons, ail, gingembre, piments, et mis à macérer dans le vinaigre.
Alooda. Boisson à base de lait, d'agar-agar (gélose) parfumée à la vanille, à la fraise.
Ananas Victoria. « Bébé » ananas.
Arouille. À prononcer « aoui ». On trouve en France ce tubercule sous le nom de « **taro** ». On en fait des gâteaux, des boulettes.
Babonne. Poisson de récif rouge et jaune, à la chair blanche et fine.
Boulettes. À Maurice, c'est tout un monde ! Des boulettes de poisson aux boulettes de viande, en passant par les boulettes d'arouille et les boulettes chouchou, il y en a pour tous les goûts !
Brèdes. Il s'agit de feuilles comestibles de légumes ou de plantes. Il y a des brèdes chouchou, des brèdes malbar, des brèdes songe…
Briani ou **byriani**. Poissons ou viandes marinés dans du yaourt parfumé à la menthe, à la coriandre et autres épices.
Bringelles. Aubergines.
Camarons. Crevettes d'eau douce.
Cari. A fini par désigner tout ce qui se mange avec du riz.
Caripoulé. L'équivalent de notre laurier. Les feuilles s'utilisent pour parfumer caris et fricassées.
Cateau bleu. Le poisson perroquet. La cuisine chinoise l'accommode en boulettes ou en soupe.

Chatinis. Oignons, gingembre, coriandre, herbes, vinaigre ou citron, piment assaisonnent ces purées de légumes crus ou grillés.
Chouchou ou **christophine** (aux Antilles), « chayotte » (sud de la France). Variété de courge, appréciée en salade et en gratin.
Cochon marron ou **sanglier**. Servi avec des patates douces.
Cœur de palmiste, dit aussi chou palmiste ou salade du millionnaire. Cœur de la cime (avec les jeunes feuilles), il se mange en achards, en salade, au beurre ou frit au sucre.
Combava. Citron (peau granuleuse).
Coco cono. Bulot, escargot de mer à Rodrigues. Dégusté haché, en salade.
Cordonnier ou poisson-chirurgien à la chair ferme.
Cotomili. Coriandre en feuilles.
Crabe. Trois espèces sont comestibles à Maurice : le crabe bouillon, le crabe faye-faye des profondeurs, et le crabe carrelet.
Daube. Plat très proche du rougail.
Dholl puri. Galettes fines à base de farine de pois cassés ou pois chiches. Elles sont fourrées de cari, d'achards…
Farata. Synonyme de **dholl puri**.
Gâteaux-piments. À base de purée de pois chiches et frits.
Giraumon. Courge d'Amérique.
Gombo. Un légume effilé, vert extérieurement, de la consistance d'un mucilage. Se déguste en chatini, frit, en beignets, en vinaigrette et en soupe.
Goyave de Chine. Petits fruits rouges très prisés à Maurice, que l'on mange avec sel et piment. On en fait aussi d'excellentes gelées et confitures. Ne pas confondre avec la goyave.
Gueule pavée. La dorade tropicale.
Limon. Citron vert.
Longanes. Fruit qui ressemble au litchi, en moins juteux.
Margoze. Condiment-légume amer.
Massala. Traditionnellement mélange d'épices. À Maurice, cela a fini par désigner le plat en sauce lui-même, qui utilise ce mélange d'épices.
Mines frits. Nouilles chinoises sautées.
Ourite. Poulpe. Spécialité de Rodrigues, consommée fraîche ou séchée.
Pomme d'amour. Tomate.
Quatre épices. Arbre cousin du giroflier, dont on utilise baies et feuilles en cuisine pour parfumer les plats mijotés; elles développent notamment des arômes de muscade, de girofle, de cannelle, de poivre.
Rhum arrangé. Il est « arrangé » avec raisins secs, canne à sucre, café…
Rougail ou **rougaille**. Sauce tomate, revenue avec des épices (pour les ragoûts).
Tamarin. Gousses brunes et bosselées dont les graines sont consommées sous la forme d'une pâte de pulpe collante et épaisse à la couleur sombre. Saveur aigre et fruitée utilisée en confiserie (sirop, bonbons).
Songe. Type de brèdes.
Vacoas. Poisson à la chair blanche.
Vindaye. Il y a de l'ail et du vinaigre. Ce plat se mange tiède, froid, en entrée ou comme en-cas.

SOUVENIRS

Que rapporter de l'île Maurice ? Outre les **épices** achetées sur les marchés, on trouvera dans les supermarchés une variété de **condiments en bocaux** (achards, chatinis, citrons confits…) et du thé de Bois Chéri *(p. 114)*. Les épiceries fines du Caudan à Port Louis et de Grand Baie proposent du **café de Chamarel** et des petits paquets de **sucre non raffiné.** Les musées et les hôtels ont également des boutiques.

Langue

➤ Le *morisien* est né

Le créole mauricien, ou* morisien*, est la première langue parlée dans le pays. Plus de 86 % des Mauriciens l'utilisent à la maison. Cette langue savoureuse a désormais son* Diksioner*, qui tente de fixer l'orthographe des mots. Enfin, depuis 2012, elle a fait son apparition officielle en classe, devenant une matière à part entière, mais optionnelle.

Côté dialectes et langues, c'est la tour de Babel. Maurice est une île multilingue. L'**anglais** est réservé au monde des affaires et à l'Administration. Si la grande bourgeoisie indo-mauricienne le pratique, moins d'un quart de la population le lit et l'écrit couramment. Le **français** est largement répandu dans la culture et les médias ; proche du créole, il est compris presque partout et bénéficie d'un gros capital de sympathie sur cette île, membre de la francophonie. Les différentes communautés ethniques ont parfois conservé aussi leur **langue** d'origine : le **mandarin** chez les Sino-Mauriciens, le **bhojpuri** (fortement modifié par le contact avec le créole) chez les Indo-Mauriciens et l'**ourdou** chez les musulmans, aujourd'hui concurrencé par l'arabe.

Kouma on dir sa ?

Mais le ***kreol morisien*** arrive largement en tête et largement de toutes les langues parlées à la maison. Le recensement de 2011 confirmait sa progression : à cette date, 86,5 % des Mauriciens osaient avouer l'utiliser en famille contre 52 % en 1972. Plus question de le ravaler au rang de « patois nègre ». Il constitue une langue à part entière, qui a son *Diksioner*. Son étude n'a pourtant été introduite que fort récemment (2012) à l'école primaire, et seulement à titre d'option. *Kouma on dir sa* (« Comment on dit ça ? »). Ce *morisien*, où les mots sont mis en musique, n'a toujours pas droit de cité au Parlement, où l'anglais et le français dominent.

Aïo ?

L'étranger est surpris par l'aisance avec laquelle le Mauricien passe d'une langue à l'autre dans la même phrase, mixant anglais, français et *kreol*. Ce qui est parfois source d'incompréhension. Faut« accommoder un client » ? Ne vous méprenez pas : on doit lui trouver un hébergement (accommodation en anglais).

Pis : le ton peut complètement changer le sens d'un petit mot créole passe-partout, comme *« aïo »* ! Un traînant *« a… ïo »*, et il faut entendre « pauvre diable ». Un cinglant *« aïo ! »* signifie « fous-moi la paix ». Un interrogatif *« aïo ? »* doit se traduire par « non, c'est pas vrai ? ». Et si !

Carnet pratique

Avant de partir et sur place, tout pour réussir vos vacances

Les deux sous-parties « Avant de partir » et « Sur place » réunissent toutes les informations nécessaires pour organiser votre voyage et réussir votre séjour.
Le classement des rubriques par ordre alphabétique permet une navigation rapide et facile.

SAISONS
Une saison chaude et humide, de novembre à avril, et une saison « fraîche » (17 °C min., 26 °C max. !) et sèche, de mai à octobre.

LA MEILLEURE PÉRIODE (EN PRINCIPE)
Aucune période n'est à déconseiller, mais choisir mai-juin est un bon plan. La pluviométrie est au minimum, le lagon est encore à une température tropicale (25°/26°) et les prix sont au plus bas.

FORMALITÉS
Passeport en cours de validité six mois après votre retour ; le visa n'est pas utile si vous comptez séjourner moins de deux mois.

DURÉE DE VOL
De Paris à l'aéroport Sir Seewoosagur Ramgoolan (SSR) de Plaisance, comptez 11 h de vol (sans escale).

DÉCALAGE HORAIRE
+2 h en été, -3 h en hiver.

SANTÉ
Aucun vaccin n'est obligatoire. Pas de traitement antipaludéen préconisé.

DEVISE
La roupie mauricienne (Rs ou MUR). En juin 2015, 1 € = 40 Rs env. (39,20 Rs) et 1 Rs = 3 c.

BUDGET
Pas de low cost, pas de vraie concurrence : les billets restent chers sur la destination, soit **800-850 € A/R** si vous vous débrouillez bien, mais tablez plutôt sur 1 000-1 200 €. Et paradoxalement, on arrive à trouver un séjour 9 j/7 nuits à **880 €** en demi-pension dans un deux-étoiles, vol compris, mais en dernière minute. Pour un budget moyen, tablez plutôt sur **1 300 €** et plus pour un séjour 9 j/7 nuits. Les prix des hôtels grimpent fortement de mi-décembre à mi-janvier.

Avant de partir

➤ Adresses utiles

• En France

Ambassade de la République de Maurice*, 127, rue de Tocqueville, 75017 Paris ☎ 01.42.27.30.19.*

Office de tourisme de l'île Maurice
☎ 01.53.43.53.37, www.tourism-mauritius.mu/fr.
Et pour Rodrigues :
www.tourism-rodrigues.mu/fr.
Pas d'accueil du public, il s'agit d'une agence de communication. Elle fournit sur demande une petite documentation gratuite sur Maurice et Rodrigues (contenant des infos sur les hôtels, les activités, les festivités, etc.).

• En Belgique

Ambassade de l'île Maurice*, rue des Bollandistes, 68, Etterbeek, Bruxelles 1040 ☎ 02.733.99.88.*
Consulat de l'île Maurice*, Chemin du Cyclotron, 6, Louvain-la-Neuve 1348 ☎ 010. 39.00.25, http://honconsulate.belgium.mauritius.govmu.org ; info@wttlawfirm.be.*

Il n'y a pas de bureau de tourisme.

• Au Canada

Consulat de l'île Maurice*, 310, Victoria Suite 200, Westmount, Québec H3Z2M9 ☎ (514) 507.1134. http://honconsulate.montreal.mauritius.govmu.org ; rggervais@wagram.ca.*

Il n'y a pas de bureau de tourisme.

• En Suisse

Mauritius Tourism Information Service*, Kirchenweg 5, 8032 Zürich ☎ 01.44.388.41.18. Ouv. lun.-ven. 9h-12h et 13h30-17h30.*
Consulat*, Via Clemente Maraini, 39 CH-6902 Lugano ☎ 091.986.11.88.*

➤ Argent

• Devise

L'unité monétaire à Maurice et Rodrigues est la roupie mauricienne. Les prix sont généralement inscrits en abrégé et à l'anglo-saxonne (10 roupies = Rs 10). Il existe des pièces de 5 et 20 sous, ainsi que des pièces de 1, 5, 10 et 20 roupies. Les billets sont en coupures de 25, 50, 100, 200, 500, 1 000 et 2 000 roupies.

• Moyens de paiement

Vous ne trouverez pas de roupies mauriciennes avant de partir. À Maurice, les principales cartes bancaires sont acceptées comme moyens de paiement et permettent de retirer des roupies aux distributeurs automatiques. Vous pouvez aussi emporter des chèques de voyages et évidemment de l'argent liquide en euros pour procéder au change en arrivant.

• Carte perdue ou volée

Avant de partir, procurez-vous auprès de votre agence bancaire le numéro de téléphone à composer de l'étranger pour faire opposition en cas de perte ou de vol de carte. De France, vous pouvez faire appeler le service groupé de mise en opposition *☎ 0.892.705.705.*
Carte bleue Visa *☎ Maurice 01.120 puis, après tonalité, 866.654.0165, www.visa.fr.*
American Express *☎ (020.33) 147.77.70.72.00 (PCV accepté). www.americanexpress.fr.*
MasterCard *☎ 1.636.722.71.11 (PCV accepté), www.mastercard.com/fr.*

➤ Budget

Votre budget va dépendre de l'hébergement. En hôtel, la demi-pension étant souvent de rigueur, vous vous contenterez d'un déjeuner sur le pouce ou d'un plat principal dans un restaurant. Les hôtels offrent des activités gratuites (ski nautique, dériveur, catamaran…) et peuvent proposer des tarifs préférentiels sur d'autres (golf, plongée en bouteille). En autonomie complète, c'est différent : vous remplirez votre panier pour trois fois rien aux marchés et supermarchés, mais vous paierez le prix fort pour vos loisirs. Les tarifs des restaurants, hôtels, locations, etc. sont assez souvent indiqués hors taxes; il vous faudra ajouter 15 % de VAT (sorte de TVA locale) au prix.

• Y aller

On trouve des affaires autour de 900 € TTC pour un séjour 9 j./7 nuits en demi-pension dans un deux-étoiles, vol compris. Pour un budget moyen, tablez plutôt sur 1 300 € et plus.
Comptez entre 800 et 1 400 € pour un vol A/R selon saison.

• Dans le commerce

Poulet entier : 135 Rs/3,45 €. Poisson entier (thon) : 240 Rs/6 €. Pack de 6 bières Phoenix (33 cl) : 182 Rs/4,65 €. Journal quotidien *(L'Express)* : 15 Rs/0,38 €.

• Repas

Bol renversé riz-poulet au Liverpool Snack (La Gaulette) : 90 Rs/2,30 €. Poulet à l'ananas au Café de l'Atelier (Port Louis) : 380 Rs/9,70 €. Déj. traditionnel à la maison Euréka (Moka) : 805 Rs/20,50 € VAT incluse. Festin au Café des Arts (Trou d'Eau Douce) : 2 900 Rs/74 € + VAT.

• Transports

Bus public express de Grand Baie à Port Louis (20 km) : 38 Rs/moins d'1 €. Location (pour 1 j.) d'une petite voiture : 1 100 Rs/28 €, d'un scooter : 550 Rs/14 €, d'un vélo : 160 Rs/4,10 €. 1 l de super : 45,95 Rs/1,17 €. Taxi avec chauffeur (par jour) : 3 000 Rs/76,50 €.

• Sports et loisirs

Excursion en bateau à l'île aux Cerfs : 350 Rs/9 €. Visite de l'Aventure du sucre : 375 Rs/9,40 €. Visite à l'île aux Aigrettes : 800 Rs/20,50 €. Plongée avec exploration sous-marine (O) : 1 250 Rs/32 € avec équipements. Balade équestre avec un guide (1 h) : 1 500 Rs/38,50 €. *Green fees* à l'Heritage Golf Club (résidents hôtel : gratuit) : 3 700 Rs/94 €. Scooter sous-marin pour 2 : 5 800 Rs/148 €.

LE COIN DES INTERNAUTES

www.tourism-mauritius.mu/fr : site de l'office de tourisme (MTPA).
www.mra.mu : site de la douane mauricienne.
www.mauritiustourism.org : site des hôteliers et restaurateurs.
www.meteo-ilemaurice.com : tout savoir sur le temps qu'il fait.
www.teleservices.mu : un annuaire téléphonique.

➤ Climat et saisons

• Saisons

On distingue deux saisons à Maurice et Rodrigues, inversées par rapport à celles de l'Europe : l'**été austral,** de novembre à avril, et l'**hiver austral,** de mai à octobre. Le climat mauricien est un climat tropical maritime, sans écarts de température importants, en raison du relief doux. C'est pendant l'été, en janvier-février, que les risques de cyclone sont les plus importants. Mais ils sont rarement violents.
L'**ouest** et le **nord** de l'île sont en général **plus chauds** et **moins humides** (600 mm de pluie) que le Sud et l'Est (1 400 mm). Le **plateau central** connaît une pluviosité régulière et très marquée (4 000 mm).

• Météo

Informations en français : *www.meteo-ilemaurice.com.*
Prévisions sur 72 h pour Maurice et Rodrigues, ainsi que des informations sur les **cyclones** : *http://metservice.intnet.mu (en angl.).*

➤ Formalités

• Papiers et passeport

Pour séjourner à Maurice et Rodrigues, les ressortissants de l'Union européenne et de la Suisse (entre autres) n'ont pas besoin de demander un **visa.** Il est accordé automatiquement à l'arrivée si vous avez un **passeport** valide après la date de retour, une **somme d'argent** suffisante pour votre séjour, l'adresse du lieu d'hébergement et un **billet retour**. Si vous comptez séjourner plus de deux ou trois mois, selon les cas, il faudra en demander la prorogation au **Bureau des passeports et de l'immigration** à Port Louis *(p. 206)*.

• Douane

À Maurice, vous pouvez importer en **franchise** 250 g de tabac (incluant cigares ou cigarettes), 1 l d'alcool et 2 l de vin ou de bière. Chats et chiens seront placés en quarantaine pendant un mois, les oiseaux et autres espèces pendant deux mois. L'importation de **plantes** est soumise à permis. L'introduction de canne à sucre est interdite.

Infos Douane Service ☎ *0.811.20.44.44. Ouv. lun.-ven. 8 h 30-18 h, www.douane.gouv.fr* et *www.mra.mu* (rubrique import-export/Travellers).

• Assurances et assistances

Les **assurances** (en cas d'annulation de voyage, perte de bagages, accident ayant porté un préjudice matériel à autrui) et **assistances** (rapatriement et assistance médicale) sont rarement incluses dans le forfait acheté ; elles sont proposées, en option, par les agences de voyages, voire sur Internet. Attention ! Certaines **cartes bancaires internationales** couvrent déjà une part de ces risques, si vous avez réglé votre déplacement avec ladite carte.

AVA (Assurances Voyages & Assistance) ☎ *01.53.20.44.20, www.ava.fr.*
Europ Assistance ☎ *01.41.85.94.85, www.europ-assistance.fr.*
Mondial Assistance ☎ *01.42.99.82.81 (conseil client), www.mondial-assistance.fr.*

➤ Heure locale

Il y a 2 h (en été) ou 3 h (en hiver) de décalage horaire. Lorsqu'il est midi à Paris, il est 14 h ou 15 h à Port Louis.

➤ Santé

Aucun **vaccin** n'est obligatoire, mis à part celui contre la fièvre jaune pour les personnes en provenance de pays affectés. Il est cependant conseillé d'être à jour pour les vaccins tétanos, polio, diphtérie, hépatite A et B. Le **paludisme** étant en voie d'éradication, aucun traitement préventif n'est nécessaire ; consultez néanmoins un médecin en cas de fièvre. Pensez à vous munir d'un antimoustiques et de **crème solaire**. Nul besoin de prévoir une **trousse à pharmacie** très fournie, les officines mauriciennes étant assez bien approvisionnées. Le seul hic : sur place, vous retrouverez vos médicaments habituels sous une autre appellation ! Si vous êtes sujet aux **troubles intestinaux**, le changement de nourriture et de climat n'arrangera rien : emportez des médicaments contre diarrhées et coliques du type Imodium. Pour le **mal des transports**, Mercalm est tout indiqué. Guide des vaccinations téléchargeable sur le site de l'Institut national de prévention et d'éducation à la santé (Inpes) : *www.inpes.fr.*

➤ Téléphone

Indicatif téléphonique international : **230**. Pour appeler depuis la France, la Suisse et la Belgique, composez le *00.230* suivi du numéro de votre correspondant. Depuis le Canada, composez le *011.230*. Sachez qu'à Maurice, les numéros de portable commencent tous par un 5 (il y a plus d'un million et demi d'abonnés !).
Pour espérer trouver un n° de téléphone : *www.teleservices.mu* ou *http://pages.ilemaurice.tel* (les « pages jaunes » de l'île Maurice). Mais les listings sont rarement à jour.
Conseil : pensez à noter en lieu sûr le **code IMEI** de votre portable. Il suffit de taper **#06#* sur le clavier pour l'obtenir. il se trouve aussi sous la batterie, sur la facture d'achat.

➤ Valise

• Vêtements

Prévoyez la panoplie habituelle pour un **climat tropical** : vêtements légers, lunettes de soleil, chapeau ou casquette, nu-pieds. En « hiver », les nuits peuvent être froides et les journées fraîches (20 °C, n'exagérons rien !) : vous apprécierez coupe-vent, pull ou sweat-shirt, châle. Emportez une tenue habillée, chic décontractée. Les **randonneurs** prévoiront des chaussures de marche qui tiennent la cheville. Tritons et sirènes mettront dans la valise palmes, tuba et masque. Les **liquides** (crèmes, gels, aérosols, pâtes) dont vous n'avez pas un besoin impératif doivent être placés en soute. Sinon, en cabine, ils doivent être mis dans un sac transparent (20 x 20 cm) et ne pas excéder 100 ml. Ces restrictions ne concernent pas les produits achetés à l'aéroport.

Attention ! Veillez à respecter strictement la **franchise de bagages** accordée par votre transporteur. En classe éco, Air Mauritius n'admet qu'un seul bagage en soute de 23 kg par passager. Pour tout excédent, il vous en coûtera 100 € (maximum 7 kg) et, pour un deuxième bagage, 100 €. Mais le sac de golf voyage gratuitement sur cette compagnie !

• Cartes

Si vous explorez l'île en voiture, procurez-vous la **carte générale IGN** de l'île Maurice à 1/100 000e, éditée par l'Institut géographique national (IGN). Il n'existe pas à ce jour de cartes de randonnée pédestre, à part un plan très sommaire des randonnées dans le parc des gorges de la Rivière Noire *(p. 74, à acheter sur place)*.

➤ Voyage avec des enfants

L'Île Maurice est le lieu idéal pour des vacances avec vos chérubins : pas de vaccins, pas de palu, peu de décalage horaire, un lagon sécurisé, des plages de sable fin, de nombreux mini-clubs… C'est le paradis des grands et des petits !

• Avant le départ

Formalités

Pour se rendre à l'île Maurice, un mineur français doit être en possession d'un **passeport personnel** valide. Renseignements : *www.service-public.fr*.

Santé

On trouve les mêmes médicaments qu'en France dans les pharmacies, une petite trousse basique suffit donc amplement. Mettez-y bien sûr une crème solaire haute protection et de la Biaphine en cas de coup de soleil ! Votre pédiatre pourra également vous prodiguer des conseils.

À ne pas oublier

Bouée, masque, lotion anti-moustiques, chaussures en plastique pour les cascades et en cas de rencontre avec un oursin. La température est supportable pour un bébé, mais n'oubliez pas que les nuits peuvent être fraîches selon la période de l'année : prévoyez donc des vêtements adaptés. Pour la plage, chapeau et lunettes de soleil sont de rigueur.

• Pour un voyage serein

Tarifs

De manière générale, le tarif est de 10 % du prix du vol pour un bébé (de 0 à 2 ans) et de 75 % pour les enfants de moins de 12 ans. Jusqu'à 18 ans, ils peuvent bénéficier d'un tarif « jeune » selon les compagnies aériennes. Ne pas hésitez à demander.

Dans l'avion

Vous pouvez faire voyager votre bébé à partir de **3 semaines**. Des berceaux seront mis à votre disposition sur réservation lors de l'achat de vos billets. La nacelle est destinée aux enfants de moins de 10 kg et mesurant moins de 70 cm. Au-delà et **jusqu'à l'âge de 2 ans**, le bébé voyage sur les genoux de l'adulte accompagnant.

Pendant toute la durée du voyage, pensez à faire boire vos enfants, l'air pressurisé étant sec : n'attendez pas que votre petit le réclame ! Vous pouvez emmener en cabine biberons et petits pots, les avions étant équipés de four à micro-ondes. Certaines compagnies aériennes vous offrent la possibilité de commander pour les plus grands un repas bébé ou un repas enfant, 72 h avant le départ minimum. N'hésitez pas à vous renseignez.

Attention à la climatisation ! D'abord, parce qu'elle déshydrate très vite les plus petits ; ensuite, parce que les températures peuvent varier, prévoyez donc des habits faciles à changer, des chauds et des plus légers.

Enfin, préférez un vol de nuit si possible, il passe plus vite avec des enfants !

• Sur place

Transports

Utiliser les services d'un chauffeur de taxi *(p. 213)* permet de profiter du paysage sans stresser… Si vous louez une voiture, il peut être plus intéressant d'emmener votre propre siège auto pour bébé. Enfin, le bus est une alternative très économique.

Hébergement

Vous retrouverez dans les grands hôtels des mini-clubs généralement pour enfants à partir de 3 ans et des activités pour les ados. Les conditions de baignade sont excellentes : pas de prédateurs, des eaux peu profondes. Le baby-sitting est très courant à Maurice, les hôtels proposent plusieurs modes de garde.

➤ Voyage individuel

Il existe des vols directs pour Maurice, mais pas pour Rodrigues. Pour rejoindre **Rodrigues,** voir les liaisons La Réunion - Maurice - Rodrigues *(p. 201)*.

• Vols pour Maurice

Depuis la France

Maurice est à env. 11 h de vol de Paris, sans escale. Tous les vols rejoignent à Plaisance l'**aéroport Sir Seewosagur Ramgoolam (SSR)**, dans le sud de l'île *(p. 205)*. **Air France, Air Mauritius** et **Corsair** desservent l'île Maurice par des vols directs ; **Air Austral et Emirates Airlines** avec escale.
Les tarifs varient selon saisons et promotions, ils peuvent parfois descendre jusqu'à 800 € pour un vol A/R en classe économique (printemps 2015). En général, il faut compter entre 800 et 1 400 €.

Air Austral ☎ *0.825.013.012, www.air-austral.com*. Maurice via La Réunion. Jusqu'à 4 vols/j. Paris - Réunion - Maurice de Roissy-CDG (entre 14 h et 24 h de vol avec l'escale).

Air France ☎ *36.54, www.airfrance.com.* Au départ de Roissy-CDG, terminal 2 F, elle assure, en partage de code avec Air Mauritius, 2 vols quotidiens. Durée du vol : 11 h en moyenne.

Air Mauritius, *23, rue de la Paix, 75002 Paris* ☎ *0.890.71.03.15, www. airmauritius.com.* Au départ de Roissy-CDG, 2 vols/j. avec Air France. Durée : 11 h de vol. Le site Internet indique les vols opérés avec avion et équipage mauriciens.

Corsair ☎ *39.17, www.corsair.fr.* Au départ de Paris-Orly, jusqu'à 3 ou 4 vols/sem. Durée : 11 h.

Emirates Airlines, *69, bd Haussmann, 75008 Paris* ☎ *01.57.32.49.99, www. emirates.fr.* L'escale obligatoire est Dubaï, d'où la compagnie effectue 2 vols/j. sur Maurice. Départ de Roissy-CDG, 3 vols/j. sur Dubaï ; de Lyon-Saint-Exupéry 5 vols/sem. sur Dubai et de Nice 1 vol/j. (entre 16 h 30 de vol et 33 h).

Voyages-sncf.com, première agence de voyage sur Internet ☎ *36.35 et 0.899.500.500 pour les vols, www.voyages-sncf.com, accessible 24 h/24 et 7 j./7,* vous propose ses meilleurs prix sur les billets de train et d'avion, chambres d'hôtel, locations de voiture, séjours clés en main ou Alacarte. Vous avez également accès à des services exclusifs : l'envoi gratuit des billets à domicile, Alerte Résa pour être informé de l'ouverture des réservations, le calendrier des meilleurs prix, mais aussi des offres de dernière minute, de nombreuses promotions…

Depuis la Belgique

Il faut passer par Paris *(ci-contre)*, ou Genève *(p. 201)*.

Depuis la Suisse

Air Mauritius Genève, *1-3, rue de Chantepoulet, 1201 Genève 1* ☎ *022.732.05.60, www.airmauritius.com.* 1 à 2 vol directs/sem.

Depuis le Canada

Air Mauritius, Air World Inc.
Toronto : *5915 Airport Road, Suite 830 Mississauga, ON L4V1T1* ☎ *(416) 972.15.34.*
Vancouver : *666 Burrard St, Suite 500 Vancouver BC V6C 3P6* ☎ *1 (800) 537.11.82 (appel gratuit).* Pas de vol direct.

Bonnes affaires

Voici des sites à consulter pour les bonnes affaires de dernière minute, ce que l'on appelle les ventes « flashs » chez les voyagistes. Pensez aussi aux ventes dites privées de certains sites.

Ebookers France ☎ *0.892.234.235, www.ebookers.fr.*
Expedia ☎ *0.892.301.300, www.expedia.fr.*
Lastminute.com ☎ *0.892.68.61.00, www.fr.lastminute.com.*
My Travel Chic ☎ *0.892.230.901, www.mytravelchic.com.*
Partir pas cher ☎ *0.826.100.600, www.partirpascher.com.*
Nouvelles-frontieres ☎ *0.825.000 747, www.nouvelles-frontieres.fr.*
Thomas Cook ☎ *0.826.826.777, www.thomascook.fr.*
Voyage privé ☎ *0.892.426.425, www.voyage-prive.com.*

• Liaisons La Réunion - Maurice - Rodrigues

En 2014, sur 1 038 968 touristes, plus de 10 %, 141 665 exactement venaient de La Réunion. Une liaison aérienne, La Réunion-Rodrigues, depuis Saint-Pierre (Pierrefonds), vient de redémarrer en 2015 : elle se cantonne aux vacances scolaires.

En avion

Comptez 200 € A/R env. pour un billet Maurice - Rodrigues et 200 à 250 € pour un La Réunion - Maurice A/R.

Air Austral *(coordonnées ci-contre).* Compagnie régionale de l'océan Indien, elle assure des vols quotidiens fréquents entre La Réunion et Maurice (jusqu'à 6 vols depuis l'aéroport de Saint-Denis et 2 depuis Saint-Pierre/Pierrefonds ; 40 min à 55 min de vol).
Air Mauritius *(coordonnées ci-contre).* Liaisons Maurice - Rodrigues 1 à 3 fois/j. (1 h 30 de vol). Sous certaines conditions, le vol Maurice - Rodrigues peut être offert avec un Paris - Maurice.

> **UN PASS ÎLES VANILLE**
>
> Les titulaires d'un **billet Air Austral Paris - La Réunion** bénéficient de tarifs privilégiés pour multiplier les escapades dans les « îles Vanille », qui regroupent outre La Réunion, Mayotte, les Comores, Madagascar, les Seychelles et Maurice. Un simple aller est proposé sur ces destinations entre 45 € et 90 €. Mais il faut acheter dès le départ au minimum quatre vols, chaque destination n'étant visitée qu'une seule fois. Et ce « pass » n'est valable qu'un mois.

En bateau

Trajet Maurice/Rodrigues : 36 h ou 28 h.

Mauritius Shipping Co Ltd/Coraline
Maurice : *Nova Building, 1, route Militaire, Port Louis (**hors plan p. 32-33 / par C1**)* ☎ *(00.230) 217.22.85, www.mauritiusshipping.net.*
Rodrigues : *rue François-Leguat à Port Mathurin* ☎ *(00.230) 831.06.40, msclrod@intnet.mu.*
Comptez 4 480 Rs/114 € pour un aller simple en 1re classe, 3 648 Rs/93 € en 2de classe. Fréquence : 2 à 3 fois/mois.

• Hébergement

Hôtels

Il est préférable d'acheter un forfait vol + hôtel. Vous paierez votre chambre moins cher que le prix affiché, certains hôteliers surévaluent même volontairement leurs tarifs officiels pour favoriser les voyagistes avec lesquels ils ont passé des accords.

AHRIM (Association des hôteliers et restaurateurs de l'île Maurice), *www.mauritiustourism.org.*

Association des hôtels de charme, *www.smham.net.* Des hôtels et résidences hôtelières (maximum une soixantaine de chambres).

Authentic Hotels & Guest Houses, *www.authentic-hotels-mauritius.com.* Une gamme d'hôtels et maisons d'hôtes écolo-chic.

Beachcomber Hôtels France, *www.beachcomber-hotels.com.* L'enseigne gère 8 hôtels à Maurice, dont le Royal Palm, symbole des palaces mauriciens.

Constance Hotels and Resorts, *38, rue François-Ier, 75008 Paris ☎ 01.56.89.88.88, www.constancehotels.com.* Ce groupe, créé à Maurice, ne gère que deux hôtels sur l'île, en catégorie luxe.

Hôtels Attitude, *http://hotels-attitude.com/fr.* Le dernier-né des groupes hôteliers mauriciens (2008) possède déjà 10 hôtels (trois ou quatre-étoiles), disséminés sur les plages de l'île, dont 7 sous la marque Attitude. Sur la côte nord, le Zilwa *(p. 142)*, ouvert en 2013, sert de « laboratoire » au groupe, qui prône « l'otentik Attitude », pour découvrir autrement Maurice et sa vraie vie.

Lux* Hotels, *www.luxresorts.com/fr.* Traduisez Lux* par « lumière » et non par « luxe ». Le groupe possède ou dirige 5 hôtels sur l'île (dont 3 sont des cinq-étoiles). Il entend offrir à ses clients des « expériences de séjour », inédites, ludiques voire insolites pour rendre leurs vacances « plus légères, plus lumineuses ». Balades à vélo, cinéma sous les étoiles, séances de méditation ou cabine téléphonique mise à disposition pour appeler gratuitement ses proches…

Mauritius Boutique Hotels, *www.mauritius-boutiquehotel.com.* Il s'agit plus d'un label que d'un groupe, les cinq adhérents, tous plus « charme » les uns que les autres, restant indépendants (La Palmeraie *p. 156*, 20° Sud *p. 139*, etc.).

Sun Resorts, *www.sunresortshotels.com/fr.* Dans l'escarcelle de ce groupe, 5 hôtels quatre et cinq étoiles, dont un hôtel iconique comme La Pirogue. Dans l'ouest de l'île, cet établissement, presque quadragénaire, est donné comme le plus mauricien des hôtels mauriciens *(p. 145)*. Sun Resorts n'en a pas moins joué la carte peu usitée de l'architecture contemporaine avec le Long Beach, à l'est.

Veranda Leisure & Hospitality, *www.vlh.mu.* Le groupe exploite 4 hôtels de bonne catégorie (trois étoiles SUP) dans le nord et l'est de l'île ainsi que 2 hôtels haut de gamme dans le sud, mais cette fois sous la marque Heritage. Il fut l'un des premiers à créer des Spas couleur locale, les Seven Colours. Et il reste le seul à posséder une réserve naturelle aux portes de ses hôtels Heritage, Awali *(p. 151)* et Telfair.

• Locations

Villas ou appartements, la formule est en pleine expansion, surtout avec les programmes *Integrated Resort Scheme* (IRS), avec lesquels un étranger peut investir dans l'immobilier, puis louer son bien.

www.idyllic-villas.com *☎ Maurice (00 230) 697.16.02.* Une impressionnante sélection (plus de 70 offres).

www.mauritius-travel.com, *Nautil Voyages, 99, bd Malesherbes, 75008 Paris ☎ 01.83.77.01.10.* Une petite sélection villas et résidences, « chic », « charme », « standard ».

www.villas-maurice.com, *☎ Maurice (00 230) 262.57.77.* Des villas pieds dans l'eau, aux quatre coins de l'île. Une cinquantaine de propositions.

www.villatropic.fr *☎ 01.46.94.62.14.* Une poignée d'adresses en stock.

Chez l'habitant

L'économie de partage a aussi investi Maurice. Les « sites collaboratifs », où des particuliers louent chambre ou appartement, comme **Airbnb** *(www.airbnb.fr)*, **BedyCasa** *(https://fr.bedycasa.com)* ou **Housetrip** *(www.housetrip.fr)* sont actifs sur l'île. Mais **Homelidays** les devance *(www.homelidays.com)* : il y a plus de 700 propositions sur le site.

• Location de voitures

Il faut avoir 21 ans et posséder un permis de conduire depuis plus d'un an. Pour une semaine, en kilométrage illimité, une voiture catégorie B (Kia Picanto ou Suzuki Alto) se loue entre

200 € et 450 € (suivant les compagnies). Auprès des grandes compagnies, un paiement anticipé est plus avantageux qu'un paiement sur place.

Avis ☎ *0.821.230.760, www.avis.fr.*
Budget ☎ *0.825.003.564, www.budget.fr.*
Europcar ☎ *0.825.358.358, www.europcar.fr.*
Hertz *www.hertz.fr.*

➤ Voyage organisé

D'un voyagiste à l'autre, l'offre est assez uniforme (avec l'inévitable promotion « voyage de noces »).

• Généralistes

Club Med ☎ *08.200.200.08, www.clubmed.fr.* Deux clubs à Maurice, l'un au N, la Pointe aux Canonniers; l'autre à l'O, la Plantation d'Albion, qui a aussi des villas en location.
Kuoni ☎ *01.55.87.82.50, www.kuoni.fr.* Une large sélection d'hôtels toutes catégories pour des séjours balnéaires.
Sélectour Afat ☎ *01.78.42.78.43, www.selectour-afat.com.* Il y a des promotions parfois intéressantes dans ce réseau de 850 agences.
Thomas Cook ☎ *0.826.826.777, www.thomascook.fr.* Env. 70 propositions sur Maurice. Il compte Jet Tours dans son giron.

• Spécialistes des îles

Austral Lagons ☎ *01.53.71.19.79, www.australlagons.com.* Sur Maurice, le tour-opérateur offre, outre une trentaine d'hôtels, la location de villas. Son plus : la réservation avant le départ des Spas et excursions sur place.

Beachcomber Tours, *1-3, rue de Caumartin, 75009 Paris* ☎ *01.44.94.72.70. http://brochure.beachcombertours.fr.* Les hôtels Beachcomber, pionniers un temps des activités nature, du tout-compris en quatre étoiles, multiplient les initiatives en matière de tourisme durable

Exotismes, *164, av. Albert-Einstein, 13013 Marseille* ☎ *0.826.96.5000 (France) et 021.943.03.10 (Suisse), www.exotismes.com.* L'offre est très élargie : hôtels du trois au cinq étoiles, résidences de vacances, appartements et villas.

One Way Bleu, *Espace Gambetta, 2, rue Gambetta, 77210 Avon* ☎ *01.60.39.53.30, www.onewaybleu.fr.* Des propositions très classiques et, si vous rêvez d'une villa sur la plage avec tout le personnel de maison, d'une croisière privée avec équipage, c'est possible aussi.

Soléa Vacances, *21, rue du Faubourg-Saint-Antoine, 75011 Paris* ☎ *0.826.282.000, www.soleavacances.fr.* Filiale du groupe Sun Resorts. Joue la carte luxe.

Tropicalement vôtre, *43, rue Basfroi, 75011 Paris* ☎ *01.43.70.99.55 (bureaux à Lyon et à Quatre Bornes à Maurice), www.tropicalement-votre.com.* L'un des rares voyagistes à proposer un circuit « autotour », en quatre étapes réparties dans l'île, ce qui permet de vivre Maurice « autrement ». Il offre aussi un combiné Maurice-Rodrigues.

• Sur mesure

Émotions de Kuoni ☎ *0.820.095.320, www.kuoni-emotions.com.* Quand le luxe n'est pas seulement une question d'étoiles…

Secrets de Voyages, *75, rue des Saints Pères, 75006 Paris* ☎ *01.53.71.19.71,*

DITES OUI !

Pour que vous puissiez convoler à l'île Maurice, certains voyagistes s'occupent de tout, des formalités au petit déjeuner romantique sur la plage. Mais Maurice n'est pas Las Vegas. Il vous faut obtenir d'abord un certificat de non-résidence auprès du ***Registrar of Civil Status***, en envoyant un mois avant la date prévue du mariage photocopies des actes de naissance et des trois premières pages des passeports. Un droit de 5 000 Rs/127 € env. sera demandé si le mariage est célébré dans un lieu privé.
➤ **Central Civil Status Office,** *7e ét., immeuble Emmanuel-Anquetil, Sir Seewosagur Rangoolam St. (plus connue sous son ancien nom de rue Desforges), près de la municipalité, Port Louis* ***(plan p. 32-33 / C2)*** ☎ *(00.230) 201.17.27, civstat@intnet. mu.*

www.secretsdevoyages.com. Les plus beaux hôtels pour des happy few.

Voyageurs du monde,
50, rue Sainte-Anne, 75002 Paris
☎ *01.42.86.16.00 (antennes en région).*
En Belgique ☎ *02.543.985.50*
En Suisse ☎ *022.518.04.94,*
www.vdm.com,
www.voyageursdumonde.fr.
Des voyages à personnaliser, ce qui passe par la demande d'un devis. Et, pendant le voyage, un « concierge » vous assiste.

• Voyages sportifs

Golf autour du monde, *30, rue de Mogador, 75009 Paris* ☎ *01.53.43.36.36, http://golf.voyages-gallia.fr.* Les hôtels sélectionnés ont évidemment un golf à demeure. Et, dans la maison, on est joueur de golf, *of course*.

Sport Away-Fun & Fly, *27, bd des Minimes, 31200 Toulouse* ☎ *05.67.31.16.11, www.sport-away.com*. Kitesurf, stand up paddle, windsurf, choisissez votre spot.

Ultramarina, *29, rue de Clichy, 75009 Paris* ☎ *0.825.02.98.02, www.ultramarina.com.* Agences à Nantes (siège social), Lyon, Marseille, et en Suisse, à Genève et Villeneuve. Les plus beaux voyages de plongée… Et cela peut se faire en famille.

Sur place

➤ Arrivée

• À Maurice

Aéroport Sir Seewoosagur Ramgoolam (SSR), *Plaine Magnien ☎ 603.60.00, http://aml.mru.aero.* Il est situé à Plaisance, dans le S-E de l'île, à 48 km de Port Louis et à 3 km de Mahébourg. On y trouve des **bureaux de change** *(ouv. à l'arrivée des vols internationaux)*, un **distributeur automatique de billets**, un comptoir de l'**office de tourisme** *(☎ 637.35.35, ouv. aux arrivées)*, des **boutiques hors taxes** (une à l'arrivée et plusieurs, haut de gamme désormais, au départ) et de nombreux **loueurs de voitures** (Ada, Avis, Budget, Hertz, Europcar, etc.).

Transferts

En général, hôtels et maisons d'hôtes assurent le transfert de leurs clients depuis l'aéroport. Ce service peut être gratuit ou payant (s'en informer).

Taxis

À l'aéroport, quelques chauffeurs de taxis vous sollicitent. Négociez le prix avant de monter. Vous pouvez aussi en réserver un sur *www.taximauritius.com/fr* (prix fixe pour un transfert aéroport-hôtel et 1 à 2 pers. : 1 400 Rs/35,60 €.

Bus

À la sortie de l'aéroport (à 300 m), vous trouvez l'arrêt du bus **n° 198,** qui relie Mahébourg à Port Louis. Fréquence : 15/20 min en sem., 30 min le dim. ; à partir de 5 h 10 le matin en sem., 5 h 30 le sam., 6 h 30 dim. et j.f. Prix imbattable : 34 Rs (soit moins de 1 euro). Bien qu'il soit considéré comme un express, il compte 26 arrêts et il est souvent monopolisé par les étudiants se rendant à l'université du Réduit ! Enfin, il faudra vous arranger avec le contrôleur pour vos bagages.

> Pour le réseau de bus, voir *p. 211*.

• À Rodrigues

Le seul aéroport est l'**aéroport Sir Gaëtan Duval** *(☎ 832.78.88, www.airportofrodrigues.com)*, niché à Plaine Corail, dans le sud-ouest de l'île. Vous trouverez sur place une poignée de **petites boutiques** (*duty free*, souvenirs, librairie), où vous pourrez acheter une carte de l'île. Ainsi qu'un **bureau de change** (aux arrivées) et un distributeur.

Transferts

Ils peuvent être assurés par hôtels et maisons d'hôtes (ce qui peut être compris ou non dans le forfait). Un bus effectue la liaison aéroport/Port Mathurin (prix du billet 28/29 Rs soit dans les 75 c). Fréquence : toutes les 30 min entre 6 h et 16 h 30. Le même trajet en taxi doit vous coûter dans les 600 Rs/15 €. Vous trouverez une liste de taxis sur le site de l'office de tourisme *(ci-contre)*, mais prenez soin d'ajouter un 5 devant les numéros de téléphone indiqués (il s'agit toujours de portables).

> Pour les arrivées en bateau, voir *p. 201*.

➤ Change

La plupart des **hôtels** changent les devises, mais avec une forte commission. Les **banques,** nombreuses, pratiquent des taux très voisins, même à l'aéroport. Les chèques de voyage bénéficient d'un change plus favorable que les billets. La **Mauritius Commercial Bank** et la **Barclays Bank** sont les deux principaux établissements où l'on peut retirer de l'argent au guichet avec une carte **Visa, American Express** ou **MasterCard**. Dans chaque ville et dans presque tous les lieux touristiques, les **distributeurs automatiques** permettent de retirer des roupies mauriciennes (max. 40 000 Rs/1 000 € env./sem. avec une Visa). Attention, certains n'acceptent qu'une marque de carte (voir les logos collés sur le distributeur).

➤ Compagnies aériennes

Sauf mention contraire, les compagnies sont joignables en général *lun.-ven., 8 h 30-16 h 30 (15 h 30 à Rodrigues) et sam. 9h-12h*. À Rodrigues, il est conseillé de téléphoner la veille de son retour sur Maurice pour avoir confirmation de l'horaire de son vol.

Air Austral, *IBL House, Caudan (en face du casino), Port Louis* ***(plan p. 32-33 / A2)*** *☎ 202.80.50.*
Air France, *Rogers House, 5, Pdt John Kennedy St. (vers Sir Celicourt Antelme St.), Port Louis* ***(plan p. 32-33 / A2)*** *☎ 212.67.47 ; aéroport SSR ☎ 603.30.30. Et 7j/7, 8h30-22h ☎ 402.49.00.*
Air Madagascar, *Rogers House, 5, Pdt John Kennedy St. (vers Sir Celicourt Antelme St.), Port Louis* ***(plan p. 32-33 / A2)*** *☎ 202.67.76.*
Air Mauritius, *Air Mauritius Centre, Pdt John Kennedy St. (à hauteur de Sir Celicourt Antelme St.), Port Louis* ***(plan p. 32-33 / A2)*** *☎ 207.70.70. aéroport SSR ☎ 603.30.30. Call centre rés. et reconfirmations ☎ 207.75.75 (7j/7 et 24h/24).*
À Rodrigues : *ADS Building, rue Max-Lucchesi (entrée O, près du bureau de police), Port Mathurin ☎ 831.15.58 et 831.19.59.*
Air Seychelles, *Rogers House, 5, Pdt John Kennedy St., Port Louis* ***(plan p. 32-33 / A2)*** *☎ 202.66.71.*
British Airways, *IBL Aviation, 8, Pdt John Kennedy St., Port Louis* ***(plan p. 32-33 / A2)*** *☎ 405.29.29.*
Corsair, *Caudan Waterfront (à côté du Blue Penny Museum), Port Louis* ***(plan p. 32-33 / A1-A2)*** *☎ 210.20.20.*
Emirates, *Newton Tower, 5e ét., Sir William-Newton St. (carrefour avec Remy Ollier St.), Port Louis* ***(plan p. 32-33 / B2)*** *☎ 204.77.00.*
South African Airways, *Rogers House, 5, Pdt John Kennedy St., Port Louis* ***(plan p. 32-33 / A2)*** *☎ 202.67.37 ; aéroport ☎ 637.33.12.*

➤ Consulats

Perte de ses papiers, mariage ou autre événement, on peut avoir besoin de contacter ses représentants.

Ambassade de France, *14, St George St., Port Louis* ***(plan p. 32-33 / B2-B3)*** *☎ 202.01.00, www.ambafrance-mu.org. Ouv. lun.-ven. 8h-12h.*
Consulat de Belgique, *c/o IBL, 10 Dr Ferriere St., près de la pl. d'Armes, Port Louis* ***(plan p. 32-33 / B2)*** *☎ 208.72.89, rpayen@iblgroup.com. Ouv. en sem. 9h-12h.*
Consulat du Canada, *18, Jules Koenig St., Port Louis* ***(plan p. 32-33 / B-C2)*** *☎ 212.55.00, canada@intnet.mu. Ouv. lun.-ven. 10h-12h.*
Consulat de Suisse, *2, Jules Koenig St., en face du théâtre, Port Louis* ***(plan p. 32-33 / B2)*** *☎ 208.87.63, portlouis@honorarvertretung.ch. Ouv. en sem. 9h-12h.*
Union européenne, *8e ét., St James Court, St Denis St., Port Louis* ***(plan p. 32-33 / C3)*** *☎ 207.15.15, delegation-mauritius@ec.europa.eu.*
Bureau des passeports et de l'immigration, *Headquarters Sterling House, 11-12 Lislet Geoffroy St., Port Louis* ***(plan p. 32-33 / C2)*** *☎ 210.93.12, http://passport.govmu.org/English.*

➤ Courrier

Il faut env. quatre jours pour acheminer un pli vers l'Europe.

Pour une **lettre** à destination de l'Europe, vous payez selon le poids. Pour les premiers 5 g : 15 Rs/0,38 €, puis 11 Rs/0,28 € pour chaque 5 g supplémentaire en tarif rapide (comptez 13 Rs/0,33 € et 9 Rs/0,23 € pour le tarif lent).

LE DINE AROUND

La formule fait un tabac. Elle permet de **goûter à toutes les cuisines** de Maurice, même à celles qui sont étrangères à son histoire comme la cuisine japonaise ou la cuisine italienne. Cela peut se faire au cours d'un séjour dans un hôtel, le pensionnaire ayant la possibilité de dîner, sans supplément de prix, dans **chacun des restaurants de l'établissement.** Un hôtel comme le Long Beach *(p. 156)* va plus loin : le *dine around* est proposé au cours d'un même repas tant aux clients de l'hôtel qu'aux clients extérieurs ! On passe d'un restaurant à l'autre – ils sont tous groupés autour de la même « plaza » : on commence ou on finit japonais (Hasu), on enchaîne sur l'italien (Sapori) avant de faire un détour par la Chine (Chopsticks)…

ENVIRONNEMENT

Un petit nombre d'**ONG** (Organisations non gouvernementales) sont à la pointe du combat pour préserver la biodiversité à Maurice.
Mauritian Wildlife Foundation ☎ *697.60.97, www.mauritian-wildlife.org* : on trouvera sur le site des fiches autant sur le cardinal de Rodrigues (un oiseau) que sur le bois bouquet banané (un arbre).
Mauritius Marine Conservation Society ☎ *696.53.68, www.mmcs-ngo.org.* Elle a du pain sur la planche : stopper les pêches à la dynamite et au fusil sous-marin, mettre en place des récifs artificiels, répertorier et protéger les cétacés… Elle est particulièrement préoccupée par les (mauvaises) pratiques du *dolphin watching.*
Marine Megafauna Conservation Organisation (M2CO) : sur son site Internet *www.megaptera.org*, on peut suivre l'opération Maubydick ➤ *encadré p. 65*, où des balises Argos ont été implantées sur des cachalots. Consultez aussi le site de **Maurice île durable**, *http://mid.govmu.org*, pour voir où en sont les projets officiels.

Pour les **cartes postales**, c'est à la taille, minimum 14 Rs/0,36 €.
La **poste centrale de Port Louis** *3 Dumat St.* ☎ *208.28.51* ***(plan p. 32-33 / A2)*** dispose d'un bureau philatélique pour les amateurs de beaux timbres. *Ouv. lun.-ven. 8 h 15-16 h, sam. 8 h 15-15 h 15.*

➤ Jours fériés

La République mauricienne, respectant la diversité religieuse de la population, ne compte pas moins de 15 jours fériés dans l'année. Certains sont à date fixe, d'autres dépendent du calendrier lunaire, pour lequel les dates sont données à titre indicatif, à un jour près.

1er et 2 janvier : nouvel an. **Janvier-février :** fête du Printemps (nouvel an chinois) le 8 février 2016, le 28 janvier 2017 ; Thaipoosam Cavadee (fête tamoule) le 23 janvier 2016, le 9 février 2017. **1er février :** jour anniversaire de l'abolition de l'esclavage. **Février-mars :** Maha Shivaratree (fête hindoue) les 7-8 mars 2016, les 24-25 février 2017. **Mars-avril :** Ugaadi (le nouvel an télougou) le 8 avril 2016, le 28 mars 2017. **12 mars :** fête de l'Indépendance. **1er mai :** fête du Travail. **Juin-juillet :** Aïd el-Fitr (fin du ramadan musulman) le 7 juillet 2016, le 25 juin 2017. **Août-septembre :** Ganesh Chaturthi (fête hindoue) le 5 septembre 2016, le 25 août 2017. **Octobre :** Divali (fête hindoue et tamoule) le 30 octobre 2016, le 19 octobre 2017. **1er novembre :** Toussaint. **2 novembre :** commémoration de l'arrivée des premiers immigrants indiens à Maurice. **25 décembre :** Noël.

> Voir aussi « Traditions en fête » *p. 186.*

➤ Hébergement

Hôtels, locations, maisons d'hôtes, logement chez l'habitant… ces dernières années, le choix s'est élargi. Si le **camping** sauvage existe, il est le fait d'autochtones le week-end sur les plages, aucun terrain n'étant répertorié. Il existe néanmoins une seule adresse de « glamping » (néologisme résultant de la contraction des mots « glamour » et « camping ») dans le sud-est de l'île : Otentic ➤ *encadré p. 140.* Et une seule **cabane perchée** dans l'est, Tree Lodge *(p. 156).*

• Hôtels

Avec 115 hôtels en 2014, Maurice offre une palette large : du palace cinq-étoiles, marché dominé par les groupes Beachcomber, Constance ou Lux*, à l'hôtel de charme, devenu la spécialité des groupes Attitude ou Veranda. Dans cette dernière catégorie, on a vu naître une génération de « boutiques hôtels », dont le petit nombre de chambres affiche un style contemporain. Un label a même été créé : Mauritius Boutique Hotels.

> Voir aussi « Hébergement » *p. 201.*

• Locations

Si vous voyagez en famille, vous avez intérêt à vous tourner vers la location. On trouve de tout : du petit

Lexique

➤ Politesses

Bonjour/Bonsoir : Bonzour/Bonsoir
Comment allez-vous ? : Konman sava ? Ki manyer ?
Bien/D'accord : Korek
À bientôt : Oplesir
Je ne comprends pas : Mo pa konpran
Excusez-moi : Eskize moi
Ne vous inquiétez pas : Na pas tracassé
Je m'appelle… : Mo appelle…
J'ai 42 ans : Mo éna 42 ans
J'habite en France : Mo habite en France
Je repars lundi prochain : Mo pé réaller lot lindi

➤ Autres mots utiles

Je : Mo
Tu/Vous : Ou
Où ? : Koté ?
Qui ? : Ki ?
Quoi ? : Kwa ?
Comment ? : Ki manyer ?
Pourquoi ? : Akoz ?
Maintenant : Konmela
Aujourd'hui : Azordi

➤ Marchandage

Marché : Bazar
Boutique : Laboutik
Je ne fais que regarder : Mo pé rodé selman
C'est un peu cher : Li impé ser
Combien ça coûte ? : Comié li couté ? Ki so prix ?
C'est trop cher : Li tro ser
Quel est votre meilleur prix ? : Ki dernier prix ?
Vous n'avez rien de moins cher ? : Ou pena pli bon marsé ?
C'est bon : La li bon
Juste un peu : Zis en pe

➤ Au restaurant

Repas : Manzé
Menu : Meni
Œufs : Dizef
Riz : Diri
Eau gazeuse : Delo gazé
La bière : Labier
Le thé : Dité
Le sucre : Disik
Le sel : Disel
Fruit à pain : Friyapen
Café : Kafé
Addition : Kont

➤ Autres expressions de survie

Où puis-je trouver un taxi ? : Koté mo kapav gagne ene taksi ?
Où est l'arrêt de bus ? : Koté bis stop ?
Arrêtez-vous ici s'il vous plaît : Aret isi si ou plé
Où sont les toilettes s'il vous plaît ? : Koté cabiné si ou plé ?
Où puis-je téléphoner ? : Koté mo kapav téléfoné ?
J'ai besoin… : Mo bizin…
Je veux… : Mo oulé…

Index

Crédits photos

Couverture :

HEMIS

Plat 1, visuel principal : Wysocki Pawel ; plat 1, ht : Gotin Michel. Plat 4, g. et dr. : Degas Jean-Pierre.

Intérieur :

HEMIS

Antoni Georges : p. 10, 178 ; Arnold Jon : p. 6, 18, 26, 37, 43, 89, 96, 100 ; Chaput Franck : p. 68, 83 (en bas) ; Degas Jean-Pierre : p. 4, 9 (haut et bas), 40, 46, 52, 69, 73, 90, 91, 106, 112, 113, 115, 173, 182, 186, 189 ; Dozier Marc : p. 179 ; Frances Stéphane : p. 128, 168 ; Frilet Patrick : p. 34 ; Frumm John : p. 11, 13, 19, 80, 170, 180 ; Gotin Michel : p. 177 ; Guy Christian : p. 74 ; Lemaire Stéphane : p. 190 ; Maisant Ludovic : p. 194 ; Montico Lionel : p. 84-85, 174 ; Rieger Bertrand : p. 8, 12, 64, 83 (en haut), 86, 103 ; Sierpinski Jacques : p. 48 ; Spani Arnaud : p. 2, 117, 120, 123, 126, 176, 183.

SHUTTERSTOCK

Banton Paul : p. 56 ; Bengy : p. 184 ; Esinel : p. 30 ; Ikpro : p. 109 ; KKulikov : p. 111 ; Ohrim : p. 67 ; Pack-Shot : p. 44 ; Petrus Anton : p. 72 ; Photogolfer : p. 16 ; Sapsiwai : p. 70, 76-77 ; Soumitra Pendse : p. 39 ; Siwasasil : p. 7 ; Znamenskiy Oleg : p. 66.

Guy Crouzet

p. 14, 60, 92, 188.

Édition initiale établie par **Annie Crouzet**.

Nouvelle édition revue et augmentée par **Annie Crouzet**.

Direction : Nathalie Bloch-Pujo

Direction éditoriale : Cécile Petiau

Responsable de collection : Hélène Firquet

Responsable adjointe : Julie Wood

Édition : Marine Barbier-Blin et Jean Tiffon

Cartographie : Frédéric Clémençon et Aurélie Huot

Fabrication : Caroline Le Page

Conception graphique de la couverture et de la maquette intérieure : Thibault Reumaux

Mise en page intérieure : Chrystel Arnould

Suivi éditorial : Karine Barou

Lecture-correction : Monique Devauton

Ont également collaboré : Guy Crouzet, Oriane Gambatesa, Mathilde Ricciardelli et Irène Sellier

Contact presse : Rachida Mazef, rmazef@hachette-livre.fr ☎ 01 43 92 36 66

Contact publicité : Valérie Habert, vhabert@hachette-livre.fr ☎ 01 43 92 32 52

Pour nous écrire : Hachette Tourisme / Guides Evasion

58, rue Jean-Bleuzen - 92170 Vanves

evasion@hachette-livre.fr

Pour nous lire : www.guide-evasion.fr

Édité par Hachette Livre, 58, rue Jean-Bleuzen, CS 70007, 92178 Vanves cedex
Imprimé en Espagne par Industria Grafica Cayfosa
(ctra. De Caldes, km 3, Sta. Perpetua Mogada, 08130 Barcelone)

Achevé d'imprimer : octobre 2015 – Dépôt légal : octobre 2015
Collection n° 25 – Édition n° 01
ISBN : 978-2-01-245404-0
24-5404-9

À nos lecteurs

Ces pages vous appartiennent.
Notez-y vos remarques, vos découvertes, vos bonnes adresses. Et ne manquez pas de nous en informer à votre retour.

Hachette Tourisme
Guide Évasion – Courrier des lecteurs
43, quai de Grenelle - 75905 Paris Cedex 15
evasion@hachette-livre.fr

Rendez-vous également sur la page Facebook Guide Evasion
et sur www.guide-evasion.fr

Venez nous rejoindre sur la page
Facebook Guide Evasion
et sur le blog www.guide-evasion.fr

Partageons notre passion du voyage...